당신이 놓쳤던 취업 & 채용 트렌드 국내 및 세계 전망

채용트렌드
2025

당신이 놓쳤던 취업 & 채용 트렌드 국내 및 세계 전망

채용트렌드
2025

초판 1쇄 발행 2024년 10월 23일
초판 2쇄 발행 2024년 10월 30일

지은이 윤영돈

발행인 장상진
발행처 경향미디어
등록번호 제313-2002-477호
등록일자 2002년 1월 31일

주소 서울시 영등포구 양평동 2가 37-1번지 동아프라임밸리 507-508호
전화 1644-5613 | **팩스** 02) 304-5613

ⓒ 윤영돈

ISBN 978-89-6518-346-4 03320

JOB & RECRUITING TRENDS

당신이 놓쳤던 취업 & 채용 트렌드 국내 및 세계 전망

채용트렌드
2025

| 윤영돈 지음 |

경향미디어

절실히 공감이 필요한 시대, 동기부여가 채용을 바꾼다

말을 물가로 끌고 갈 수는 있어도 물을 억지로 먹일 수는 없다.
You can lead a horse to water, but you can't make him drink.
- 서양 속담

채용은 사람을 바꿀 수 있는 절호의 기회다

채용은 새로운 구성원을 뽑아서 조직을 바꿀 수 있는 '진실의 순간(the Moment of Truth)'이다. 무릇 채용(採用)이란 '회사가 지원자를 뽑는 것(採)'에서 벗어나 '지원자를 어떻게 써야 할 것인가(用)'를 고민해야 한다. '최고의 인재(Best People)'를 뽑기보다 '최적의 인재(Right People)'를 적기에 뽑아야 한다.

게다가 채용담당자나 면접관이 지원자를 뽑는 것이 아니다. 이제 지원자가 기업을 선택하는 것이라는 진실을 알아야 한다. 하지 않겠다는 사람을 억지로 조직 안으로 끌고 갈 수 없다. 말을 물가로 끌고 갈 수 있어도, 말에게 억지로 물을 먹일 수는 없다. 지원자를 뽑을 수는 있어도 억지로 일을 시킬 수는 없다.

동기부여가 잘되지 않는 사람을 뽑으면 인재가 재앙이 되기도 한다. '썩은 사과'가 들어오면 조직도 썩을 수 있다. CEO와 직원의 갈등, 인사팀장의 직장 내 괴롭힘 등 짧은 시간에 빨리 성장하면 그만큼 성장통도 따라올 수밖에 없다.

직원을 뽑거나 유지하기 어렵다

요즘 핵심인재의 채용은 전쟁을 방불케 하고 있다. 전 네이버클라우드 최고전략책임자 정석근 씨가 SK텔레콤 글로벌·AI테크 사업부장으로 가면서 네이버 임직원 일부가 SK텔레콤으로 이직을 하려 한 것이 발단이 됐다. 실제로 네이버 리더급 5명이 동시에 이직 의사를 밝히자 네이버는 정 전 CSO가 SK텔레콤에서 AI 사업을 맡는 것은 겸업 금지와 부정경쟁방지법 등을 위반한 것이라고 주장하며 전직 금지 가처분 신청과 손해배상 소송을 제기할 수 있다고 경고했다. 결국 SK텔레콤이 추가 영입을 포기하면서 두 회사의 갈등은 봉합됐지만 SK텔레콤의 스카웃 대상이었던 리더급 5명은 최근 네이버를 떠났다.

채용전쟁에서는 '두뇌유출(Brain Drain)'에 신경 써야 한다. 보편인재가 아니라 탤런트가 있는 인재 확보가 기업의 운명을 좌우한다. 이제 인재의 양보다 질이 중요한 시대로 '탤런트 애퀴지션(Talent Acquisition)'이 중요해질 전망이다. 인재 확보에 치중할수록 조직의 성장동력이 생긴다.

채용은 결혼과 같은 여정이다

채용은 결혼과 비슷한 점이 많다. 흔히 연애상대와 결혼상대는 다르다. 가정에도 어떤 사람이 들어오느냐에 따라 가정의 분위기가 달라진다. 요즘 '채용(採用)' 대신 '영입(迎入)', '입양(入養)'이라고 쓰는 기업도 등장한다. 구직자와 구인자의 '미스매치(Mismatch)'가 심해지고 있다. 대기업에 다닌다고 좋은 것도 아니고 벤처기업이나 중소기업에 다닌다고 나쁜 것도 아니다. 중요한 것은 서로 좋아하는 사람을 만나야 행복하듯이 회사와 자신이 잘 맞아야 한다. 회사도 귀인을 만나야 성장한다.

채용에 대해서 당신만의 재정의가 있는가? 어떤 일을 하든 명확한 개념을 알고 해야 한다. 채용을 뜻하는 영어 'Recruitment'와 'Hiring'의 미묘한 차이를 살펴보자. 'Recruitment'는 라틴어 어원 '다시 성장하다'에서 나온 말로 '신병을 소집한다'는 뜻이며, 적합한 잠재적 지원자를 찾고 유치하는 광범위한 전체 과정을 말한다. 'Hiring'은 옛 영어 'Hyrian'에서 나온 말로 '임금을 주고 사용하다, 고용하다'라는 뜻이며, 선별된 후보자를 실제로 조직의 일원으로 고용하여 공석을 채우는 구체적인 단계를 의미한다.

결국 채용이란 적합한 잠재적 지원자를 찾고 조직의 일원으로 고용하는 광범위한 여정이다. 채용은 단지 공석을 채우는 것을 넘어서 거시적인 안목으로 바라봐야 한다.

최근 하나금융그룹은 새로운 인재상에 '동기'를 포함시켰다. 동기는 단순히 자기계발의 동기부여를 넘어 몰입해서 일하고 성취감을 느끼며 성장하는 것을 의미한다. 나아가 대내적으로는 성장의 중요성과 의미를 함께 공감하며 주도적인 실천이 가능하도록 지속적인 성장 기회를 부여하고 대외적으로는 모든 이해관계자와 함께 성장하며 사회로부터 존중받는 금융그룹으로 성장하자는 의미를 담았다. 왜 기업에서 '동기'라는 키워드를 주목하기 시작했는지 그 이유를 알아보자.

급변하는 고용 시장과 HR 환경에 대응하기 위해 꾸준히 채용 전략을 세워야 한다. 코로나19 이후 국제 정세 변화, 금리 인상, 경제 위축 등 경제적 변화 요인, 하루가 다르게 다양한 이슈가 발생한다. 실제로 기업에서 자금 운용이 어려워지고 비용 투자가 감소해 채용 규모를 축소하거나 소극적 채용으로 진행된다. 퇴직률이 증가하면서 비즈니스 환경에 따른 인력 감축이나 인력의 재배치, 구조조정으로 변동성이 심해지고 있다.

대한민국은 세대별 세계관이 달라져서 어떤 사람에게 도움이 되는 충고나 좋은 기회를 줄 수는 있어도, 억지로 그 충고를 받아들이게 하거나 그 기회를 이용하게 만들 수는 없는 노릇이다. 사람을 잘 뽑아서 쓰임새에 잘 맞게 써야 한다. 기존에는 일만 잘하면 되었지만, 요즘은 성과를 내려면 스스로 동기부여를 잘하는 사람을 뽑아야 한다. 채용담당자는 채용 트렌드를 익혀서 미리 준비해 혼란을 줄여 나가야 한다.

이제 모티베이션핏 시대가 온다

4차 산업혁명, AI, 빅데이터, 메타버스, 챗GPT와 같은 용어들이 점차 일반화되고 있고 기술의 발전으로 인해 실제로 거대한 변화가 일어나고 있는 시대에 살고 있다. 하지만 사람을 빼놓고는 이러한 기술들을 이야기할 수 없다. 시간은 엄청 빠르게 지나간다.

필자가 『채용 트렌드』 시리즈를 내온 지도 벌써 6년째이다. '채용은 막내가 하는 일'이고 '잡무(雜務)'로 생각하는 사람이 아직 많다. 하지만 '인사가 만사'이고 채용이 조직을 성장시키는 데 큰 역할을 하는 것은 누구도 부인하기 힘들다. 채용은 고용 시장과 채용 트렌드를 파악하고 사람을 뽑고 조직에 맞는 일에 안착시키는 것이 중요하다. 채용 트렌드 키워드를 제안하는 책이 없는 시기에 채용 트렌드에 대한 집필을 시작했다. 지난 6년 동안 기업에 있는 인사담당자와 취준생들을 만나면서 실제 채용현장의 목소리를 전달하는 역할을 나름대로 해 왔다.

이 책의 핵심 카피는 '모티베이션핏 시대가 온다!'이다. '모티베이션핏 (Motivational Fit)'은 지원자의 개인적인 동기부여 요소가 특정 직무나 조직의 성과 목표나 문화와 일치하는지를 나타낸다. 이는 지원자가 해당 직무에서 장기적으로 만족하고 성과를 낼 수 있는지를 판단하는 데 중요하다. 업무 능력도 중요하지만 이제 지원자가 조직문화에서 어떤 식으로 동기를 부여하느냐가 채용의 관건이 될 전망이다. '동기부여 적합성(動機附興適合性)'이라고도 부르는데, 밀접하게 일치하는지 확인하면 직원이 자신의 역할을 계속 유지할 가능성이 높아진다.

동기부여 적합성을 구성하는 측면은 다양하지만 사람들은 이를 '외재적 동기(外在的 動機, Extrinsic Motivation)'와 '내재적 동기(內在的 動機, Intrinsic Motivation)'라는 2가지 일반적인 범주로 나눌 수 있다. 외적 동기 요인은 물리적 직업 자체와 관련된 요소가 포함된다. 예로는 급여, 복리후생, 작업 일정, 작업 환경 등이 있다. 하지만 지원자의 내재적 동기가 추상적이다 보니 질문을 알아보기 힘들다. 내재적 동기부여 요인에는 역할 내에서 갖는 자율성의 정도, 고객이나 동료와의 상호작용 수준, 업무의 난이도나 강도 수준이 포함된다.

지원자가 자신의 직업을 고려할 때 외재적 동기와 내재적 동기는 동일한 가중치를 두지 않는다. 조직의 문화와 작업 환경이 지원자의 외재적·내재적 동기와 더 가깝게 일치할수록 해당 후보자가 해당 직무에 계속 머물 가능성이 높아진다. 결국 퇴사율을 줄이기 위해서는 조직에 맞고 동기부여가 잘되는 직원을 뽑아야 한다.

채용에서 절대 타협이란 없다

요즘 기업은 한번 입사한 구성원을 퇴출시키기가 어려우므로 무조건 채용을 서두르지 않는다. 아무리 수시채용 및 AI채용이 대세라고 하더라도 '채용은 신중하게, 해고는 빨리(Hire Slow, Fire Fast)'라는 격언처럼 신중하게 채용해야 한다. 입사할 때와 퇴사할 때 대화, 목소리톤, 인재의 태도에서 나타난다. 근무 기간, 공백 체크, 근무했던 회사를 떠난 이유 등 인터뷰 중에 묻고 싶은 질문을 장착해야 한다.

"당신이 살면서 직면한 가장 어려운 문제와 그걸 어떤 방식으로 해결했는지 자세히 말해 주세요." 테슬라 CEO 일론 머스크가 입사 면접에서 매번 면접자에게 던지는 하나의 질문이다. 이는 그가 상대방이 거짓말을 하는지 판단하기 위해 건네는 것으로 알려졌다. 자신이 직접 겪었던 문제와 그것을 설득력 있게 뒷받침하는 것은 거짓으로 꾸며내기 힘들기 때문이다.

최근 『기억과 인식에 관한 응용 연구 저널』에 발표한 한 연구에 따르면 머스크의 이런 질문은 실제로 효과가 있다고 한다. 이 질문을 답할 때 핵심은 '아주 작은 세부사항'을 자세하게 말할 수 있을수록 답변자에 대한 신뢰도가 증가한다. 이런 질문을 던졌을 때 구체적인 사실과 작은 세부사항을 말하는 게 핵심이다. 질문을 받은 사람이 거짓말을 하고 있는지, 진실을 말하는지 판단하기 좋은 질문이다. 그래서 일론 머스크는 "여러분이 어느 학교에 다녔는지 전혀 중요하지 않다. 대학 학위는 물론 고등학교를 나오지 않았더라도 상관없다."라고 언급하며 면접자들이

저마다 겪은 난제를 어떤 절차로 해결했는지에 대해 알아본다고 한다.

채용은 지원자가 떨어지면 잠재고객이 되고, 붙으면 하나의 '직원 여정(Employee Journey)'이 된다. 훌륭한 인재를 지속적으로 채용하는 조직의 특성은 실제 직무에 필요한 자격요건을 명확하게 알고 있다. 단지 JD(Job Description)에만 의존하지 않는다는 것이다. 지원자가 앞으로 어떤 일을 해야 하는지보다 실제로 무엇을 성취할 수 있는지를 알아봐야 한다. 단순히 채용에만 시선을 두지 말고 직원 여정의 관점에서 봐야 한다.

단순히 나는 채용담당자가 아니고 취업만 준비하는 사람인데 굳이 직원 여정이 무슨 상관이냐고 반문할 수 있다. 내가 채용이 되더라도 온보딩에 실패하거나 잘 다니다가도 이직하면서 오프보딩을 신경 쓰지 않으면 레퍼런스가 엉망이 될 수 있다. 요즘 많은 회사에서 평판 조회를 한다. 옛날에는 상사나 동료에게 물어보았다면 요즘은 전방위로 '레퍼런스 체크'를 하고 있다.

최근 '퍼스털 브랜딩'에서 '커리어 브랜딩'도 변하고 있다. '퍼스널 브랜딩(Personal Branding)'이 개인의 라이프스타일 등 정체성과 이미지에 중점을 둔다면, '커리어 브랜딩(Career Branding)'은 자신의 직업적 정체성과 전문성을 명확하게 정의해 시장에서 독특한 가치를 제공한다. 직무 경험, 직장 내 승진, 새로운 직업 기회 창출, 업계 내 영향력 증대 등 직업적인 요소에 중점을 둔다. 직원 여정은 개인의 입장에서는 '커리어 여정(Career Journey)'으로 볼 수 있다.

지원자가 가장 어려워하는 질문은 무엇인가?

2024년에 채용현장에서 강연과 워크숍을 많이 했다. 그들의 목소리를 들어보면 면접 과정을 가장 어려워하고 있다. 잡코리아가 이직 및 취업을 위해 구직활동을 해 본 직장인과 취업준비생 730명을 대상으로 가장 어려운 채용영역이 무엇인지 조사했다.

우선 설문 참가자들에게 여러 단계의 채용절차 중 유독 어렵게 느껴지는 영역이 무엇인지 꼽아 보게 했다. 그 결과, '면접 영역이 어렵다.'는 의견이 46.4%로 가장 높았다. 다음으로 '자기소개서 등 입사지원서 작성'(38.8%), '인적성/역량검사'(7.0%), '실기/실무테스트'(5.6%) 순으로 답했다.

잡코리아는 면접과 입사지원서 작성 단계별로 특히 어렵게 느껴진 부분이 무엇인지도 조사했다.

면접 영역에서 '면접관에게 어떤 질문을 받았을 때 가장 대답하기 어려웠는가?' 조사에 우리 회사가 왜 지원자를 뽑아야 하는지, 즉 본인의 강점을 소개하는 것이 어려웠다는 의견이 응답률 37.5%로 가장 높게 나타났다. 다음으로 '직무 전문성을 파악하는 질문에 답변하기 어려웠다.'는 의견이 32.2%로 뒤를 이었다. 이 외에도 '지원 동기와 입사 후 포부'(25.9%), '이전 회사 퇴사 사유'(23.4%), '회사 내 트러블 발생 시 대처방안'(20.4%) 등에 답변하기가 어려웠다고 답했다.

입사지원서 작성 영역에서는 '지원 동기'(42.3%) 작성에 가장 어려움을 겪는 것으로 나타났다. 이어 '입사 후 포부'(29.3%), '실패 사례와 극복 경험'(27.5%), '채용직무와 관련해 전문가가 되기 위해 했던 노력'(24.7%) 순으로 기술하기 어려운 항목이라고 답했다.

'모티베이션핏'이란 '동기부여 적합성' 말 그대로 직무를 통해 얻을 수 있는 것에 대한 직원의 기대가 조직이 제공하는 것과 일치하는 정도를 뜻한다. 지식을 가르칠 수 있지만 동기는 쉽게 바뀌지 않는다. 지원자가 조직에 잘 맞는지 알아보고 그 조직문화에서 '모티베이션'을 잘해서 성과를 낼 수 있는지 살피는 방식이 필요해졌다. 직무 적합성이 높더라도 동기부여가 맞지 않는 사람을 채용하면 골칫덩어리가 된다.

결국 채용담당자의 판단과 선택이 회사의 미래를 좌우한다. 채용담당자의 손끝에 의해서 채용과 조직문화가 결정된다. 제대로 된 사람을 뽑아 적합한 자리에 배치하고, 그들이 몰입할 수 있는 환경을 조성하고, 채용을 통해서 직원이 된 사람들이 결국 조직문화를 만들게 된다.

2024년에는 '일하는 문화'의 변화가 중요했다면 2025년에는 '일하는 동기'가 중요해질 전망이다. 앞으로는 동기부여가 일의 의미와 중요성을 깨닫고 기업에서 일하는 태도를 좌우할 것이다. 2025년 고용 시장은 '채용혹한기'로 불리며 더 이상 내 일자리가 보장이 되지 않는다.

『채용 트렌드 2025』에서 제시한 10가지 키워드는 모티베이션핏 시대, 데이터 기반 채용, 롤플레이 인터뷰, 탤런트 애퀴지션, 커리어 모빌리티, 무경계형 인재, 페르소나 브랜딩, TRM(Talent Relationship Management) 확산, 360도 레퍼런스 체크, 미닝풀라이프 시대이다. 10가지 키워드를 종합해 보면 채용 트렌드를 관통하는 흐름은 바로 '모티베이션핏'이다. 직무를 통해 얻을 수 있는 것에 대한 직원의 기대가 조직이 제공하는 것과 일치하는 정도를 직무 적합성보다 동기부여 적합성을 어떻게 맞추느냐가 중요해지는 시대가 오고 있다.

2025년 채용 트렌드에서 가장 중요한 것은 '모티베이션핏'의 시대다. 직원의 진짜 마음을 알기 어려운 시대다. 업무 능력도 중요하지만 이제 '모티베이션핏'이 채용의 관건이 될 전망이다.

모든 채용 프로세스에는 일정 수준의 동기부여 적합 매칭이 포함된다. 이는 채용의 본질에 내재되어 있다. 채용담당자와 지원자는 보상, 일정, 혜택과 같은 외부 요인을 논의하기 위해 앞뒤로 관계를 형성하며 양측이 때때로 양보한다.

모티베이션핏 인터뷰는 이런 질문을 한다.

"가장 즐거웠던 직업에 대해 말해 주세요."

"당신의 책임은 무엇이었나요?"

"그것에 대해 마음에 들지 않았던 점은 무엇입니까?"

"그 일이 좋았던 점이 있었나요?"

이 질문은 이전 역할의 어떤 구성 요소가 지원자의 선호도와 일치하지 않아 다른 곳을 찾거나 떠나게 만들었는지에 대한 정보를 수집하는 데 도움이 된다. 부정적인 반응을 구하는 인터뷰 질문을 하는 것은 때로 어려울 수 있지만, 이 질문은 단순히 그들이 가장 좋아하지 않는 역할에 대해 묻는 것일 뿐이다.

대부분의 지원자는 자신에게 적합하지 않은 직무를 쉽게 찾을 수 있다. 지원하는 역할에서 수행해야 할 많은 직무를 나열한다면 이는 해당 직무에 적합하지 않다는 신호일 수 있다. 모티베이션핏 인터뷰에서는 지원자가 원하는 요구사항, 교육 및 이전 경험을 모두 갖추고 있을 수 있지만 제안된 직무를 수행할 의향이 없으면 해당 역할에 만족하지 못하고 결국 떠날 가능성이 높다. 조직에 기여할 장기적이고 만족스러운 직원을 찾을 때 동기부여 적합성을 평가하는 것은 최고의 성과를 내는 직원을 찾는 데 효과적이다.

채용은 개인화를 넘어 초개인화로 진화된다

2025년 채용 트렌드에서도 개인화를 넘어 초개인화로 진화하고 있다. 채용에서의 개인화(Personalization)가 지원자 니즈를 파악하고 소통하는 것이라면, 초개인화(Hyper-Personalization)는 지원자의 잠재적 욕구를 고려하면서 개별적으로 소통하는 것이다. 단순히 지식을 묻는 면접에서 경험 면접으로 바뀌고 있다.

'롤플레이(Role Play) 인터뷰'란 특정상황을 제시하고, 지원자에게 역할이 주어지며 그 특정상황에서 지원자가 발휘하는 행동을 관찰, 기록, 평가하는 방식을 말한다. 면접관이 심층적으로 면접자를 살펴볼 수 있기 때문에 면접자는 심리적인 안정감을 가지고 가야 한다. 우물쭈물하지 말고 망설임 없이 자신 있고 분명한 어조로 이야기하는 게 좋다. 롤플레이 인터뷰는 면접관이 지원자의 역량을 잘 파악하고 그들이 직무에 맞는 사람인지 알아볼 수 있다.

앞으로 다가올 5년은 세상을 놀라게 할 급변한 변화로 채워질 전망이다. 2025년 채용 트렌드는 지원자가 채용 후 입사 과정부터 퇴사 과정까지 조직문화를 경험하는 여정이 고스란히 기억될 것이다. 이제 검증되지 않은 채용은 문제가 된다. 결국 '데이터 기반 채용(Data-Based Recruitment)'이 뜬다. 고객 관계를 하던 CRM(Customer Relationship Management)에서 인재 관리하는 TRM(Talent Relationship Management)으로 확산된다. 이제는 CRM를 넘어서 TRM까지 해야 하는 시대가 될 전망이다.

요즘 사람들은 더 이상 노동자로 여겨지기를 원하지 않는다. 노동자에서 벗어나 일을 하면서 풍요로운 삶을 원한다. 자신이 하는 일을 넘어 풍요롭고 충만한 삶을 누리는 '워라엔(Work-Life Enrichment)' 트렌드가 등장했다. 행복한 삶을 위해서는 의미 있는 삶이다. 주체적인 삶을 지향하는 '미닝풀라이프(Meaningful Life) 시대'가 온다. 사람들이 자신의 삶에서 중요한 요소들을 성찰하고 일관되고 설득력 있는 내러티브에 연결함으로써 내 삶을 주체성을 찾을 수 있다.

『채용 트렌드 2025』가 각계의 리더와 인사담당자의 생각과 관점에 변화를 주어 조직의 경쟁력을 한 단계 성장시키는 데 디딤돌이 되기를 바란다. 아울러 전직을 바라는 직장인이나 취업에 뛰어든 젊은이들이 자신에게 맞는 일자리를 찾는 데 도움이 되고, 직업상담사나 취업담당자, 교육자들에게 길라잡이로서의 역할을 할 수 있길 바란다.

2024년

윤코치연구소장 윤영돈

차례

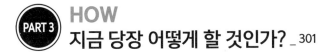

◎

PART 1

WHY
채용은 사람을 바꿀 수 있는 절호의 기회다

▶▶▶▶

　지난 5년간 우리의 일터가 완전히 달라졌다. 코로나를 겪으면서 언택트, 재택근무, 채용비리, 불매 운동 등 MZ세대가 채용을 바꿨다. 직원 경험이 결국 영향을 주면서 기업문화가 바뀌었다. 우리 사회는 비정상이 일상화되고 익숙지 않던 비대면의 기술이 익숙해지면서 직접 만나야 일을 할 수 있다는 생각이 무너졌다.

　혈연, 지연, 학연 등 상하 관계가 중요했던 한국 사회는 점차 인간관계에서 자신을 중심에 두고 불필요한 관계를 끊어내고 관계에서 오는 스트레스를 줄이고 관계를 축소하면서 자신에게 더 집중하고 있다. '회사의 발전이 곧 나의 발전'이라고 여기는 조직 공동체 의식이 무너지고 '조직의 성장보다 나의 성장이 더 중요하다.'는 개인주의적 가치관이 변화하면서 '손쉽게 퇴직하는 문화'가 자리 잡고 있다.

　예전에는 채용이 조직에 들어오는 '사람을 뽑는 통과의례'였다면 최근의 채용은 지원자가 합격 여부를 떠나 '조직문화를 온몸으로 경험하는 장'이 되고 있다. 컬처핏에 맞는 사람을 채용하는 일부터 조직문화가 시작한다. 채용 경험은 온보딩부터 오프보딩까지 이어지는 '결정적인 순간'이 되고 있다.

　도널드 설 MIT 슬론경영대학원 교수 연구팀은 직장 내 '해로운 조직문화'를 직원들이 떠나는 결정적인 요인으로 꼽았다. 연구진에 따르면 해로운 조직문화는 보상보다 10배 이상 퇴사에 영향을 미쳤다고 한다. 이제 채용을 단순히 구조화된 프로세스로 이해하는 데에서 벗어나 직원의 경험으로 이해하는 관점이 필요하다. 채용에서 떨어지더라도 잠재고객이 될 수 있다. 이제 지원자가 회사 이름만 보고 지원하지 않으며 채용 경험을 통해서 기업을 선택하고 있다. 당연히 회사의 이름보다 채용의 브랜딩이 중요해지고 있다. 불편하거나 불공정한 채용으로 악명을 떨치는 회사에는 지원하지 않는다.

필자가 『채용트렌드 2024』에서 다루었던 '컬처핏(Culture Fit)'이라는 키워드가 많은 신문과 방송, 채용업체에서 널리 퍼졌다는 것에 자부심을 느낀다. 대한민국 정부에서는 주로 'NCS(국가직무능력표준, National Competency Standards)'를 활용해서 주로 '직무 적합성(Job Fit)'만 중요하게 살펴보았다. 점차 '조직 적합성(Organization Fit)'을 추가해서 많이 활용했다. 많은 기업이 실무면접은 현업 팀장, 선임자 등이 참여하여 직무수행 관련 직무 적합성을 확인하게 되고, 임원면접은 조직 적합성 여부를 중심적으로 평가하고 있다.

흔히 '문화 적합성'과 '조직 적합성'을 비슷하게 생각하나 자세히 알아보면 확연하게 다르다. '문화 적합성(Cultural Fit)'은 개인이 조직의 문화, 가치관, 신념, 그리고 행동 규범과 얼마나 잘 맞는지를 평가하는 반면, '조직 적합성(Organization Fit)'은 개인이 조직의 목표 달성과 생산성 향상을 목표로 업무방식과 얼마나 잘 맞는지를 살펴본다. 조직 적합성은 주로 조직의 목표 달성과 업무 수행 능력과 관련된 적합성을 평가하는 반면, 문화 적합성은 조직의 문화와 개인의 가치관, 행동 스타일, 사회적 상호작용을 평가하고 있다. 기업이 최근 컬처핏을 파악하는 이유는 업무 성과 향상과 직원 이탈을 사전에 방지하기 위해서이다. 뛰어난 업무 역량을 가지고 있다 해도 조직문화가 맞지 않는다면 업무 성과는 저하될 수밖에 없기 때문이다.

2025년 채용 트렌드는 모티베이션핏 시대가 될 전망이다. 구글, 아마존, 넷플릭스 등 세계적인 여러 기업에서 모티베이션핏을 상당히 중요하게 활용하고 있다. 구글은 직원들의 창의성과 혁신을 극대화하기 위해 모티베이션핏을 중시한다. 구글은 면접 과정에서 지원자들이 자신의 열정과 동기부여 요인을 설명하도록 질문한다. 구글의 유명한 20% 프로젝트 제도는 직원들이 자신의 관심사에 따라 프로젝트를 진행할 수 있도록 하여 동기부여를 유지한다.

사우스웨스트 항공은 직원 채용 시 고객 서비스와 팀워크에 대한 강한 동기를 가진 지원자를 찾는다. 면접 과정에서 지원자들이 고객을 기쁘게 하려는 열정을 얼마나 가지고 있는지를 평가한다. 사우스웨스트 항공은 직원들이 회사의 가치와 일치하는 동기와 열정을 갖고 있는지를 확인하기 위해 행동 면접 기법을 사용한다. 이러한 접근법은 사우스웨스트 항공이 높은 고객 만족도와 직원 만족도를 유지하는 데 기여했다.

넷플릭스는 '자유와 책임'이라는 철학을 바탕으로, 직원들이 자율적으로 업무를 수행하며 자신의 동기와 열정을 발휘할 수 있도록 한다. 넷플릭스는 채용 시 지원자가 회사의 독특한 문화와 철학에 공감하고, 자율성과 책임을 통해 자신의 동기를 지속적으로 유지할 수 있는지를 평가한다. 세계적인 기업들은 모티베이션핏을 채용과정에서뿐만 아니라, 일상적인 업무 환경과 문화 속에서도 적극 활용하여 직원들의 동기부여와 업무 성과를 극대화하고 있다.

모티베이션핏이 좋은 직원들은 팀 내에서 자신의 역할을 더 긍정적으로 수행하며, 자기 주도적이고 동기부여가 잘되어 있어 전체 팀의 협업과 분위기에 긍정적인 영향을 미친다. 직무와 개인의 동기가 잘 맞을 경우, 직원들이 더 오래 회사에 머무르며, 인사 관리 측면에서 직원 이직률을 낮추는 효과를 가져온다. 모티베이션핏이 맞는 사람을 뽑아야 한다. 모티베이션핏이 조직 내에서 얼마나 중요한지를 보여 주며, 채용 과정에서 이를 적극적으로 고려해야 한다.

2024년 채용 트렌드가 '일하는 문화'를 바꾸었다면, 2025년 채용 트렌드는 '일하는 동기'를 중요시할 전망이다. 일하는 방식이나 기술에 초점을 맞췄다면, 이제 그 기술을 만들어 내는 직원의 동기를 살펴봐야 한다. 상처받은 동기는 쉽게 아물지 않는다. 채용부터 기업은 지원자의 동기를 살펴봐야 하는 시기가 될 것이며, 지원자는 개인의 경험 조각을 맞춰서 '마스터피스'를 보여 줄 기회를 잡아야 한다.

채용의 마지막 결정권은 채용담당자가 지원자를 선택하는 시대에서 지원자가 기업을 선택하는 시대로 전환할 전망이다. '채용'이라는 여정을 단순히 '인력을 채우는 과정'으로 보지 말고, 핵심인재를 뽑아서 적재적소에 맞게 하는 '튜닝 여정'으로 봐야 할 것이다.

01 직무 적합성보다 문화 적합성으로 인재를 뽑는 '컬처핏 시대'

#컬처핏 #조직문화 #잡핏 #모티브핏 #조직적합성 #MBTI
#문화적합성 #컬처핏인터뷰 #당근마켓

2024년 채용 트렌드 중에 가장 많은 주목을 받은 키워드는 '컬처핏'이었다. '컬처핏'의 네이버 검색량도 2023년 5월 187개에서 2024년 4월 430개로 결과가 늘었다. 코로나19 이후 채용에서 컬처핏이 중요해지고 있다. 요즘 '컬처핏(Culture Fit)'이란 말 그대로 지원자와 기업의 조직문화가 부합하는 정도를 뜻한다. 조직의 문화와 잘 맞는 사람을 고용하는 것은 그 조직이 이끌어 낼 수 있고 장기적인 영향력을 유지하는 데 큰 영향을 미칠 수 있다.

컬처핏을 따진다는 것은 지원자의 평소 성격이나 일하는 방식, 커뮤니케이션 방식이 기업의 조직문화에 잘 맞는지를 본다는 뜻이다. 요즘 MZ세대는 자기 경력을 자기가 만든다고 생각한다. 결코 회사가 자신을 키워 줄 것이라고 믿지 않는다. 퇴사를 막기 위해서 기업들은 다양한 방법을 활용하고 있다. 채용에서 조직문화에 잘 적응하는 인재를 뽑기 위해서 안간힘을 쓰고 있다.

'컬처핏'은 간단하게 지원자가 기업의 문화, 인재상과 잘 맞는지 '궁합을 맞춰 보는' 단계이다. '구글다움(Googleyeness)'은 문화적 궁합의 열쇠다. 그리고 지적인 겸양을 중요시한다. 쉽게 말해 컬처핏은 면접관의 개인 생각에서 벗어나 그 회사 안에 합의된 일하는 방식을 기준으로 판단하고, 일하는 문화와 얼마나 부합하느냐를 말한다. 아무리 직무역량이 뛰어나도 컬처핏이 어긋나면 채용을 보류한다.

미국 저가 항공사 사우스웨스트 항공은 '채용(Selection)'이란 말을 쓰기보다 가족으로 '입양(Adoption)'한다는 표현을 선호한다. 고용자 입장에서 피고용자를 채용하는 경제적 관계보다는 가족 같은 온기를 느낄 수 있는 공동체의 일원으로 받아들인다는 뜻을 담고 있다.

당근마켓의 채용절차는 지원서 검토 → 직무 인터뷰 → 컬처핏 인터뷰 등으로 이루어진다. 당근마켓의 '컬처핏 인터뷰'는 경영진, 그리고 피플팀과 함께 약 1시간 30분 동안 진행하며 서로의 가치관을 확인한다. 컬처핏 인터뷰는 지원자가 지원한 직군의 리더, 경영진, 피플팀 구성원들이 참여한 가운데 진행한다. 컬처핏 인터뷰에서는 당근마켓의 비전에 대해 공감하는지, 일에 재미를 느끼는지 등 당근마켓의 조직문화와 잘 어우러질 수 있는 인재인지를 파악한다. 컬처핏 인터뷰를 잘하면 인재밀도를 높이는 선순환을 이루어낼 수 있다. 직무 적합성보다 문화 적합성이 더욱더 확대될 전망이다.

02 챗GPT로 쓰고 교정하는 '챗GPT 자기소개서'

#챗GPT #프롬프트 #직무분석 #직무역량 #자기소개서 #면접
#저작권 #채용시장 #AI채용 #취업코칭 #채용플랫폼

줌 화상면접, 메타버스 채용박람회, 메타버스 면접, 챗GPT 자기소개서 등은 『채용 트렌드』 시리즈에서 지속적으로 주목하는 테크 키워드다. 이제 챗GPT가 채용시장에서 직무 역량 탐색, 자기소개서, 면접에 이르기까지 확대되고 있는 현상이다.

'챗GPT'는 '챗(Chat)'과 '생성형 사전학습 변환기(Generative Pre-trained Transformer)'의 합성어이다. 2022년 12월 공개된 챗GPT 열풍으로 이제 대학교나 기업에서도 보고서, 기획서, 글쓰기를 하는 데 많이 활용하고 있다. 챗GPT를 활용해서 자기소개서를 쓰는 경우가 많다면 이제 자소서는 채용전형에서 중요성이 낮아질 것이다. 만일 챗GPT 활용으로 자소서 중요성이 낮아진다면, 기업들은 다음 단계인 인·적성 검사나 면접에 힘을 더 실을 수 있다.

챗GPT 자기소개서의 가장 큰 특징은 생각보다 수준이 높다는 것이다. 자기소개서에 들어갈 스펙과 지원 동기를 쓰고 첨삭해 달라고 했더니 5초 만에 만들어 주었다. 챗GPT가 작성한 자소서를 그대로 가져와 쓰면 "이제 자기소개서의 종말이 온 게 아니냐."는 사람들도 있다.

요즘 인사담당자는 자기소개서를 서류전형 AI에게 맡겨 놓고 정시 퇴근한다. 지원자의 자기소개서 간 비교검사뿐만 아니라 50억 건의 빅데이터를 대상으로 비교 검사해서 인터넷에 떠도는 합격 자기소개서를 표절하는 지원자, 상투적인 글쓰기를 하는 지원자, 성의 없는 지원자를 걸러내고 독창적인 인재를 찾아내고 있다. 챗GPT 활용으로 자소서 전형의 중요성이 낮아진다면, 기업에서는 다음 단계인 면접 전형을 더욱더 강조할 것이다.

03 꼰대 면접관에서 젊은 'MZ세대 면접관'으로 바뀌다

#MZ세대 #면접관 #팀장 #신입사원 #채용면접 #면접
#부장 #대리 #세대차이 #환승이직 #잡호핑

최근 채용문화가 달라지면서 젊은 세대 면접관이 등장하고 있다. 이제 부장님 면접관이 대리 면접관으로 바뀐다. 40~50대 나이 지긋한 중년 면접관들이 앉아 있던 기존 면접장에 요즘은 젊은 면접관들이 앉아서 같은 세대를 질문하는 풍경을 볼 수 있다.

'MZ세대 면접관'이란 1980년대 초에서 2000년대 초 출생한 젊은 직장인 실무면접관을 말한다. 팀장, 부장 이상이 아니라 실무자인 20·30대 직원들이 직접 면접관으로 참여해 지원자와 대화를 나누고 함께 일할 구성원을 뽑는다. 간부 이상이 면접하면 세대 차이도 많이 나기 때문에 신입사원을 잘못 판단하는 오류가 생길 수 있다. 기업들이 20·30대 면접관을 투입하는 이유는 더 이상 기존 잣대로 인재를 평가하기 어렵고 함께 일할 실무자가 나이 차이가 적은 후배를 뽑는 것이 효율적이라는 판단이다.

아마존 창업자 제프 베조스(Jeff Bezos)는 "잘못된 사람을 뽑을 바엔 차라리 50명을 인터뷰하고도 아무도 뽑지 않을 것이다."라고 말한다. 최근 국내 채용과정에서 눈에 띄는 부분은 '젊은 면접관'의 등장이다. 이전에는 실무 10년 차 이상의 간부 사원들이 면접관으로 참여했다면 2022년부터는 실무 3~5년 차 MZ세대 사원들도 면접을 진행한다. 또래 세대의 시각에서 유통업계에 대한 이해와 열정을 지닌 '함께 일하고 싶은 동료'를 선발하겠다는 취지이다.

CJ제일제당은 입사 4~7년차 직원이 1차 면접에 참여하고, CJ대한통운과 CJ E&M도 MZ세대 직원이 주니어 면접관으로 면접을 진행했다. '쌍방향 소통' 면접으로 면접관이 질문하고, 지원자가 답변하는 방식이 아닌 면접관과 지원자가 서로 자유롭게 대화하는 방식으로 면접이 진행되었다. MZ세대가 주요 소비층으로 부상한 만큼 MZ세대 직원들이 중심이 될 전망이다.

04 헤드헌터 대신 직접 찾고 채용하는 '다이렉트 소싱'

#다이렉트소싱 #리크루터 #JD #커피챗 #작살형채용 #역채용
#리버스리크루팅 #리버스인터뷰 #인바운드채용 #아웃바운드채용

'다이렉트 소싱(Direct Sourcing)'은 회사에 맞는 인재를 공개 모집하는 것이 아닌 회사가 직접 적극적으로 찾아 나서는 채용방법을 뜻한다. 인재 확보 과정에서 '다이렉트 소싱'은 채용담당자가 시간이 지남에 따라 최고의 인재와 관계를 구축할 수 있도록 지원자와 직접 커뮤니케이션을 보장하는 채용전략이다. 표면적으로는 기업이 제3자인 헤드헌터를 모집하는 대신 자체적으로 인재를 찾고 채용하는 방식을 말한다.

요즘 스타트업이나 중소기업에서는 면접 과정의 일부를 커피챗(Coffee Chat) 방식으로 한다. 최근 헤드헌터 경험 혹은 서치펌에서 근무했던 경험이 있는 사람을 인사담당자로 뽑거나, 아웃소싱을 하는 것이 아닌 다이렉트 소싱 경험을 선호하거나, 스타트업에서 많이 사용하는 사내 추천 제도 등을 통해 내부 사람들의 지인을 적극적으로 활용하고 있다.

적합한 지원자를 채용하기 위해서 'JD(Job Description)'가 중요하다. 쿠팡은 채용 지원자 확보를 위한 '다이렉트 소싱 모델(Direct Sourcing Model)'을 활용한다. 이력서 검토 및 전화를 통한 스크리닝을 진행한 후 채용결정은 구조화 면접으로 판별한다. 서치펌, 헤드헌터 등을 활용하지 않고 사내에 채용조직을 두는 것을 고려할 수 있다.

쿠팡은 사무직 채용 관련해 직무 외부 리소스 의존도를 꾸준히 낮춰왔으며, 2018년 기준으로 서치펌의 채용 기여율을 2% 이하까지 줄였다. 채용팀에는 인재 발굴만을 전문적으로 하는 소서(Sourcer) 직무를 따로 두고 있으며, 지속적인 마켓 리서치 및 탤런트 커뮤니티(Talent Community) 확대를 하고 있다. 이제 '다이렉트 소싱'으로 바뀔 전망이다.

05 웰빙 시대를 넘어서 직원 만족도를 높이는 '웰니스 시대'

#웰니스 #웰빙 #헬스 #건강 #피트니스
#MZ세대 #웰니스경영 #웰니스센터

멀리 가려면 모두가 함께 건강해야 한다. SK에너지는 '하루 한 번 하늘 보기', '1만 보 걷기', '운동하기' 등 다양한 챌린지로 임직원들이 신체 건강과 마음 건강을 챙길 수 있도록 복지 서비스를 제공한다. 정서적 안정을 돕는 '하루 한 번 하늘 보기' 챌린지는 610건의 가장 많은 참가건수를 달성하며 SK에너지에서 개설된 총 30개의 챌린지 중 최다 참가건수 기준 1위를 기록했다.

'웰니스(Wellness)'는 세계보건기구(WHO)가 국제적으로 제시한 '건강'에 대한 정의를 보다 심화시켜 광범위한 관점에서 접근한 새로운 건강관을 의미한다. 웰빙(Well-being)과 행복(Happiness), 건강(Fitness)의 합성어로 육체적, 정신적 건강의 조화와 함께 주변의 환경적 요소까지 관리해 최종적으로 삶의 만족도를 높이는 건강한 삶을 뜻한다. 웰니스는 물리적, 환경적, 사회적, 정서적, 영적, 정신적 등 최상의 건강한 상태를 의미한다.

1961년 미국의 의학자 헐버트 던(Halbert L. Dunn)에 의해 웰니스의 개념이 정립되어 오늘날에 이르고 있다. 웰빙은 육체적 건강과 정신적 건강이 서로 조화롭게 이뤄지도록 추구하는 삶의 방식을 말한다. 웰빙과 웰니스의 의미는 유사하지만 웰니스가 웰빙의 확대된 개념이라고 생각하면 된다.

「글로벌 웰니스 보고서(Global Wellness Report)」에 따르면, 코로나19 팬데믹 시기에 급부상한 웰니스 시장은 연평균 9.9%의 성장률을 보이며 2025년 7조 달러(약 9,300조 원)에 이를 것으로 전망된다. 150개국의 웰니스 시장 경제를 측정한 이 조사에서 한국 웰니스 시장 규모는 940억 달러(약 124조 원)로 세계 8위를 차지했다. 이미 구글, GE, 나이키, 필립스, 인텔 등 다국적 기업들이 웰니스 사업에 진출하여 시장의 선점을 노리고 있다. 이제 무늬만 웰빙이 아니라 진짜 '웰니스 라이프(Wellness Life)' 시대이다.

06 다른 사람보다 탁월한 '대체 불가능한 인재'

#대체불가능한 #인재상 #무인화 #키오스크
#챗GPT #대체가능한직업

다른 사람보다 탁월하고 훌륭한 A급 인재가 필요하다. 반드시 붙잡아야 할 인재는 조직의 흥망을 결정할 힘을 가지며 높은 성과를 만들어 내는 역량이 뛰어나다. '대체 불가능한 인재(Irreplaceable People)'란 고유함을 가지고 있고 복제할 수 없는 가치가 있어서 대체할 수 없음을 의미한다. AI가 인간을 대체하는 시대, 소득의 양극화, 중간이 사라지는 시대에는 대체 불가능한 인재만이 살아남는다. 결국 회사에서 지속가능한 이익을 창출하는 사람이 진짜 대체 불가능한 인재이다.

자동화가 인간의 손과 발을 대체한다면 AI는 이제 인간의 뇌를 대체하고 있다. AI가 더욱더 발전을 하면 이제 회사에서 '대체 가능한 사람(Replaceable People)'은 사라질 것이다. 오픈AI 공동 창립자였던 리드 호프만(Reid Hoffman) CEO는 "AI가 반드시 인간의 일을 대신할 것이라고 생각하지는 않지만, 화이트칼라라면 불과 수년 내에 일하는 방식에 커다란 변화가 생길 것"이라고 단언했다.

2023년 4월 골드만삭스는 인공지능 기술이 전 세계에서 3억 명에 이르는 근로자의 일자리를 위협할 수 있다는 분석을 내놓았다. 학령인구의 감소로 인해 신입생 숫자와 정원도 줄었다. '대체할 수 없는 인재'는 복제 불가능한 인재로 본인만의 아우라가 있다. 기업에서 인정받는 인재는 대체 불가능한 인재라는 사실을 기억하자.

퇴사가 보편화되면서
'직원 리텐션' 전략이 중요해지다

#직원유지 #직원리텐션 #인재관리 #퇴사 #이직률 #연봉 #번아웃
#조용한퇴직 #조용한해고 #퇴준생 #직원몰입

'대퇴직 시대'에 '직원 유지 전략'을 어떻게 발휘하느냐에 회사의 미래가 달렸다. '직원 리텐션(Employee Retention)'은 직원을 계약 상태로 유지하여 안정적이고 생산적인 인력을 구축하는 조직의 능력이다. 직원 이직률을 줄이기 위한 정책과 프로그램을 수립하는 조직은 퇴사자를 붙잡고 핵심인재를 유지할 수 있다.

높은 직원 유지율을 달성하는 데 성공한 회사는 비즈니스 목표 달성과 신규채용 모두에서 유리하다. 채용시장에는 직원 리텐션 전략에서 인재를 유지하는 능력이, 중단 없이 높은 수준에서 운영할 수 있는 능력에 중대한 영향을 미치기 때문이다.

『하버드 비즈니스 리뷰(Harvard Business Review)』 기사에서는 잘못된 고용 결정을 직원 손실의 가장 큰 원인 중 하나로 꼽았다. 조사 대상 고용주의 41%는 한 번의 잘못된 채용으로 인한 비즈니스 비용이 25,000달러(약 3,300만 원) 이상인 것으로 추정했다. 보통 이직률에는 권고사직이나 사업장 이전에 따른 비자발적 퇴사도 포함되어 있다.

사이닝 보너스(Signing Bonus)가 '입사 당시, 신규 계약 체결 당시' 1회성 인센티브를 지급하는 형태인 것에 비해, 리텐션 보너스(Retention Bonus)는 재직기간 중에도 유능한 직원의 장기근속 유도를 위해 지급하는 등 지급 시기의 범위가 다양하다. 리텐션 보너스 또한 사이닝 보너스와 같이 근무 약정 기간에 따라 미리 지급하는 급여 성격이기 때문에 약정 기간에 따라 안분하여 회계·세무처리를 진행해야 한다.

08 다양성을 넘어 형평성과 포용적인 'DEI 채용'

#DEI #ESG #채용전략 #다양성
#형평성 #포용성

'ESG' 트렌드에 이어서 'DEI'라는 개념이 새롭게 부상하고 있다. 채용 시장에도 다양성이 큰 이슈다. 'DEI'란 'Diversity, Equity, Inclusion'의 앞 글자를 딴 용어로 '다양성, 형평성, 포용성'을 의미한다. 구체적으로 조직이나 개인의 차이를 인정하고, 다양성의 가치를 존중하는 문화를 뜻한다. 다양성은 인종, 성별, 종교, 국적, 지위, 언어, 장애, 연령, 성적 취향 등에서 차이를 인정하고 공존하는 것을 의미한다. 형평성은 제도나 시스템 등의 절차와 분배에서 정의, 공정을 추구하는 것을 의미한다. 포용성은 사회, 조직 등에서 소속감을 느낄 수 있도록 모든 구성원을 포용하는 것을 의미한다.

보스턴컨설팅그룹(BCG)이 2018년 실시한 연구조사에 따르면, 경영진의 다양성이 높은 기업의 매출이 일반 기업보다 19%가 높았다. 실제로 구글은 매년 「다양성 리포트-구글의 다양성과 포용성」이란 보고서를 발간하며 사내 문화를 수시로 점검한다. 다양성과 포용성을 기반으로 공정한 성과를 이끌어 내 기업의 지속적인 발전을 꾀하려는 시도다.

『포춘』에서 선정한 500대 기업의 80% 이상이 '다양성, 형평성, 포용성'을 기치로 내걸고, 다양한 인력을 채용하고 일하기 좋은 직장을 만들기 위해 노력하고 있다. 경영 환경이 좋아질 때를 기다리지 않고 선제적으로 다양성을 확대하고 포용하려는 노력을 기울이는 것이다. 구글, 3M, AT&T, IBM, 우버(Uber) 등 주요 글로벌 기업들도 동참했다. 특히 구글은 매년 「다양성 리포트」를 펴내고 소수자 고용 증가, 평등 증진 정책 도입, 장애 접근성 향상, 코로나19 취약계층 지원 등 성과를 공개한다. 인종, 성별, 성소수자 등 조직 구성 다양성 관련 지표도 공개한다. 조직 심리학자이자 DEI 컨설턴트인 엘라 워싱턴 조지타운대 교수는 자신의 저서 『다정한 조직이 살아남는다』에서 "다양함을 포용하는 조직일수록 혁신 가능성이 6배나 높아진다."고 분석했다.

09 미세하게 개인화되는 '마이크로 코칭' 시대

#마이크로코칭 #마이크로티칭
#초개인화 #디테일

이제 '개인화(Personalization)'를 넘어 '초개인화(Hyper-personalization)'로 진화하고 있다. 맞춤 광고, 개인화 서비스, 고도화된 타깃팅 등 이제 코칭에서도 초개인화되는 현상이 벌어지고 있다. 소비자가 궁극적으로 원하는 서비스와 상품을 제공하기 위해서는 소비자가 현재 어떤 상황에 놓여 있는지 '맥락'을 파악하는 능력이 필요하다.

'마이크로 코칭(Micro-coaching)'은 코로나19 팬데믹 이전의 비즈니스 조직에 뿌리를 두고 있으며 학교의 전문 학습과 관련이 있는 워크플로 모델이다. 코치와 개인 또는 그룹 간의 '간단하고 목표가 있으며 집중된 상호작용을 포함하는' 코칭의 한 형태이다. 마이크로 코칭은 코치와 고객 사이의 더 짧고 더 빈번한 상호작용을 강조하는 개인 계발에 대한 혁신적인 접근방식이다.

마이크로 코칭은 긴 세션이나 산발적인 회의에 의존하는 대신 정기적인 음성 메모 교환, 텍스트 기반 질문 및 간단한 토론을 포함한다. 빌 캠벨은 구글, 애플, 페이스북 등 쟁쟁한 스타트업 창업가들의 코치다. 그가 코칭을 한 리더들은 총 30억 달러(약 4조 원)의 기업 가치를 일궈 냈다. 존재를 드러내기를 꺼리던 그는 사망 이후 그에게 코칭을 받았던 구글의 창업자 에릭 슈밋 등이 그에 관해서 책을 쓰면서 정체가 드러났다.

미국에서는 높은 불안, 탈진, 안전에 대한 우려, 까다로운 직업 요구로 인해 리더가 힘들어하고 있다. 더 짧고 더 빈번한 상호작용을 수용하는 역동적이고 유연한 방법인 마이크로코칭을 시작해야 한다. 마이크로 코칭의 일상화 시대가 더욱더 확산될 전망이다.

10 인구의 절반을 차지하는 '욜드 세대'

#욜드 #시니어 #슬로에이징
#에이지리스 #안티에이징

2030년에 50세 인구가 전체 인구의 절반을 차지할 것으로 예상되면서 시니어 관련 산업이 가파르게 성장할 것으로 전망된다. 이처럼 욜드 세대가 떠오르며 중요한 소비 주체로 자리 잡기 시작했다. 이에 발맞춰 기업들은 욜드 세대에 맞춘 전략을 수립해야 한다.

'욜드(YOLD)'란 Young과 Old를 합친 말로, 은퇴 후에도 하고 싶은 일을 능동적으로 찾아 도전하며 삶의 질을 높이기 위해 노력하는 50~75세의 세대를 칭한다. 이는 인구 고령화가 급속하게 진행되면서 최근에 새롭게 등장한 사회 트렌드로, 의료기술을 바탕으로 건강함을 가진 동시에 시간적·경제적으로 여유를 가진 계층을 의미한다.

욜드는 고령이지만 체력·정신 등 모든 면에서 아직 젊어 노인 취급이 어렵다는 뜻으로 쓰인다. 60~65세는 대체적으로 은퇴 연령층으로 분류됐으나 영국, 일본 등 일부 선진 국가에서 65세의 노년기 진입을 받아들이지 않는 분위기다. 노동·소비·금융 시장 등에서 욜드가 새롭게 주목받는 만큼 활발한 사회생활을 지속할 수 있는 연령대라고 판단하기 때문이다. 과거에는 노인 증가에 대해 재정적·심리적 부담이 우선적으로 언급됐다면 이제는 이들을 국가 차원에서 주목하고 활용해야 하는 분위기로 전환되고 있다.

채용 트렌드 2025 10대 키워드

PART 2에서는 2025년 '일하는 동기'의 변화에 따른 10가지 채용 트렌드 키워드를 다룰 것이다. 『채용 트렌드 2024』에서 다루었던 것은 배제하고, 2025년 채용 트렌드를 관통하는 10대 키워드를 뽑았다. 인사담당자, 취업교육전문가, 커리어코치, 헤드헌터, 전직전문가, HR전문가 등 다양한 사람으로 구성된 한국커리어코치협회 회원들에게 설문조사를 했고, 별도로 회의를 통해서 10개 키워드를 뽑았다.

연도별 10대 채용 트렌드 키워드

2020년	2021년	2022년	2023년	2024년	2025년
① 수시채용	① 상시채용	① 딥택트 채용	① 채용 브랜딩 시대	① 컬처핏 시대	① 모티베이션핏 시대
② 블라인드 채용	② 비대면 채용	② 메타버스 박람회	② 메타버스 면접	② 챗GPT 자기소개서	② 데이터 기반 채용
③ AI 면접	③ 화상 면접	③ 소셜 리크루팅	③ 스토리리빙	③ MZ세대 면접관	③ 롤플레이 인터뷰
④ 디지털 전환	④ 랜선 박람회	④ 리버스 인터뷰	④ 리버스 리크루트	④ 다이렉트 소싱	④ 탤런트 애퀴지션
⑤ 워라하	⑤ 워라인	⑤ 워러밸	⑤ 워라블	⑤ 웰니스	⑤ 커리어 모빌리티
⑥ 긱 워커 급증	⑥ 멀티커리어리즘	⑥ 폴리매스형 인재	⑥ 멀티포텐셜라이트	⑥ 대체불가능한 인재	⑥ 무경계형 인재
⑦ 밀레니얼 세대	⑦ Z세대 채용전략	⑦ 커리어 모자이크	⑦ 커리어 포트폴리오	⑦ 직원 리텐션 전략	⑦ 페르소나 브랜딩
⑧ 애자일 확산	⑧ 헬릭스 경영 전략	⑧ ESG 경영과 채용	⑧ 워케이션 확산	⑧ DEI 채용	⑧ TRM 확산
⑨ 젠더 감수성	⑨ 프라이빗 이코노미	⑨ 직원 경험 시대	⑨ 러닝어빌리티 시대	⑨ 마이크로코칭 확산	⑨ 365도 레퍼런스 체크
⑩ 앙코르 시니어	⑩ 시니어 노마드	⑩ 시니어 시프트	⑩ 시니어 케어	⑩ 욜드 시대	⑩ 미닝풀라이프

채용 트렌드는 어떻게 변화하고 있는가?

2025년 기업 상황은 초개인화가 되면서 채용업계도 더욱더 적합성을 중요하게 반영할 것으로 예상한다. 더 이상 자소서가 취업의 성패를 좌우하던 시대가 아니다. 실제 현장에서 챗GPT(openai.com), 클로드(claude.ai) 확산으로 채용방식에 혼란이 가중되고 있다. 챗GPT로 지원을 준비했다가 낭패를 봤다는 사례도 있고, 챗GPT로 더 이상 자소서 전형은 의미가 없어졌다는 채용전문가들의 목소리가 커지고 있다. 챗GPT 활용으로 자기소개서의 변별성이 낮아진다면 기업들은 다음 단계인 인·적성이나 면접을 더욱더 강화할 전망이다.

2024년 채용시장에서 '일하는 문화'의 변화가 중요했다면 2025년에는

'일하는 동기'의 적합성이 중요해질 전망이다. 최근 5년간 빠르게 '일하는 방식'을 바꿨다면, 점차 대면의 중요성이 커지며 '어떻게 일하는 것이 가장 좋은 성과를 내는가?'를 고민하면서 직원의 마음에 신경 쓰고 있다. 팀 분위기를 활성화시켜서 팀원의 사기를 높여야 하는 시기다.

동기부여가 잘되는 지원자와 의욕을 상실한 지원자를 구분해서 뽑아야 한다. 그리고 이들에게 흥미로운 작업공간을 조성해야 한다. 지저분한 창고, 주차공간의 부족과 같은 사소한 불만을 없애고 일을 진척시키기 위해 직원들에게 동기를 부여하는 것이 리더의 역할이다. 기업들은 '일하는 방식'을 넘어서 '일하는 문화'에 대한 질문을 던지고 있다.

이제 기업에서 추구하는 '일하는 문화'를 명확히 발전시키기 위해서는 직원이 '일하는 동기'를 찾아서 동기부여를 해야 한다. 따라서 동기부여 적합성이 높은 지원자가 합격할 가능성이 높아진다. 일만 잘하는 사람은 필요 없다. 스스로 동기부여가 되지 않는 사람은 결국 성과를 내지 못하거나 퇴사하게 된다.

2025년에는 기업들의 채용방식도 달라질 것이다. 핵심인재를 어떻게든 붙잡으려고 한다면, 주변인재를 어떻게든 내보내려고 애쓰는 형국이 벌어지고 있다. '일하는 동기'를 스스로 점검해야 하는 '결정적인 순간'이 될 전망이다.

2025년 10대 채용 트렌드 키워드

모티베이션핏 시대

직무 만족도를 고려한 동기부여 적합성으로 인재를 뽑는다

'모티베이션핏'이란 말 그대로 지원자의 개인적인 동기부여 요소가 특정 직무나 조직의 성과 목표나 문화와 부합하는 정도를 뜻한다. 채용 과정에서 모티베이션핏을 고려하는 것은 직원의 직무 만족도, 생산성, 장기적인 기여도 등을 크게 향상시킬 수 있다. 아무리 뛰어난 리더라도 직원의 동기부여를 억지로 할 수 없다.

지원자의 컬처핏을 알아보는 것도 중요하지만 그 조직문화에서 모티베이션을 잘해서 성과를 낼 수 있는지 살펴봐야 한다. 지원자가 '스스로 춤출 수 있는 조직문화를 가지고 있는가?'가 중요해진다. 적합한 채용이 조직문화를 바꾸게 된다.

데이터 기반 채용

개인의 촉에 의지하지 않는 데이터 기반 채용이 뜬다

이제 검증되지 않은 채용은 문제가 된다. 면접은 관상쟁이나 촉으로 보는 것이 아니다. 결국 데이터 기반 채용(Data-Based Recruting)이 뜬다. 조직의 경영 목표 달성에 필요한 경쟁력을 갖출 수 있도록 개인과 조직의 적합성을 보는 데이터 기반 채용으로 검증하게 된다.

과학적 근거를 토대로 채용이 더 이상 개인의 촉에 의존하지 않게 된다. 데이터 분석을 기반으로 지원자를 평가하고 관리자가 데이터에 기초한 결정을 내리도록 도움이 되는 통찰력을 제공할 수 있다. 차후 체계적인 채용의 기초가 될 수 있어서 채용의 퀄리티를 올리는 데 기여할 수 있다.

롤플레이 인터뷰

지식을 묻는 면접에서 롤플레이 면접으로 바뀌고 있다

'롤플레이(Role Play) 인터뷰'란 특정상황을 제시하고, 지원자에게 역할이 주어지며 그 특정상황에서 지원자가 발휘하는 행동을 관찰, 기록, 평가하는 방식을 말한다. 특정상황으로는 실제로 업무할 때 발생할 수 있는 갈등 상황을 제시한다. 단지 '역할연기'라 생각하지 말고 '역할수행'을 해야 한다.

롤플레이 유형은 지원자와 면접관이 1:1로 하거나, 지원자끼리 수행하며, 전문연기자가 투입돼서 수행하기도 한다. 일반적으로 롤플레이 면접에서는 통상 지원자끼리 수행하는 경우가 많은데 상품 판매자와 고객의 역할을 서로 바꿔 가며 수행하고 이를 면접관이 관찰해서 평가한다.

탤런트 애퀴지션

보편인재가 아니라 탤런트가 있는 인재 확보가 중요해진다

이제 회사에 있는 핵심인재를 보고 회사를 인수하고, 사람의 양보다 질이 중요한 '탤런트 애퀴지션(Talent Acquisition)' 시대가 올 전망이다. 탤런트 애퀴지션이란 우수한 인재를 확보하고 유치하는 일련의 과정을 의미한다. 테슬라에서는 실제로 프로젝트에 참여해 볼 기회를 제공하고, 스페이스X는 고위직이나 핵심기술 직군의 면접에 CEO가 직접 참여한다. 높은 성과를 내는 인재를 채용하고 성과 중심의 문화를 조성한다. 기업의 경쟁력은 단순히 직원을 채우는 것이 아니라 우수한 인재 확보에 치중할수록 커진다.

커리어 모빌리티

평생직장이 사라지고 인재 이동의 변화가 가속화된다

이미 평생직장의 개념이 사라지고 승진만이 회사에서 성공하는 방법이라고 생각하던 고정관념도 사라졌다. 그들은 승진을 거부하며 인재 이동을 시작하고 있다. 최근 '커리어 모빌리티(Career Mobility)'라는 말이 뜨고 있다. 코로나19 팬데믹으로 인해 글로벌 인재 이동 추세 및 관행의 변화가 가속화되었다. 커리어 모빌리티에 대한 고려사항과 비용이 증가하고 있기 때문이다.

조직은 비용을 절감하면서 내부 수평 이동을 지원하는 제도 등 비즈니스 가치를 제공하는 것이 필요하다. 급변하는 시기에 기업들은 커리어 모빌리티 전략을 재고해야 한다. 재택근무 및 원격근무가 보편화되면서 한 지역의 문제가 아니라 글로벌 인재 이동성도 커지고 있으므로 해외 인재까지 세계적인 시각에서 살펴봐야 한다.

무경계형 인재

폐쇄적인 사고에서 벗어나 경계를 넘나드는 인재가 뜬다

'바운드리리스(Boundaryless)'라는 말은 '경계가 없는'이라는 뜻으로, 최근 직업의 경계가 무너지고 경계를 넘나들면서 다양한 직업이 융합되는 트렌드를 설명하는 용어이다. 빠른 변화로 직업의 경계가 무너지고 융화되고 있는 '무경계형 인재상'이 주목받고 있다. 이제는 한 직무에 국한되지 않고 다양한 직무 분야의 지식과 기술, 경험을 보유해야 한다.

폐쇄적인 사고에서 벗어나 통합적 사고를 통해서 서로 다른 영역을 융합하고 서로 다양한 배경의 사람들과 효과적으로 소통하고 협력해야 한다. 다양한 역량과 유연성을 갖춘 인재는 빠르게 변화하는 시장과 기술 환경에서 조직의 성공을 돕는 핵심자산이 된다.

페르소나 브랜딩

개인 홍보보다 자신의 정체성을 높이는 페르소나 브랜딩이 뜬다

이제 브랜딩은 단순히 개인 홍보를 넘어서 자신의 전문성과 가치를 시장에 효과적으로 전달하는 것으로 변화하고 있다. '페르소나 브랜딩 (Persona Branding)'은 자신의 정체성을 명확하게 정의하고 이를 통해 시장에서 독특한 가치를 제공하는 방법을 말한다.

'퍼스널 브랜딩(Personal Branding)'이 개인의 라이프스타일 등 정체성과 이미지에 중점을 둔다면, '페르소나 브랜딩'은 특정 타깃 시장에 중점을 두며, 이를 위해 자신의 정체성을 명확하게 정의하고 독특한 가치를 제공하는 방법을 말한다. 이제 브랜딩도 개인보다 직무 경험, 직장 내 승진, 새로운 직업 기회 창출, 업계 내 영향력 증대 등 직업적인 요소에 중점을 둘 전망이다.

TRM 확산

고객 관계를 중시하던 CRM에서 인재를 관리하는 TRM으로 확산된다

고객과의 관계도 중요하지만 인재와의 관계도 중요해지고 있다. 'CRM(Customer Relationship Management)'이 '고객 관계 관리를 뜻하는 시스템'이라면 'TRM(Talent Relationship Management)'은 '좋은 인재를 미리 찾고 관리하는 시스템'이다. CRM에서 TRM으로의 확산은 기업들이 인재와의 관계를 고객 관계 관리만큼 중요하게 여기기 시작했다는 신호이다. 다양한 채널과 플랫폼을 통해 채용이 이루어지면서 채용 프로세스의 복잡성이 증가되고 있다. 조직이 인재를 더욱 효과적으로 유치, 관리 및 개발하는 도구로 TRM를 활용하고 있다. 이제는 CRM를 넘어서 TRM

까지 해야 하는 시대가 될 전망이다.

360도 레퍼런스 체크

형식적 추천에서 전방위 레퍼런스 체크가 뜬다

요즘 기업은 상호 연결된 세계여서 '평판'이라는 꼬리표가 따라다닌다. 옛날에는 상사에게 물어보았다면 요즘은 동료나 부하직원을 통해 '360도 레퍼런스 체크'를 하고 있다. '360도 레퍼런스 체크(360-Degree Reference Check)'를 통해 기업은 상사, 동료, 부하직원, 거래업체 직원 등 다양한 관점에서 지원자의 행동과 역량을 깊이 확인할 수 있다.

채용에서 경쟁이 심하다 보니 다수의 평가자로부터의 피드백을 받음으로써 채용과정에 투명성과 공정성을 획득할 수 있다. '360도 레퍼런스 체크'는 지원자에 대한 단일 관점보다 폭넓은 이해를 도모하고 조직 내에서의 성공적인 통합을 위한 중요 정보를 제공한다. 형식적인 추천이 아닌 전방위 레퍼런스 체크가 유용한 평가도구로 자리 잡을 전망이다.

미닝풀라이프 시대

주체적인 삶을 지향하는 '미닝풀라이프 시대'가 온다

사람들은 여유가 생겨야 '생존'을 넘어 '생활'을 한다. 성공을 넘어 자신의 삶을 풍요롭고 의미 있게 만들려는 움직임을 보여 준다. '성공팔이'란 경제적 성공을 이루게 해 준다고 홍보하는 집단으로, 자신의 성공 경험을 과장하거나 가공하여 강의와 컨설팅을 팔아 온 유튜버들을 말한다. 최근 '성공팔이'에 대한 비판이 넘치기 시작한다.

젊은이들도 '내 인생의 의미는 무엇인가?'라는 물음을 던지고 있다.

개인의 삶뿐만 아니라 끊임없이 경험하고 심리적 만족감과 행복을 추구하는 '삶의 방식'이 바뀐다. 이제 '성공한 삶'보다 자신의 삶에서 의미와 목적을 추구하는 '미닝풀라이프(Meaningful Life)' 시대다. 개인의 삶에서 사회적 연결감과 소속감을 느낄 수 있는 활동에 더 많은 가치를 두는 경향이 증가하고 있다.

PART 2

◎

WHAT
일하는 동기의 변화,
채용 트렌드 10대 키워드

모티베이션핏 시대

직무 만족도를 고려한
동기부여 적합성으로 인재를 뽑는다

#모티베이션핏 #잡핏 #컬처핏
#동기부여적합성 #모티베이션핏인터뷰

성인의 90%는 깨어 있는 시간의 절반을 원하지 않는 장소에서
하고 싶지 않은 일을 하면서 보낸다.

- 배리 슈워츠

01

모티베이션핏 시대

'동기부여 적합성'의 시대가 온다

"일할 만하면 떠나는 사람을 어떻게 해야 해요?"

요즘 MZ세대들은 자신의 이상적인 직업과 업무 현실이 잘 맞지 않으면 곧바로 이직을 결정한다. 최근 채용에서 '모티베이션핏'이 중요해지고 있다. '모티베이션핏'이란 말 그대로 지원자의 개인적인 동기부여 요소가 특정 직무나 조직의 성과 목표나 문화와 부합하는 정도를 뜻한다. 개인의 직업이 업무 기회와 일치하지 않으면 빠르게 동기부여와 헌신을 잃는다. 퇴사자로 인해 팀은 혼란을 겪고 값비싼 교체 비용이 발생하게 된다.

채용 프로세스를 어떻게 개선할 수 있는가? 채용과정에서 지원자의 동기부여 적합성을 평가하여 이직률을 조기에 줄일 수 있다. '모티베이션핏 인터뷰(Motivational Fit Interview)'는 지원자가 만족하고 참여하고 헌신할 수 있도록 개인이 좋아하는 것과 직무에서 사용할 수 있는 것이 충분히 일치하는지 여부를 판단하는 빠르고 쉬운 방법이다.

채용면접 중 지식, 경험, 역량에 비해 동기부여 적합성이 경시되는 경우가 많지만, 개인의 동기에 대해 적합성을 확인하는 것은 그 사람이 어디서 일했고 무엇을 알고 있는지 아는 것만큼 중요하다. 자격을 갖춘 지원자가 많을 수 있으나 일하는 동기가 강한 사람을 원한다. 이제 직무 만족도를 고려한 동기부여 적합성으로 인재를 뽑는다.

채용과정에서 모티베이션핏을 고려하는 것은 직원의 직무 만족도, 생산성, 장기적인 기여도 등을 크게 향상시킬 수 있다. 아무리 뛰어난 리더라도 직원의 동기부여를 억지로 할 수는 없다. 지원자의 컬처핏을 알아보는 것도 중요하지만 그 조직문화에서 모티베이션을 잘해서 성과를 낼 수 있는지 살펴봐야 한다. 지원자가 '스스로 춤출 수 있는 조직문화를 가지고 있는가?'가 중요해진다. 적합한 채용이 조직문화를 바꾼다.

채용은 동기부여를 살펴보는 작업이다

채용은 한 조직의 욕구를 동일화시킬 수 있는 절호의 기회다. 동기(Motivation)의 사전적 정의는 인간을 움직이게 하는 근원적인 힘이다. 인류는 오랜 세월에 걸쳐 다양한 학문의 이름으로 수많은 종류의 동기이론을 만들어 냈다.

동기부여 전문가 프레데릭 허즈버그(Frederick Herzberg)는 1950년대 미국의 피츠버그에서 약 200명에 이르는 회계사와 기술자를 대상으로 직무수행 중 특별히 만족스러웠던 경우와 불만족스러웠던 경우, 그리고 그에 대한 직접적인 이유가 무엇인지에 대해 심층면접조사를 실시했다. 그 결과 전혀 다른 2가지 범주의 요인들, 즉 일에 대한 만족감을 느껴 모티베이션 정도를 높이는 요인들과 일에 대해 불만족감을 느껴 모티베

이션 정도를 낮추는 요인들이 있다는 것을 알아냈다.

허즈버그는 '위생 요인'과 '동기 요인'이라고 불렀다. '위생 요인(Hygiene Factor)'이란 자기가 하는 일의 주변 환경과 관련된 요인인 임금, 작업 조건, 동료 관계 등인 데 비해, '동기 요인(Motivation Factor)'은 자기가 하는 일 그 자체와 관련된 요인인 승진, 인정, 성취감, 일 자체 등을 의미한다.

허즈버그는 인간이 자신의 일에 만족감을 느끼지 못하게 되면 위생 요인에 관심을 기울이게 되고, 이들에 대해 만족하지 못할 경우에는 일의 능률이 크게 저하된다고 주장했다. 위생 요인은 충분히 충족된다 해도 작업능률을 다소 높일 수 있는 불만은 해소되지만 자아실현을 통한 일의 성취를 기대할 수 없다. 반면 자신의 일 자체에 만족을 하고 있는 사람은 위생 요인이 다소 충족되지 못하다 해도 이를 받아들이고 자신의 일 자체를 즐거워하고 보람되게 생각해서 일의 성취를 위해 도전한다는 것이다.

이와 같이 허즈버그는 위생 요인을 아무리 개선해도 조직구성원의 욕구는 충족되지 못하므로 장기적으로 모티베이션을 유지하여 생산성을 높이기 위해서는 동기 요인의 충족에 관심을 가져야 하며, 이에 한 걸음 더 나아가 직무까지도 재설계할 것을 강조한다. 채용담당자 입장에서는 단순히 직원들의 근무 환경이나 급여만 가지고 동기부여를 할 것이 아니라, 성취도나 일에 대한 책임감 부분에서도 접근해야 한다는 것을 시사해 준다. 돈으로 모두 동기부여하는 것은 아니라는 소리다.

다니엘 핑크(Daniel Pink)의 『Drive(드라이브)』는 동기부여에 대한 전통적인 관점에 도전하고 현대 사회에서 인간의 잠재력을 발휘하는 방법에 대한 새로운 관점을 제시하는 획기적인 책이다. 핑크는 외부 보상과 처벌에 의존하는 전통적인 '당근과 채찍' 동기부여 방식은 시대에 뒤떨어지고 효과적이지 않다고 주장한다. 대신 '자율성(Autonomy)', '숙련(Mastery)', '목적(Purpose)'에 대한 개인의 내재적 욕구를 활용하는 내재적 요인에 기반을 둔 새로운 동기부여 패러다임을 옹호한다. 핑크는 심리학, 경제학, 신경과학 등 다양한 분야의 설득력 있는 증거를 제시하며 내재적 동기가 현대 직장에서 높은 성과와 만족도를 이끌어 내는 핵심동력이라는 주장을 뒷받침한다.

사람들은 어떻게 동기부여가 될까? 『무엇이 성과를 이끄는가』 저자 리처드 라이언(Richard Ryan)과 에드워드 데시(Edward L. Deci)는 자기결정성 이론에서 '모티브 스펙트럼(Motive Spectrum)'에 의한 동기부여에 대해 설명했다. 구성원들에게는 직접동기와 간접동기가 있다. '직접동기(Direct Motives)'는 즐거움, 의미, 성장에 관한 것으로서 일과 개인의 가치, 신념과 매우 밀접한 관계를 가진다. '간접동기(Indirect Motives)'는 정서적 압박감, 경제적 압박감, 타성에 관한 것으로서 주로 외부 요인과 관계가 있다. 예를 들어, 자신이 더 멋져 보이고 다른 사람들을 기쁘게 하기 위해서 감정적 압박이 아니라 더 빨리 달리기 위해 건강식을 먹기로 결정한다. 자신이 더 멋져 보이고 다른 사람들을 기쁘게 하기 위한 것이 '간접동기'라면, 더 빨리 달리기 위해서 건강식을 먹는 것은 '직접동기'이다.

2025년 조직 상황에서 직원의 성과를 높이기 위해서는 직원들의 동기부여와 더불어 능력을 향상시키는 전략이 필요하다. 직원들의 동기부여를 위해서는 능력과 동기부여 수준에 따라 유연하게 자율성을 제공하고 도전적인 목표를 설정하며 잡 크래프팅 등으로 일의 의미를 명확히 인식시켜 직원들의 동기 수준을 향상시켜야 한다.

동기가 맞지 않은 채용은 오히려 독이 된다. 마음에도 없는 업무는 성과로 이루어지지 않는다. 억지로 들어온 돌은 결국 회사에서 튕겨 나갈 가능성이 높다. 모티베이션핏을 확인하기 위해 지원자의 동기부여 요소가 특정 직무나 조직문화와 부합하는지 살펴본다.

채용과정에서 모티베이션핏을 고려하는 것은 직원의 직무 만족도, 생산성, 장기적인 기여도 등을 크게 향상시킬 수 있다. 일을 잘하는 사람을 뽑는 것도 중요하지만, 동기부여에 적합한 인재를 뽑는 것이 더 강조될 전망이다.

02 모티베이션핏 시대 – 세계 동향

'시끄러운 퇴사' 시대가 온다

세계적으로 MZ세대가 회사를 떠나고 있다. 직장인이 자발적으로 퇴사하는 '대퇴사(The Great Resignation)' 현상, 받은 임금만큼 일하고 최소한의 업무만 수행하겠다는 '조용한 퇴사(Quiet Quitting)'가 유행했다. 이제는 '시끄러운 퇴사(Loud Quitting)' 시대가 올 전망이다. '시끄러운 퇴사'는 소셜미디어 틱톡 등에 '#layoff' 해시태그를 달고 자신의 퇴사 사실을 널리 알리는 현상을 뜻한다. 이들은 자신이 겪었던 직장 내 부조리, 급여, 처우 등에 대한 불만을 적극 공개하며 퇴사 과정을 알리고 있다. 하지만 이직했다가 후회하는 경우도 많다.

미국 기업 페이첵스가 코로나19 팬데믹 기간에 퇴사한 825명을 대상으로 한 설문조사에 따르면, 응답자의 80%가 이직을 후회한다고 답했다. 특히 Z세대의 경우 후회하는 비율이 89%로 높았다. 새 직장을 찾는데 7개월 이상 걸린 경우가 39%에 달했고, 새 일터의 연봉에 만족하는 경우는 11%에 그쳤다.

코로나19 이후 업무와 직장에 대한 전반적인 패러다임이 변화하고 있다. 채용에서 회사도 컬처핏을 중요하게 보지만, 이제는 점차 모티베이션핏도 빼놓을 수 없게 되었다. 직무역량도 갖고 있고 조직문화에 잘 맞는 사람이라고 하더라도 스스로 동기부여가 되어 있지 않으면 함께 가기 힘들기 때문이다.

코로나19 팬데믹을 겪으며 재택근무를 하게 되면서 대체 가능하다는 것을 깨닫게 되었다. 직원의 성과를 높이기 위해서는 직원들의 동기부여가 중요한 시기가 되고 있다. 직원들의 동기부여를 위해서는 능력과 동기부여 수준에 따라 유연하게 자율성을 제공하고 도전적인 목표를 설정하며 잡 크래프팅 등으로 일의 의미를 명확히 인식시켜 직원들의 동기 수준을 향상시켜야 한다.

하지만 현실적으로는 기존 직원들의 동기부여를 하기 쉽지 않다. 그럴 경우 채용을 통한 신규직원의 유입으로 업무 몰입도와 조직 충성도를 높일 수 있다.

자신의 일을 사랑하고 조직에 기여하는 '모티베이션핏' 시대가 온다

퇴사를 막기 위해서 기업들은 다양한 방법을 활용하고 있다. 채용에서 온보딩이 잘되는 인재를 뽑기 위해서 안간힘을 쓰고 있다. '컬처핏'

이 간단하게 지원자가 조직문화에 잘 맞는지 '궁합을 맞춰 보는' 단계라면, '모티베이션핏'은 지원자의 개인적인 동기부여 요소가 특정 직무나 조직문화와 적합한지 살펴보는 단계이다.

엄밀히 말하면, 개인-동기부여 적합성을 의미하고 특정 직무와 조직문화의 적합성을 함께 확인해야 한다. 결국 직무 적합성(40%)과 문화 적합성(50%)을 확인한 후, 동기부여 적합성(10%)을 확인할 수밖에 없다. 비록 동기부여 적합성의 비중이 낮더라도 중요도는 더 높다고 봐야 한다.

최고경영자가 한 사람 한 사람 직접 면접해서 채용한다

"사기꾼들은 넘치고 진짜 물건은 많지 않아요. 대개 15분 정도면 어떤 사람인지 알 수 있고 며칠 같이 일해 보면 확실히 알게 됩니다."

일론 머스크 테슬라 CEO는 스페이스X 초창기에 직원 3,000명을 한 사람, 한 사람 직접 면접해서 채용했다. 회사가 커진 후에도 엔지니어의 면접은 꼭 참여했다. 그러느라 늦은 밤과 주말까지 회사에 남아 있기 일쑤였다. 스페이스X와 테슬라는 명문 대학에서 최고 성적을 낸 학생을 집중적으로 채용한다. 캘리포니아의 스탠퍼드대, 캘리포니아공과대(Caltech), 서던캘리포니아대(USC) 학생이 주된 타깃이다.

테슬라의 사명(社命)은 '지속가능한 에너지의 전 세계적 전환을 가속합니다(Accelerating the World's Transition to Sustainable Eenergy)'이다. 이것은 CEO인 머스크가 일생을 걸고 추구하는 미션이다. 돈보다 사명을 쫓는다. 기후 변화로 지구가 멸망하기 전에 그 리스크를 줄이도록 노력을 다한다. 머스크는 돈을 많이 벌기보다 세상을 변화시키려는 이상주의자다. 자신의 꿈이 실현되는 걸 보고 말겠다는 집요함을 갖고 있다.

실리콘밸리의 빅테크 기업은 철저히 명문대생 위주로 알음알음 구직 제의를 한다. 실제로 초창기에 머스크가 일일이 전화를 해서 면접을 잡았다는 일화는 유명하다. 지원자는 500줄 이상의 코드 작성 시험과 혹독한 질문 세례를 받고 난 뒤 머스크의 면접을 통과해야 한다. 면접 시간은 30초~15분까지 천차만별이다. 일론 머스크가 면접자에게 자주 묻는 질문이 있다.

"인생에서 가장 어려웠던 과제가 무엇이었고, 어떻게 해결했느냐?"

머스크는 "해결 과정에서 성과가 있었는지, 지원자가 정말로 그 문제를 책임진 사람이었는지 확인해야 한다. 실제로 어려움을 겪은 사람은 문제가 무엇이었는지, 어떻게 해결했는지 아주 작은 세부사항까지 기억한다."라고 말했다.

"당신이 깃발과 나침반을 가지고 지구상 어딘가에 있다고 칩시다. 깃발을 땅에 꽂고 나침반을 보니 남쪽을 가리키고 있어요. 당신은 남쪽으로 1.6km 걸어갑니다. 방향을 꺾어서 동쪽으로 1.6km 걷고 다시 북쪽으로 1.6km를 걸어갑니다. 그랬더니 깃발이 있던 자리에 돌아와 있습니다. 이곳은 어디입니까?"

머스크가 면접에서 던진 질문의 답은 2개다. 한 곳은 북극, 다른 한 곳은 남극의 북쪽(지구 원주가 1.6km인 지점에서 북쪽으로 1.6km 떨어진 곳)이다.

스페이스X에서 채용담당자로 5년간 일한 돌리 싱은 면접자에게 이렇게 경고한다.

"면접 초반에 머스크가 업무를 보면서 당신을 무시해도 당황하지 마세요. 적당한 때가 되면 여러분에게 말을 걸 겁니다."

면접이 시작되면 머스크는 강렬한 눈빛으로 상대를 바라본다. 그는 상대의 지식이 아니라 사고 능력을 시험하고 싶어 했다.

머스크는 신뢰 같은 덕목을 따지지 않고 학력이나 능력 위주로만 직원을 채용하는 경향이 있는데 이는 결과적으로 실책으로 귀결될 것이라고 말한다. 머스크는 심지어 로켓에 대해 잘 몰라도 된다고 했다. 업무와 관련한 구체적인 기술은 배우면 되는 것이지만 믿음은 가르쳐서 갖출 수 있는 능력이 아니라는 것이다.

세계적인 기업 애플(Apple)은 기술 역량은 물론 문화 적합성 및 동기부여 적합성에 중점을 두며 종종 인터뷰 중 공동 프로젝트와 역할수행을 포함한다. 스티브 잡스는 채용의 질을 높였다. 'DRI(Directly Responsible Individual)'라는 개념은 특히 기업 성장에 큰 영향을 주었다. DRI는 특정 업무나 프로젝트에 대해 최종결정을 한다는 것은 독단적인 판단을 하는 것이 아니라, 최대한 많은 정보와 의견을 경청해서 결정한다는 것으로 직접적인 책임을 지는 개인을 의미한다.

DRI는 프로젝트 진행 상황을 논의하는 회의 안건에 명시되고, 이해관계자들도 DRI의 책임이 상당하다. DRI는 오너십을 가지고 의사결정을 하는 사람이다. 똑똑하고 전문성이 있으면서도 경청하는 사람은 애플에 채용되었고 DRI가 될 수 있었다. DRI가 실패하면 회사에 극심한 피해를 끼칠 수 있기 때문에 엄격하게 채용하는 것으로 유명하다. 어떤 사람에게 그 일을 왜 하는지 물으면 그 일을 하게 된 동기를 알 수 있다.

아무리 직무역량이 뛰어나도 모티베이션이 안 맞으면 채용을 보류해야 한다. 세계적인 기업은 다양한 이유로 '모티베이션핏 인터뷰'로 진행하고 있다. 동기부여 평가는 지원자의 동기와 경력 포부를 이해하는 데 중점을 둔다. "당신이 일을 잘하도록 동기를 부여하는 것은 무엇입니까?"

와 같은 질문이다. 또는 "향후 5년 동안 귀하의 경력이 어느 정도 발전할 것으로 보십니까?" 지원자의 포부에 대한 통찰력을 제공하여 그것이 역할의 성장 기회 및 회사의 잠재적 경력 경로와 일치하는지 확인한다.

어려운 상황이나 문제를 어떻게 해결했는가에 대한 질문을 많이 한다. 스트레스 상황에서 성공적으로 과업을 완수할 수 있는 소질이 있는지와 더불어 지원자의 문제해결력과 비판적인 사고력을 보여 줄 수 있는 기회가 될 수 있다. 사실 문제해결 방법도 여러 가지가 있을 수 있다. 어떤 회사는 신중하고 계획을 세워 처리하는 성향을 지닌 사람을 선호하는 한편, 어떤 회사는 문제를 해결하기 위해 일단 뛰어들어 가능한 모든 방법을 적극 동원하는 스타일을 더 선호할 수 있다.

STAR 기법보다 PARADE 기법이 알려지고 있다

최근 세계적 기업의 채용면접에서는 STAR 기법에 추가로 PARADE 기법이 알려지고 있다. STAR(Situation, Task, Action, Result) 기법 4가지는 기본이라고 할 수 있다. 여기에서는 PARADE(Problem, Anticipated Consequence, Role, Action, Decision-Making Rationale, End Result) 기법 6가지에 대해 알아보자.

① Problem(문제) : 당신이 직면한 문제는 무엇인가? 직무와 관련된 어려움은?

② Anticipated Consequence(예상되는 결과) : 이 문제가 해결되지 않고 계속된다면 예상되는 결과는? 궁극적인 목표는?

③ Role(역할) : 이 문제를 해결하는 데 있어 당신의 역할은? '우리'가 한 일이 아니라 '당신'이 실제로 한 역할은?

④ Action(행동) : 당신이 어떤 행동을 취했습니까? 구체적으로 행동할 것인가?

⑤ Decision-Making Rationale(의사결정 근거) : 그렇게 행동을 취하기로 결정한 이유? 결정하게 된 정량적·정성적 근거는?

⑥ End Result(마지막 결과) : 마지막 결과는 어떠한가? 측정 가능한 결과는?

모티베이션핏 인터뷰

PARADE 기법	구체적인 질문	추가 질문
Problem(문제)	당신이 직면한 문제는 무엇인가?	직무와 관련된 어려움은?
Anticipated Consequence (예상되는 결과)	이 문제가 해결되지 않고 계속된다면 예상되는 결과는?	궁극적인 목표는?
Role(역할)	이 문제를 해결하는 데 있어 당신의 역할은?	'우리'가 한 일이 아니라 '당신'이 실제로 한 역할은?
Action(행동)	당신이 어떤 행동을 취했습니까?	구체적으로 행동할 것인가?
Decision-Making Rationale (의사결정 근거)	그렇게 행동을 취하기로 결정한 이유는?	결정하게 된 정량적·정성적 근거는?
End Result(마지막 결과)	마지막 결과는 어떠한가?	측정 가능한 결과는?

당신이 한 행동을 취한 후에 무슨 일이 일어났나요? 구체적으로 작성하세요.

최고마케팅책임자보다 최고동기부여책임자의 역할이 커지고 있다

최근 세계적 기업에서는 CMO가 중요해지고 있다. 최고마케팅책임자(Chief Marketing Officer)보다 최고동기부여책임자(Chief Motivational Officer)

를 뽑는 곳이 늘고 있다. 여기서 CMO는 최고마케팅책임자가 아니라 최고동기부여책임자를 말한다. 단순히 마케팅 직무만 잘 하는 리더는 필요가 없어지고 있다. 리더로서 직원들이 만족감을 느끼고 모든 역량을 발휘할 수 있도록 동기부여를 해서 도와야 한다.

팜 카우프만(Pam Kaufman)은 확실히 원더우먼이다. 현재 Paramount International Networks와 Global Consumer Products CEO이며, Viacom 글로벌 소비자 제품의 사장을 역임했다. 카우프만은 훌륭한 업무 수행에 동기를 부여하는 강력한 팀을 구축한 실적을 인정받아 '2019 Wonder Women Mentorship Award' 수상자로 선정되었다. 그녀는 자신의 리더십 스타일에 대해 직원들이 만족감을 느끼고 모든 역량을 발휘하면 비즈니스도 성공한다고 말한다.

실제로 그녀는 자신을 '최고동기부여책임자'라고 부르는 것을 좋아한다. 이전 역할은 니켈로디언(Nickelodeon)의 최고마케팅책임자(CMO)였고, 바이어컴(Viacom)의 전 세계 소비재 사업 부문을 이끌도록 승진했을 때도 최고마케팅책임자(CMO) 직위를 유지했다. 이제는 최고동기부여책임자(CMO)가 되었다. 최고동기부여책임자가 중요해지면서 기업 운명을 좌우하는 참모로 부각되고 있다.

리더의 임무는 명확한 목표와 목표를 가지고 비즈니스 초점을 설정하고, 다른 사람들을 옹호하고, 동기를 부여하고, 팀이 성공할 수 있도록 리소스를 제공하는 것이다. 리더의 목표는 팀에 권한을 부여하고 업무 효율을 높이는 것이다. 다른 리더들이 팀 구성원들이 최선을 다하도록 영감을 받는 문화를 조성할 수 있도록 최고동기부여책임자가 되기 위해 필요한 3가지 주요 통찰력을 공유한다.

1. 팀원에게 투명한 태도를 취하라

최고동기부여책임자는 자신의 경력을 되돌아보며 롤모델과 자주 소통하며 자신에게 영감을 주고 리더십을 발휘할 수 있는 기회를 얻는다. 롤모델의 경우, 직원들에게 매력을 발산하며 경영진부터 인재까지 모든 사람이 자신에게 소중한 느낌을 갖게 만드는 능력이 있다. 커리어 브랜딩을 통해서 진정한 모습을 보이면 페르소나의 투명성으로 연결되면서 다른 사람에게 동기부여를 할 수 있게 된다.

2. 계층 구조에서 직함을 잊어버려라

직장에서 누군가에게 영향력을 받고 있는 사람을 만나는 것이 중요하다. 카우프만의 경력에서 영향력 있는 사람은 루카스필름(Lucasfilm)의 사장인 캐시 케네디(Kathy Kennedy)였다. 카우프만은 「스파이더워크가의 비밀(Spiderwick Chronicles)」을 제작할 때 회의실에서 케네디를 처음 만났고 무엇이 필요한지 이해하기 위해 소통했다. 일이 최우선이고, 장애물이든 성격이든 그 어떤 것도 일을 방해해서는 안 된다. 계층 구조에서도 직함을 잊어버려야 한다. 중요한 것은 최고의 사람들을 모아 일을 완수하는 것이다. 카우프만은 캐시와 함께 일하면서 자신의 팀이 주변 팀만큼 강하다는 것을 배웠다.

3. 팀이 아이디어를 공유할 수 있도록 역량을 강화하라

아담 그랜트(Adam Grant)는 『기브 앤 테이크』에서 다분히 혁명적이다. 성공은 경쟁에 관한 것이 아니라 기여에 관한 것이다. 가장 큰 승자는 다른 사람들이 승리하도록 돕는 사람들이다. 직장에서 대부분의 사람들은 세 종류로 나뉜다. 남에게 베풀기보다는 내 것을 우선 챙기려는 사람(Ttaker), 남에게 받는 만큼 주고 주는 만큼 받으려는 사람(Matcher), 그리고 당장 눈앞의 자기 이익을 챙기기보다 남에게 베푸는 데 더 관심이 많은 사람(Giver)이다. 저자는 남을 돕고 배려하는 것이 자신이 손해보고 희생하는 것이 아니라 오히려 생산성과 창의성을 높이는 동기라고 말한다. 팀에 가장 좋은 동기를 부여하는 방법에 대해 진정한 모습을 보여 주고 팀도 이 일을 편안하게 느낄 수 있는 환경을 조성해야 한다.

모티베이션핏은 지원자의 경력 포부, 직무 가치, 직무와 조직에서 제공하는 기회 간의 일치를 의미한다. 이는 해당 역할의 책임과 장기적인 경력 목표에 대한 지원자의 열정을 평가한다. 지원자의 동기를 이해하면 회사 내에서의 참여도, 만족도 및 수명을 예측하는 데 도움이 된다.

03 모티베이션핏 시대 – 국내 동향

채용기준이 모티베이션핏으로 바뀌고 있다

2025년 채용 트렌드는 '모티베이션핏'의 시대로 떠오른다. 모티베이션핏이란 '직원이 직무를 통해 얻을 수 있는 기대'가 '조직이 제공하는 것'과 일치하는 정도를 뜻한다. 동기부여의 중요성이 채용에서 떠오르고 있다. 시키면 묻지도 따지지도 않았던 세대에서 정확히 어떤 일인지 묻고, 자신의 역할을 묻고, 왜 해야 하는지 묻는 세대로 바뀌고 있다. 일방적인 지시에 바로 순응하지는 않지만, 스스로 동기부여가 되면 누구보다 열심히 잘하는 세대가 MZ세대이다.

　사람인은 2021년 기업 403개사를 대상으로 'MZ세대 직원의 동기부여 현황'을 조사한 결과 동기부여하기 어렵다는 응답이 85.1%라고 밝혔다. 젊은 직원들에게 동기부여하기 어려운 이유는 '장기 근속 의지가 적고 애사심이 약함'(71.7%, 복수응답)이 1위였다. 다음으로 '이전 세대에 비해 원하는 보상 수준이 높음'(47.8%), '일정 수준의 성취만 달성하고자 함'(40.5%), '수직적 조직문화를 못 견딤'(34.1%), '협동심, 배려 등이 약함'(28.6%), '승진 등의 보상에 관심 낮음'(14.3%) 등의 순이었다.

　이로 인해 기업들이 겪는 문제로는 'MZ세대 직원들의 퇴사 발생'(57.7%, 복수응답)을 첫 번째로 꼽았다. 뒤이어서 '조직문화의 퇴행 및 결속력의 약화'(43.1%), '해당 조직의 업무 성과 저하'(33.8%), 'MZ 이외 세대 직원들의 불만 증가'(31.5%), '전사적인 경쟁력 약화'(16.6%) 등을 들었다.

　전체 응답 기업의 절반 이상(51.6%)이 'MZ세대 직원들의 동기부여를 위해 노력하는 것이 있다.'고 밝혔다. 구체적으로는 '워라밸 강화로 MZ세대의 니즈 충족'(51%, 복수응답)을 한다는 기업이 가장 많았다. 이밖에 '수평적이고 개방적인 조직문화 확대'(38.5%), '직원 케어 강화'(35.6%), '일의 목적 등을 지속적으로 공유'(35.1%) 등의 노력을 하고 있었다. 이러한 노력이 실제로 MZ세대 직원의 동기부여를 이끌어 내는 데 도움이 됐는지에 대해서는 과반 이상(65.4%)이 '약간 도움이 됐다.'고 답했다. 이어 '별로 도움 되지 않았다.'(23.6%), '매우 도움이 됐다.'(10.%), '전혀 도움 되지 않았다.'(1%)의 순으로 어느 정도 효과를 본 것으로 나타났다. MZ세대 직원의 동기부여를 위해 노력하기 시작한 시점은 '2020년 하반기'(37.5%), '2021년 상반기'(29.3%), '2019년 하반기'(14.4%), '2018년 하반기 이전'(9.6%), '2020년 상반기'(7.7%) 등의 순으로 66.8%가 지난해 하반기부터 올해 상반기에 집중돼 있었다. 최근 우리 사회와 산업계 전반에서 MZ세대의 목소리가 커지면서 기업들도 조치를 취하는 것으로 보인다.

국내에서도 채용에서 모티베이션핏이 필수 요소로 떠오르고 있다. 조직 내 개인주의가 확산되면서 개개인의 자아가 강해진 만큼 억지로 시키기가 어려워졌다. 결국 동기부여가 맞지 않을 경우, 실업 가능성도 무시하고 회사를 떠나는 현상이다. 일은 결국 사람이 하는 것이고, 스스로 동기부여가 가능한 사람을 찾는 것이 채용에서 가장 중요하다.

대부분은 단순히 지원자의 적합성만 평가하기 위해 짧은 면접을 수행하는데 현실적으로 당락을 결정하는 데 20~30분은 충분한 시간이 아니다. 모티베이션핏의 레벨 1은 '해당 직무수행에 요구되는 동기 요인이 매우 제한적임', 레벨 2는 '기본적인 직무수행은 가능하나 추가적인 독려가 필요함', 레벨 3은 '해당 직무수행을 위한 자기 동기부여가 가능함', 레벨 4는 '더 빠른 속도로 더 나은 결과를 창출하기 위해 더 노력하려는 주도력이 있음', 레벨 5는 '직무수행을 완수하기 위해 완전히 기여할 수 있음'으로 나눌 수 있다.

요구받는 직무를 수행할 동기부여가 충분히 안 된 지원자는 절대로 채용하지 마라. 오히려 레벨 4 이상 지원자를 채용하는 것보다 레벨 2 이하 지원자를 채용하지 않는 것이 더 중요하다. 중요한 영역에서 주도적인 행동 패턴이 없다. 스스로 동기부여해 기대 이상의 성과를 낸 사례를 제시하는 데 어려움이 있다. 결국 지속적이지 않다. 훌륭한 인재의 채용은 오류를 막는 것이 더 중요하다. 채용은 직원의 동기부여에 큰 영향을 준다. 모티베이션핏은 직무 수행 및 생산성 향상, 구성원과 고객 소통 활성화, 직원 이탈 방지 및 유지 가능성 향상 등 조직의 성공과 발전에 큰 영향을 준다.

한국P&G 인턴십 모집은 영업마케팅(Sales Marketing), 물류생산(Product Supply), 재무전략(Finance & Accounting), 정보기술(Information Technology), 소비자시장 전략(Analytics & Insights), 인사(Human Resources)까지 총 6개 직무 분야에서 이루어진다. 모든 채용절차는 지원서 접수 및 온라인 시험, 면접 순으로 진행된다. 온라인 시험에서는 기본적인 논리, 추리, 수리 능력, P&G와의 적합성 등을 평가한다.

한국P&G는 업계에서 '인재 파워하우스'로 일컬어질 만큼 글로벌 인재로의 성장을 지원하는 각종 제도와 교육 시스템을 운영하고 있다. 입사 첫날부터 업무에 대한 완전한 권한과 책임을 부여하는 '조기책임제', 전사적 업무 스킬을 기르는 '리더십 아카데미', 본인에게 가장 적합한 직무를 찾을 수 있게 돕는 '직무순환제' 등 독보적인 인재 개발 육성 프로그램을 통해 직원 개개인의 성장을 지원하고 있다.

게다가 전 세계 70여 개국에 진출한 글로벌 네트워크를 활용해 직원들에게 다양한 해외 파견 기회도 제공한다. 실제로 2024년 기준, 한국P&G 소속 직원 중 약 16.7%가 해외에서 주재원으로 근무하고 있다. 커리어 성장 측면뿐 아니라 연봉, 복지 등 임직원의 동기부여가 될 기본적인 요소들도 충분히 보장한다. 채용 시 연봉은 대졸 신입사원 초임 기준 5,740만 원이며, 250만 원 상당의 복지비 및 성과급이 별도로 추가 지급된다.

'유연근무제', '유연휴가제' 등 직원들의 근무 효율성을 높일 수 있는 다양한 제도도 운영하고 있다. 실제로 직원 몰입도가 높은 조직은 생산성과 수익성이 약 22% 높고, 몰입한 직원은 재직 기간도 길며 동료에게 입사를 추천하는 등 회사의 채용에까지 영향을 미친다고 한다.

국내에서도 동기부여 적합성을 도입하는 기업들이 늘고 있다. 삼성전자, LG전자, SK하이닉스 등은 엔지니어나 개발 직무를 수행하기 위해서는 학부 전공 시절부터 준비한 지원자가 대부분이기 때문에 '묻지마 지원'은 거의 없다.

SK그룹의 인재상은 '경영철학에 대한 확신을 바탕으로 일과 싸워서 이기는 패기를 실천하는 인재'다. 자발적이고(Voluntarily) 의욕적으로 (Willingly) 두뇌를 활용해(Brain Engagement) SK그룹의 경영철학인 수펙스 (SUPEX) 문화를 이해하는 인재를 찾는 것이다. 'SUPEX'란 Super Excellent Level의 줄인 말로 인간의 능력으로 도달할 수 있는 최고의 수준을 의미한다. 스스로 동기를 부여해 높은 목표에 도전하고 기존의 틀을 깨는 과감한 실행력을 갖춘 인재를 뜻한다. 그 과정에서 필요한 역량을 개발하기 위해 노력하며, 팀워크를 발휘한다.

SK텔레콤은 기존 채용방식보다 신중하고도 적합한 채용여정을 만들기 위해 'Junior Talent' 전형방식으로 신입 공채의 판도를 바꿔 놓았다. SKT는 기존 직무별 채용을 서비스, 개발, 고객, 인프라, 스텝 5개 직군으로 통합해 선발한다. 지원 자격도 기존 보유 경력 3년 미만에서 경력 1년 미만으로 제한한다. 이는 신입사원을 채용하는 전형 취지에 맞춰 직무 경험을 쌓기 어려운 취준생들에게 보다 많은 기회를 제공하고 이들의 발전 가능성에 주목하기 위해서다.

서류 전에 필기전형(SKCT/코딩테스트)을 먼저 본다. 자기소개서를 쓰지 않고 지원 가능하다. 필기시험 합격자에 한해 서류전형을 실시한다. 개발 직군은 코딩 테스트와 SKCT(SK 종합역량 검사) 심층 역량 검사를, 비개발 직군은 SKCT 인지, 심층 역량 검사를 응시하게 된다.

SKT는 '직무 경험'이 있는 사람이 아닌 '잠재력'이 있는 사람을 찾는다. 직무 경험이나 경력보다 '도전 정신, 끈기, 열정' 등 성장 가능성이 있는 진짜 신입을 찾는다. 최근 SKT는 코로나19 이전의 1박 2일 합숙 면접을 부활했다. 2~3시간 면접으로는 '성장 가능성'을 깊이 보기가 어렵다. 다른 지원자나 면접관, 면접 주제 등에 영향을 크게 받을 수도 있기 때문이다. 1박 2일 동안 다양한 유형의 면접을 보게 되면 여러 변수가 작용할 가능성이 적다. 시간이 길고 다양한 방식으로 진행되니까 지원자들이 자신의 역량과 잠재력을 후회 없이 보여 줄 수 있는 기회가 많다.

혹시 '경력 안 쓰고 지원하면 모르겠지.'라고 생각할 수 있는데, 경력 기간은 다 확인된다. 회사에 다니면 신고되는 4대보험, 각종 세금 등으로 알 수 있기 때문이다. SKT 내부에 지원자 경력 기간 확인 절차가 있어서 1년 이상 경력이 있다고 판단되는 지원자는 모두 불합격 조치될 수 있다. 애매한 경력들이 있다면 꼼꼼하게 확인해 보고 지원해야 한다.

기업에서는 채용 시 '직무 적합성', '조직문화 적합성'을 중요하게 본다. 게다가 최근에는 '동기부여 적합성'이 뜨고 있다. 자발적으로 성취했던 경험을 묻는 경우가 많다. 동기부여의 핵심은 일 자체에 몰입하게 하는 것이다. 급하다고 정서적인 압력을 반복적으로 넣거나, 보상을 너무 강조하거나 미래의 성공만을 이야기하는 것은 오히려 직원에게 나쁜 영향을 미친다.

'자아 비대증'에 걸린 사람들, 어떻게 동기를 부여할 것인가?

요즘 유행하는 신조어 중에 '자아 비대증'이라는 말이 있다. '자아 비대증(Ego Hypertrophy)'이란 자신에 대한 과도한 관심과 자기중심적인 망상을 경험하는 심리적 상태로, 비대해진 자아를 유지하기 위해 타인을 깎아내리는 것이 특징이다.

영국 심리학자 스티브 테일러의 『자아폭발』에 인류사를 '자아'의 관점에서 보면 인간은 자아를 과도하게 발달시키면서 모든 비극이 시작됐다고 말한다. 인간의 광기와 고통의 중심에 자아가 있다. 과도하게 발달된 자아가 인류를 퇴보시켰다. 타락과 광기의 시대, 전쟁, 가부장제, 사회적 불평등 등 인류가 자아에 눈뜨기 시작하면서부터 모든 비극이 시작되었다고 말한다.

자아 비대증은 비대해진 자아를 유지하기 위해 타인을 깎아내리며 자신의 자존감을 세운다. 독선적인 태도로 자신만이 옳다고 강요하며, 타인의 행동을 억압한다. 자신의 감정만을 우월하게 여기며 타인의 감정을 무시한다. 타인의 의도를 왜곡하고 과민하게 반응한다. 작은 행동에도 과도하게 의미를 부여하며 사소한 일에도 지나치게 공격적으로 흥분한다. 지나치게 연민을 느끼고 타인의 고통과 문제를 업신여기며 자신이 더 어려운 상황에 있음을 강조한다. 자의식(Self-consciousness) 과잉에 빠진 사람들이 실제로는 존재하지 않는 남의 시선 따위에 과도하게 반응하는 경우를 통틀어 이르는 말이다. 남들보다 당혹감(Embarrassment), 수치심(Shame), 죄책감(Guilt), 자긍심(Pride)을 더 많이 느낀다.

비대면 세상이 점점 막강해지면서 '온라인 자아(디지털 세상에서 존재하는 자아)'와 '오프라인 자아(현실의 자아)'의 혼란을 호소하는 이들이 늘고 있다. 일상의 중심축이 온라인으로 이동하면서 자연스럽게 자아의 무게 중심도 디지털 세상으로 쏠리고 있다. 우리말에 '간이 배 밖으로 나왔다.'는 말과 비슷하다.

연령이 높아질수록 '자기 수용도'가 커진다. 남의 시선을 덜 신경 쓰며 이것도 내 모습, 저것도 내 모습이라고 받아들이기 때문에 온·오프라인 자아분열이 적은 편이다. 반면 젊은 세대는 동료나 또래 그룹의 영향이 크다. 이들에게 보이는 온라인상 모습에 신경 쓰다 보니 두 자아 사이의 간극이 클 수밖에 없다. '현타'는 '현자 타임'이나 '현실 자각 타임'의 준말이다. 헛된 꿈이나 망상에 빠져 있다가 자기가 처한 상황을 깨닫게 되는 시간을 의미한다.

Z세대 중에도 자아가 비대한 사람이 있는 반면 현실 자각을 잘하는 사람도 있다. 따라서 채용에서 이 부분도 체크해 봐야 하는 시점이 되고 있다. 자아가 비대해진 사람은 무조건 걸러야 한다. 자아를 대단한 존재로 포장하고 뻥튀기하는 사람은 조직에서 컨트롤하기 쉽지 않다.

자아가 비대한 사람에게 정서적 압박은 오히려 역효과를 불러온다. 채용면접관에 대한 반감을 불러오고 결국 온라인 평판으로 나타난다. 지나치게 장밋빛 미래만 강조하면 오히려 현실감이 떨어지고 차분하게 일처리를 하기 어렵게 만들어 성과도 나빠진다. 신입사원에게는 상사의 도움도 필요하지만, 상사의 개입이 여러 번 반복되면 동기부여가 급격하게 낮아진다.

팀장의 이탈이 심해지고 있는 시대, 상사 적합성이 뜬다

이름만 대면 알 만한 회사 팀장들의 사건 사고가 끊이지 않고 있다.

팀장의 막말, 채용비리, 성폭력, 사내 정치 등 넘쳐난다. 나이도 한참 어린 사람이 팀장이라고 반말을 하며 하청직원을 대하는 태도를 보면 인성이 드러난다. 팀장은 회사의 조직문화 수준을 말해 주는 지표다. 팀장의 헌신이 없으면 회사가 흔들릴 수 있다. 팀장의 역량은 회사의 수준에 영향을 미치며, 팀장의 역량에는 채용 능력도 포함된다. 이제 팀별로 모티베이션핏이 중요해지고 있다.

"당신이 생각하는 이상적인 상사를 이야기해 주세요."

"이런 사람 밑에서 일했던 경험에 대해 말해 주세요."

"당신이 상사에게서 선호하지 않는 것은 무엇입니까?"

이제는 상사 적합성도 체크해야 하는 시대이다. '상사 적합성(Person-supervisor Fit)'이란 개인과 개인의 적합성에 상사라는 사회적·대인적 환경 적합도를 의미한다. 상사와의 관계에서는 개인적 차원의 가치·성격 등의 관계와 부하직원 측면에서 조직의 효과를 위한 관계로 연결된다. 리더십은 동기부여 적합성의 중요한 부분이다. 직원은 자신의 업무와 책임을 훌륭하게 수행하고 근무 환경을 즐길 수도 있지만, 상사의 리더십 스타일과 맞지 않으면 업무에 대한 불만을 느낄 수 있다. 결국 회사를 떠나는 것이 아니라 상사를 떠나는 것이다.

사실 교육보다 중요한 것이 채용이다. 과거 채용업무에서 더 나아가 실제 기업의 손익목표를 공유하면서 필요한 인재를 확보하고 발굴하는 등 채용영입 전략을 수립하는 역할이 중요해지고 있다. HR 업무 자체에 대한 전문성도 요구되지만 코칭(Coaching)이나 퍼실리테이션 스킬(Facilitation Skill)도 필요하다. 개인 또는 집단을 대상으로 새로운 아이디어를 내게 하거나 동기부여를 하도록 돕는 일, 해결하고자 하는 이슈가 있을 때 HR 측면의 전문적인 정보로 제공하면서 스스로 답을 찾도록 지원하는 일이 상당 부분이기 때문이다.

본인이 담당한 비즈니스의 상황에 대해서 깊이 있게 파악을 하고 있어야 지원자와 인터뷰를 할 수 있다. 대대적으로 채용을 위한 홍보보다는 직군이나 직무에 집중해 좀 더 마이크로한 채용이 중요하게 될 전망이다. 조직에서 원하는 인재를 정확히 파악하고 찾아서 채용까지 해야 하기 때문이다.

04 동기부여 적합성에 맞는 인재 채용 시 유의해야 할 5가지

모티베이션핏은 채용에 중요한 영향을 미친다. 동기부여 적합성이 좋은 직원은 직무 만족도가 높고, 이는 업무 효율과 생산성으로 이어진다. 동기부여 면접 질문을 하지 않으면 직장에서 후보자가 좋아하는 것과 싫어하는 것에 대한 주요 정보를 놓칠 수 있다. 결국 동기부여 적합성은 결근, 이직률 및 전반적인 직원 만족도를 가장 크게 예측하는 단일 요인이다.

동기부여 적합성에 맞는 인재는 자신의 직무에 만족하고, 조직문화에 잘 맞으며, 성과를 내고, 회사에 오래 머무르는 경향이 있다. 동기부여 요소는 회사의 평판, 미션과 비전, 가치와 규범, 조직문화, 급여와 혜택, 프로젝트와 혁신, 업무 환경, 학습 및 교육, 동료와 상사 등으로 다양하게 나타날 수 있다. 기업이 성장할 때 모티베이션핏에 맞는 인재를 뽑아야 하는 이유는 여기에서 찾을 수 있다. 이는 조직과 개인 모두에게 최선의 결과를 가져다줄 수 있는 채용전략이 된다.

1. 우선 간접동기가 아닌 직접동기를 탐구하는 인터뷰 질문을 디자인하라

"일을 하면서 스트레스를 받을 때는 언제입니까?"

"가장 즐거운 일은 무엇입니까?"

지원자가 어떤 요소에 의해 동기부여가 되는지를 파악해야 한다. 예를 들어, 금전적 보상, 승진 기회, 도전적인 업무, 일과 삶의 균형 등 다양한 요소 중 무엇이 지원자에게 가장 중요한지 질문하고 이를 바탕으로 지원자의 적합성을 평가한다. 간접 동기(정서적 압박감, 경제적 압박감, 타성 등)보다는 직접 동기(즐거움, 의미, 성장 등)를 우선시하는 질문을 준비한다. 급여와 복리후생 외에도 인정, 권한, 성취감 등의 동기 요인을 중시하는지 확인해야 한다.

2. 지원자가 지원하는 직무에 대한 열정과 흥미가 있는지 확인하라

"자신이 좋아했던 '최고의 일'은 무엇입니까?"

"왜 그것을 '최고의 일'이라고 생각합니까?"

"마음에 들지 않았던 일은 무엇입니까?"

이력서뿐만 아니라 포트폴리오, 프로젝트 경험, 활동 경력을 폭넓게 검토해야 한다. 포트폴리오와 프로젝트 경험을 통해 직무 동기를 파악한다. 지원자의 전문성, 경험, 기술 외에도 그 직무에 대한 열정과 흥미가 있는지 확인해야 한다. 직무에 대한 높은 동기부여는 새로운 직원이 빠르게 업무에 적응하고 생산적으로 변화할 수 있게 돕는다. 직무와 개인의 동기가 잘 맞으면 직원이 더 오래 회사에 머무르게 되어 이직률을 낮추고, 채용과 교육 비용을 절감할 수 있다.

3. 팀 내 자신의 역할을 긍정적으로 수행하는 사람을 선발하라

"지원자가 팀의 협업을 할 때 어떻게 합니까?"

"우리 회사의 인재상 중에 지원자가 어떤 부분이 일치하는가?"

지원자가 맡게 될 역할과 이에 대한 기대치를 명확히 설명하고, 지원자가 이에 대해 어떻게 느끼는지 평가한다. 지원자가 주어진 역할에 대해 열정을 가지고 도전할 준비가 되어 있는지 확인하는 것이 중요하다. 모티베이션핏이 좋은 직원들은 팀 내에서 자신의 역할을 긍정적으로 수행하며, 이는 전체 팀의 협업과 분위기에 긍정적인 영향을 미친다. 회사의 가치와 사명을 명확히 설명해 지원자가 자신의 성향에 맞는지 스스로 선택할 수 있도록 돕는다.

4. 지원자의 과거 경험을 통해 모티베이션핏 인터뷰 질문을 준비하라

"가장 성취감을 느꼈던 프로젝트에 대해 이야기해 주세요."

지원자의 과거 경험과 행동을 통해 어떤 상황에서 동기부여를 느꼈는지 파악할 수 있는 심층 인터뷰 질문을 준비해야 한다. 이런 질문은 지원자의 내적 동기를 평가한다. 지원자의 가치관, 태도, 성격이 조직의 미션, 비전, 문화와 잘 맞는지 점검해야 한다. 다양한 이해관계자를 채용과정에 참여시켜 평가 프로세스를 풍부하게 하고, 포괄적인 평가를 보장한다. 현재 역량 외에도 지속적인 성장 가능성과 발전 잠재력도 평가한다.

5. 직원의 내재적 동기와 회사에서 제공하는 기회가 잘 맞는지 확인하라

"우리 회사에서 맡은 직무와 비슷한 능력으로 수행한 직무에 대해 이야기해 주세요."

"어떤 점이 마음에 들었나요?"

"어떤 점이 힘들었나요?"

면접 질문을 통해 지원자의 가치관을 이해하고 조직문화에 대한 이해도를 확인한다. 직원의 내재적 동기와 회사가 제공하는 기회가 잘 맞을 때, 직원은 개인적 및 전문적 성장을 추구하는 데 더 큰 열정을 보일 수 있다. 직원들이 자신의 일에 만족하고 동기부여를 받으면 그들의 업무 태도가 고객 서비스에도 긍정적으로 반영될 수 있다.

모티베이션핏을 중시하는 채용은 개인의 가치와 기업문화가 잘 맞는 인재를 선별하게 도와주며, 이는 조직 전체의 조화와 일치를 증진시킨다. 이렇게 개인의 동기 요인과 조직의 특성을 다각도로 비교 분석하여 높은 수준의 모티베이션핏을 지닌 인재를 발굴할 수 있다.

참고문헌

- 김미리, 회사에서 일하는 나는 '부캐'…진짜 자아는 온라인에 있습니다, 조선일보, 2021. 5. 22.

- 김희경, 달라진 업의 본질…K컬처, 성장통인가 한계인가 [민희진의 난], 한경비즈니스, 2024. 5. 7.

- 박진영, 비대해진 자아는 자신을 위험에 빠뜨린다, 동아일보, 2019. 8. 10.

- 백수전, 면접 30초 만에 "넌 탈락"…취업시장 '최대 빌런' 머스크 [백수전의 '테슬람이 간다'], 한국경제, 2022. 7. 2.

- 신지수, "말 한마디에 1년 넘게 대기발령"…A 인터넷 은행 '직장내 괴롭힘'으로 과태료, KBS 뉴스, 2024. 3. 18.

- 안유리, [기자수첩] 컬처핏·애자일·린…사직서 쓰게 만드는 '휴먼 스타트업체', 이투데이, 2022. 4. 15.

- 안정윤, "학벌은 전혀 안 본다" 세계 최고 부자, 테슬라 CEO 일론 머스크는 면접 때 모든 지원자에게 항상 같은 질문을 던진다, 허프포스트코리아, 2021. 11. 11.

- 이재윤, 회사에 관심 없는 MZ세대, 인사팀 "동기부여 어렵다", 머니투데이, 2021. 9. 23.

- 임대환, 하나금융, 새 인재상 '온기·용기·동기'수립…채용·평가에 적용, 문화일보, 2024. 2. 22.

- 임혜선, SKT, 신입 인재 채용…필기 전형 우선·1박 2일 합숙 면접 재개, 아시아경제, 2022. 9. 22.

- 정유림, 네이버-SK텔레콤 'AI 인재 스카웃전' 소동은 끝났지만…씁쓸한 결론, 아이뉴스24, 2023. 8. 11.

- 루 아들러, 『100% 성공하는 채용과 면접의 기술』, 이병철 옮김, 진성북스, 2016.

- 리드 헤이스팅스, 에린 마이어, 『규칙 없음』, 이경남 옮김, 알에이치코리아, 2020.

- 스티브 테일러, 『자아폭발』, 우태영 옮김, 서스테인, 2024.

https://talogy.com/en/blog/5-interview-questions-you-must-ask-to-assess-motivational-fit/

https://www.hrmorning.com/articles/what-is-culture-fit/

02

데이터 기반 채용

개인의 촉에 의지하지 않는
'데이터 기반 채용'이 뜬다

#데이터 #채용 #Data-driven #Recruitment #HRAnalytics #PeopleAnalytics
#면접 #채용시장 #AI채용 #채용플랫폼

사회와 직면하는 문제들이 점점 더 복잡해지고 기계가 점점 더 지능화됨에 따라,
사람들은 기계가 그들을 위해 더 많은 결정을 내리도록 할 것이다.
단지 기계가 내린 결정이 인간의 의사결정보다 더 나은 결과를 가져올 것이기 때문이다.

– 테드 카진스키

01 데이터 기반 채용

'직감'이 아니라 '데이터'로 채용이 뒤바뀐다

"당신은 데이터를 어떻게 받아들입니까?"

지금은 데이터의 시대다. 데이터는 '4차 산업혁명의 원유'라고 불린다. 지원자가 채용공고를 보고 사이트에 접속해서 지원하는 순간부터 이메일, 서류 제출, 인적성 검사, 면접평가표, 합격/불합격 메시지, 계약서 서명, 온보딩, 오프보딩 등 온라인에서 하는 모든 행동이 전 세계 곳곳의 데이터망에 자동으로 저장되고 있다. 검증되지 않은 채용은 뒤탈이 난다. 더 이상 개인의 촉에 의존하지 않게 된다. 데이터는 편견이 없고 시행착오도 허용한다. 결국 개인과 조직의 적합성을 보는 '데이터 기반 채용'이 뜨고 있다.

'데이터 기반 채용(Data-Driven Recruitment)'이란 지속적으로 데이터를 수집하고 분석하여 정보에 입각한 채용결정을 내리는 것을 말한다. '데이터 기반 채용'이라는 말은 단순히 사람이 하던 일을 자동화하는 차원을 넘어, 데이터 기반으로 한 과학적 분석을 통해서 조직에 맞는 인재를 선발해 기업의 성과를 높인다는 것이다.

이 방법은 '직감'으로 하는 주관적인 판단에 의존하는 기존 채용 프로세스와 극명하게 대조된다. '직감'으로 하는 '직관적 사고(Intuitive Thinking)'에서 '데이터'로 하는 '분석적 사고(Analytical Thinking)'로의 대전환이 이루어지고 있다. 전통적인 채용이 인간 중심 프로세스였다면, 데이터 기반 채용은 빅데이터와 분석 도구의 통합으로 대변혁을 가져왔다. '데이터 기반 채용'은 정량화 가능한 지표와 증거 기반 통찰력을 바탕으로 후보자의 적합성을 평가하고 성과를 예측한다. 데이터 분석을 기반으로 지원자를 평가하고 관리자가 데이터에 기초한 결정을 내리는 데 도움이 되는 통찰력을 제공할 수 있다.

데이터 기반 의사결정이 확산되는 이유는 무엇인가?

포레스터 리서치(Forrester Research)에 따르면, 데이터를 기반으로 한 인사이트 중심 문화를 가진 조직은 그렇지 않은 조직에 비해 두 자릿수 성장률을 보일 가능성이 3배 정도 높다고 한다. 이제 데이터 기반 의사결정(Data-Driven Decision-Making)을 하는 조직문화를 '데이터 컬처(Data Culture)'라고 부른다. 한 발 더 나아가 기업이 결정을 내리는 데 있어 직관 대신 데이터를 기반으로 하도록 강조하는 경영방식이 '데이터 기반 경영(Data-Driven Management)'까지 확장되고 있다. 결국 대량의 데이터를 분석해 통찰력을 얻고, 그것을 바탕으로 의사결정을 내리는 것이 핵심이다.

데이터 기반 채용

아직도 엑셀 하나로 채용 전 과정을 관리하는 회사가 있는 반면, 클라우드 기반 SaaS(Software as a Service)를 사용하는 회사도 있다. 기존 채용 플랫폼을 이용하지 않고 별도의 솔루션 구축을 원하는 기업이 클라우드 기반의 구독 서비스를 빌려 쓰는 것이다. 글로벌 시장 조사기관 스태티스타에 따르면 인적자본관리(HCM) 소프트웨어 시장은 2025년 378억 6,600만 달러(약 53조 원) 규모로 성장할 것으로 전망된다.

아직도 엑셀로 만들어진 채용 데이터를 보면서 인재 이탈률을 예측하기는 힘들다. '데이터 기반 채용'은 기존 채용과는 다르다. 데이터가 비즈니스의 모든 측면에서 의사 결정의 중심이 되면서 채용에 큰 영향을 미친다. 사람의 편견이나 추측을 제거하며, 프로세스의 품질과 효율성을 개선한다.

'ATS(Applicant Tracking System, 지원자 추적 시스템)'란 기업이 채용과정을 관리하고 최적화하는 데 사용되는 소프트웨어를 말한다. 이 시스템은 채용과정의 모든 단계를 자동화하고 효율화하여, 고용자와 채용담당자가 더 나은 인재를 더 빠르고 효과적으로 선별할 수 있도록 설계된 기능을 제공한다. ATS는 데이터 기반 채용의 기초에 있다. ATS는 채용공고를 생성하고, 여러 채용 포털과 사회적 네트워크에 일괄적으로 게시하는 기능을 제공한다. 이를 통해 구직 신청을 추적하고 지원자 정보를 수집하고, 저장 및 정리하여 쉽게 접근할 수 있다.

데이터 기반 채용담당자는 다양한 지표를 추적하여 과거 성과를 평가하고 미래 성과를 개선한다. 바야흐로 채용현장은 데이터로 구동되는 새로운 '데이터 기반 시대(The Data-Driven Era)'가 도래할 전망이다.

02 데이터 기반 채용 - 세계 동향

데이터에서 혁신은 시작한다

세계적 기업들이 '데이터 기반 채용'으로 인재를 고른다. 이미 마이크로소프트(MS), 구글 등 글로벌 조직에서는 'HR Analytics'팀에서 'People Analytics'팀으로 바뀌고 있다. 팀 이름의 변화는 단지 사람을 휴먼 리소스(Human Resoure)로 보는 것을 반대하는 사람들이 늘어나고 있기 때문이다. '사람은 한 번 쓰고 버리는 리소스'가 아니라 '존재' 자체로 보자는 의견이다.

구글의 성장동력은 사실 채용 데이터에서 시작했다. 예를 들어, 구글 뉴스, 지메일, 애드센스 등과 같은 새로운 서비스들을 탄생시킨 200% 타임, 공짜음식과 다양한 놀이 공간 및 활동 제공 등 파격적인 인사 정책들은 모두 데이터에 근거해 도출, 운영되고 있다.

구글에서 먼저 시작한 '피플 애널리틱스(People Analytics)'는 말 그대로 '인재분석 기술'을 뜻하며, 고객, 이해관계자, 직원 등을 모두 포괄하는 큰 범주를 말한다. 한마디로 조직원과 성과의 관계를 객관적으로 분석해 주는 '데이터 기반 경영' 도구를 말한다. 빅데이터 기술을 통해 직원들의 방대한 행동 패턴을 분석함으로써 '직감'에 의존했던 조직원들의 성향과 성과를 시각화, 정량화해 준다. 특히 채용 데이터를 바탕으로 선발도구나 프로세스의 효용성을 검증할 수 있어서 단시간에 채용의 질을 향상시킬 수 있다.

구글의 파이랩(PiLab, People & Innovation Lab)은 데이터 분석을 통해 '채용 속도'와 '면접인원'이 고용의 질에 영향을 미친다는 것을 발견했다. 이후 기존 6개월 이상 소요되던 채용 프로세스를 47일로 단축시키고 15명 이상 참여하던 면접관 수도 4명으로 과감히 축소해 고용의 질을 높일 수 있었다.

'데이터 기반 채용'은 가장 효율적으로 인재를 관리하고 생산성을 높이는 방법을 파악할 수 있다. 더 나아가 직원들이 가장 만족하는 동기부여 방식을 파악하고 건강 증진을 위한 과학적인 실험들도 포함된다. 이제 '데이터 기반 채용'은 더 이상 미룰 수 없는 선택이 아니라 필수가 되고 있다.

링크드인의 「2020년 채용현황 보고서」에서 채용전략에 데이터와 분석 기능을 사용하는 조직은 양질의 채용을 할 가능성이 1.9배 높다고 밝힌 바 있다. '데이터 기반 채용'으로 채용기간은 28% 단축될 수 있고, 인재 유지 기간은 17% 증가할 수 있다고 한다. 'SHRM(인적자원관리협회)'의 2021년 조사에서 데이터 분석을 활용하는 조직의 80%가 직원의 질을 높이는 데 효과를 봤고, 75%는 채용기간을 단축하는 데 도움이 됐다는 통계 자료가 있다. 이러한 통계는 '데이터 기반 채용'이 앞으로 더욱 활성될 전망을 시사한다. 기업은 지표를 통해 과거 채용 데이터를 분석함으로써 성공적인 직원의 특성을 파악하고 새로운 배치에서 우선순위를 정함으로써 후보자의 직무 적합성을 높이고 이직률을 줄일 수 있다.

스타벅스는 커피 회사가 아니라 데이터 기술 회사다

전 세계적으로 3만 개의 매장이 있는 스타벅스는 '커피 회사'가 아니라 '식품 분야 데이터 기술 회사'라고 불린다. 하워드 슐츠가 '데이터 퍼스트'를 외치기 전에도 스타벅스는 데이터를 많이 활용해 왔다. 회사는 고객으로부터 직접 통찰력을 수집하는 데 도움이 되는 모바일 앱과 보상 프로그램을 통해 빅데이터를 사용한다. 고객 경험을 창출하고 더 나은 마케팅 캠페인, 향상된 서비스, 충성도 높은 고객 및 인기를 달성하기 위해 전략을 점점 더 개인화하고 있다. 데이터는 어떤 제품을 제공할지, 어떤 방식으로 제품을 맞춤화할지, 할인과 신규 고객 타깃팅을 진행하는 방법에 대한 스타벅스의 결정을 알려 준다.

스타벅스는 2017년부터 디지털 플라이 휠(Digital Flywheel) 프로그램을 운영해 왔다. 고객들이 주문한 것들에 근거해 좋아할 만한 신제품을 제안하는 데 초점이 맞춰졌다. 스타벅스는 개인화된 프로모션을 넘어 다양한 제품 개발에도 데이터 기술을 적극 활용한다. 대규모 고객들의 구매 습관 관련 데이터는 기존 제품을 발전시키고, 변화를 주도록 제안한다.

스타벅스가 가정용 커피 시장에 진출하기로 한 결정도 데이터가 큰 힘이 됐다. 라흐먼은 "집에서 커피나 음료를 마시는 홈 드링커들을 위해 어떤 제품을 타깃팅할지 결정하는 데 있어 매장 내 데이터가 강력한 기반이 됐다."라고 전했다. 스타벅스는 매장 내 소비 데이터의 제안을 기반으로 가정용 무설탕 음료를 추가했고, 우유가 들어가거나 들어가지 않은 버전들도 선보였다고 덧붙였다. 스타벅스는 데이터 기반 의사결정을 하고 있다.

최근 별도로 운영되는 스타벅스코리아는 바리스타 채용에 소요되는 기간을 절반 수준으로 확 줄인 빠른 채용을 했다. 해당 채용전형은 지원서 접수부터 채용까지 약 50일 소요되는 기존의 공개채용과 달리 입사 지원 가능 매장을 사전에 공개하고 지원자가 희망 매장을 선택하면 서류전형부터 입사까지 모든 전형을 공개채용보다 빠르게 마무리할 수 있는 새로운 채용제도이다. 스타벅스는 그간 체계적이고 전문적인 바리스타 교육을 이수하길 희망하는 지원자가 꾸준히 있어 왔고, 지원자가 직접 근무할 매장을 선택하고 싶어 하는 욕구가 있음을 반영해 이번 신규채용 프로세스를 고안했다.

마이크로소프트의 온보딩 프로그램 효과

MS는 사내 시스템을 통해 데이터를 수집하고 온보딩 프로그램의 효과를 공유했다. 해외 기업의 경우 대규모 공채가 있지 않고, 각각 입사한 후 필요시 오리엔테이션을 받는다. 그런데 일이 바쁘면 오리엔테이션 프로그램이나 교육을 미루는 경우가 더러 있었다. 이 때문에 초기 온보딩의 중요성을 검증하기 위해 온보딩 프로그램의 효과성을 분석 어젠다로 삼았다.

MS는 입사 후 첫 1년이 중요하다고 판단했다. 오리엔테이션 프로그램을 이수한 사람과 그렇지 않은 사람을 비교했다. 구성원들의 이메일, 일정을 분석 범위에 포함하고 별도의 설문을 시행했다. 분석 결과 회사에서 제공하는 오리엔테이션 프로그램에 참여한 경우 내부에서 형성한 네트워크의 규모가 33% 더 컸으며, 몰입도는 9% 정도 더 높은 것으로 나타났다. 또한 몰입도가 높은 구성원들은 회사에서 제공하는 다양한 교육 프로그램에 더 많이 참여했다.

신규 입사자와 상사의 상호작용과 몰입도, 소속감의 관계를 분석한 결과 입사 첫 주 상사와 1:1 미팅을 한 경우가 그렇지 않은 경우 대비 몰입도가 8% 높았다. 소속감과 본인이 팀에 기여하고 있다고 믿는 정도도 높아졌고, 팀과 협업하는 데 걸리는 시간도 3배 이상 줄었다. MS는 이를 통해 초기 온보딩 프로그램 참여와 상사의 1:1 케어의 중요성을 확인하고 이를 장려했다. MS는 채용 데이터를 수집하고 세분화하는 것의 가치를 강조하며, 이를 통해 이직률을 절반 이상 줄이는 데 도움이 되었다.

'데이터 기반 채용'은 디지털상에 많은 데이터를 보유할수록 비용이 절감되고 직종에 맞지 않는 사람을 채용해서 발생하는 마찰이 줄어들 수 있다. 이제 기업들은 자신들이 잘하는 모든 새로운 아이디어를 데이터와 기술을 사용해 실험하고, 앞으로 무엇을 해야 할지 데이터 기반 의사결정을 할 전망이다.

03 데이터 기반 채용 – 국내 동향

데이터가 빠르게 채용을 바꾸고 있다

"아직 한국은 데이터 기반 채용으로 갈 길이 멀어요."

국내에서는 말로는 채용이 중요하다고 하면서도 채용 분야에 대한 홀대는 뿌리가 깊다. 채용공고부터 면접까지 의사소통과 문서 작성 등을 비롯하여 해야 할 일이 많다 보니 채용담당자를 막내직원에게 맡기는 기업이 의외로 많다. 기존 관행에 의존한 채용방식, 면접관의 경험과 직관에 기반한 채용문화를 뿌리 깊게 이해해야 한다. 엄청난 일을 해야 하는 채용담당자들은 데이터 분석을 기반으로 채용시간과 비용을 줄이는 방안에 대해서 고민하고 있다.

최고데이터책임자 CDO를 들어보셨나요?

최근 국내에서도 CDO(Chief Data Officer)가 임명되는 경우가 많아졌다. 최고데이터책임자(Chief Data Officer, CDO)는 기업에 축적된 데이터를 통합 관리하고, 빅데이터를 분석하여 기업에서 가치를 창출할 수 있는 데이터를 발굴하는 최고 임원이다. 여기에 그치지 않고 빅데이터를 분석해 기업에서 가치를 창출할 수 있는 양질의 데이터를 발굴하고 비즈니스 전략에 맞게 데이터를 설계한다. CDO는 데이터 처리, 분석, 데이터 마이닝, 정보 교류 등을 통해 정보의 기업적 관리 및 이용을 책임지며, 최고경영자(CEO)에게 보고를 하는 것이 일반적이다.

국내 최고데이터책임자 중 59%는 이미 인공지능(AI)을 사용해 의사결정을 자동화하고 있는 것으로 분석됐다. 전 세계 동종 업계 대비 데이터 전략 및 관리에 투자를 최적화하면서도 보다 큰 비즈니스 성과를 창출하는 조직 내 CDO를 '데이터 가치 창출자(Data Value Creators, DVC)'로 분류했을 때, 전 세계 CDO 중 8%, 한국에서는 7%만이 DVC로 나타났다. 흥미로운 점은, DVC는 다른 CDO에 비해 AI를 보다 적극적으로 활용했다. DVC의 64%가 AI를 사용해 의사결정을 자동화한다고 응답했지만, 국내 CDO 중 59%, 글로벌 CDO는 38%가 AI를 사용한다고 답변했다.

역량검사 개발사 마이다스인이 2022년 인사담당자 295명을 대상으로 실시한 '데이터 기반 채용에 대한 설문조사'에 따르면, '채용과정 중 데이터 기반 의사결정 도입의 필요성에 대해 얼마나 실감하는가?'라는 질문에 6점 만점 기준에 평균 4.19점이 나왔다. 무려 응답자의 75.3%가 4점 이상이라고 응답해 대다수 인사담당자가 채용과정에서 데이터 활용의 필요성을 느끼고 있음을 알 수 있다. 불안감이 커지는 국내 시장 상황에서 더 이상 개인의 직감이 아니라 현상 데이터에 기반을 둔 의사결정이 요구되고 있다.

데이터 관련 자격증으로는 빅데이터 분석기사, SQL전문가, 데이터 분석 전문가, 데이터 분석 준전문가, 데이터 아키텍처 전문가 등이 있다. 다만 기업에서 자체적으로 코딩테스트를 진행하는 경우도 많아 활용성이 높지는 않다. 데이터 기반 채용 프로세스를 자세히 들여다보고 명확하게 이해해야 체계적인 채용을 할 수 있다.

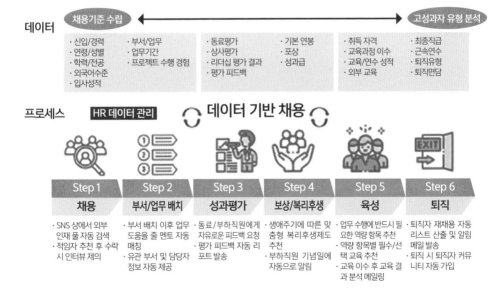

데이터 기반 채용

'네카라쿠배당토직야' 대신 '몰두센'이 뜨고 있다

네이버, 카카오, 라인, 쿠팡, 배달의민족, 당근마켓, 토스, 직방, 야놀자로 이어지는 기존 IT 대표 기업 앞에 몰로코, 두나무, 센드버드와 같은 신흥 강자들이 새롭게 추가되었다. '몰두센'은 몰로코, 두나무, 센드버드를 말하는 것으로 이제 갓 설립 10년 차를 넘긴 기업들이다. '귀한 몸'으로 떠오른 경력직 개발자들 사이에서 미국 실리콘밸리 빅테크기업 못지않은 선진적인 개발문화와 높은 처우에 힘입어 '인재 블랙홀'로 떠오르고 있다. 보상과 복지도 실리콘밸리 기업 못지않다.

몰로코는 유튜브 초기의 머신러닝 개발자 출신인 안익진 대표가 창업한 빅데이터와 머신러닝 기술을 기반으로 전 세계에 사용자 맞춤 모바일 광고를 지원하는 회사다. 기업가치만 1조 8,000억 원 수준이다. 몰로코는 정규직으로 입사하는 모든 직원을 대상으로 양도제한조건부주식(RSU)을 지급한다. RSU는 일정 조건을 걸고 주식을 직접 부여하는 제도다. 연 250만 원 한도로 지원하는 자기계발비도 호응이 높다.

브렌든 브라운 최고인사책임자(CHRO)는 몰로코가 수많은 실리콘밸리 스타트업 가운데서도 유니콘으로 성장할 수 있었던 비결을 핵심인재 경쟁력으로 꼽았다. 몰로칸은 몰로코 임직원을 일컫는 칭호이다. 몰로칸의 4대 주요 가치는 데이터에 기반을 둔 의사결정, 개방적이지만 겸손한 자세, 빠른 성장과 호기심, 긍정적인 영향력이다. 몰로코는 이를 갖춘 인재를 중심으로 선발할 계획이다.

몰로코는 현재 실리콘밸리를 중심으로 한국, 인도, 영국, 싱가포르 등지에서 500여 명이 근무하고 있으며, 엔지니어링과 세일즈 분야를 중심으로 100여 명을 추가 채용할 계획이다.

조직문화는 채용에서부터 시작한다. 몰로코의 모든 구성원은 자신들과 맞는 인재를 뽑아야 하는 의무와 책임이 있다. 이 교육은 모든 구성원을 대상으로 이루어진다. 이론 교육 후 '인터뷰어 섀도잉(Interviewer Shadowing)' 훈련을 받는다. 채용 인터뷰에 직접 참여해 질문, 진행방식, 판단과정 등을 관찰한다. 어떤 방식으로 인터뷰가 진행되는지 옆에서 보면서 배우는 것이다. 최소 2~3회 정도 훈련을 받아야 한다. 이후 '리버스 섀도잉(Reverse Shadowing)' 훈련을 받는다. 숙련된 인터뷰어가 멘토로 참여해 함께 모의 인터뷰를 진행해 보는 것이다. 멘토는 인터뷰 과정을 지켜보고 피드백을 해 준다. 3~4번 정도 진행을 하며, 충분히 훈련이 됐다는 판단을 받으면 인터뷰어로 활동할 수 있게 된다.

두나무는 가상화폐거래소 '업비트' 운영사다. 국내 최고 수준의 연봉으로 화제가 됐다. 두나무는 등기이사를 제외한 직원 370명의 1인당 평균 연봉이 무려 3억 9,300만 원이라고 공시했다. 임원을 빼도 1억 6,000만 원 정도로 국내 최고 수준이다.

센드버드는 1억 7,000만 명이 넘는 이용자를 확보한 클라우드 기반 인앱 채팅 솔루션 회사다. 한국 기업이지만 대규모 글로벌 트래픽을 경험할 수 있다는 점이 개발자들 사이에서 가장 큰 매력으로 꼽힌다. 센드버드는 입사 1년 뒤 즉시 행사할 수 있는 스톡옵션을 제공한다. 입사 1년 만에 미국 본사의 주주가 될 수 있는 셈이다. 여기에 연간 최대 396만 원에 달하는 자기계발 지원금과 별도로 연간 360만 원까지 영어학습 지원금을 제공한다.

실제 채용에도 많은 인력이 몰리고 있다. 센드버드는 세 자릿수 규모 채용에 구직자 약 1,500명이 지원한 것으로 알려졌다. IT업계 전반이 개발자 구인난을 겪는 와중에 이례적인 경쟁률이라는 평가가 나온다. 잘 되는 기업은 '데이터 기반 채용'으로 통합된다.

일잘러를 데이터로 선발한다

최근 데이터 기반 채용으로 주목받는 그룹 중 하나가 LS그룹이다. LS 그룹이 힘을 쏟는 분야는 배터리, 전기차 등 신사업이다. 이를 위해 미래 산업을 책임질 인재 확보에도 어느 때보다 적극적으로 나서고 있다. 국내 다른 대기업들이 공채 대신 수시채용으로 전환하는 것과 달리 LS 그룹이 정기공채 제도를 유지하는 것도 취업준비생들에게 채용 예측 안정성, 지원 편의성 등을 주기 위해서라고 밝혔다. 2022년부터 데이터 기반의 인사혁신팀인 '피플랩(People Lab)'을 신설하여 일 잘하는 직원의 공통점을 분석해 조직 성과를 업그레이드하고 기업문화를 유연하게 바꾸는 실험을 시작했다. 즉각적인 성과 보상을 원하는 20~30대 MZ세대 직원들의 특성을 반영해 지주사부터 인사평가 기간을 연 단위에서 분기 단위로 바꾸기도 했다.

LS 피플랩은 데이터 분석을 적용해 의사결정을 개선하고 효율성을 높이고 있다. 인재 채용, 퇴사 예측, 능력 개발 등 다양한 분야에서 과학적인 근거를 바탕으로 조직의 성과 향상을 위한 의사결정을 가능하도록 돕는다. 2017년 입사 최종 합격자 발표 후 46.4%가 입사를 포기했으나 이제는 이탈자를 예측할 수 있어 이런 피해를 최소화할 수 있을 정도다. 특히 불확실성이 커지는 현 시장 상황에서 더 이상 '개인의 직감'이 아닌 '현상에 대한 사실적 이해'에 기반을 둔 의사결정이 요구되고 있다.

LS 피플랩은 데이터 기반 HR가 활용된 사례로 '입사포기예측모델'을 활용하고 있다. 이 모델을 개발한 이유는 인력을 채용하는 과정에서 최종 합격자 발표 이후 대거 이탈하는 사례가 종종 발생했기 때문이다. 이로 인해 기업에서 목표로 한 계획에 차질이 발생하면서 이를 극복하기 위한 지원자들의 속성과 변인을 입력하고 이에 따른 결과를 AI로 분석하는 예측모델을 개발했다. '입사포기예측모델'은 최종 합격자들의 이탈 가능성을 시각화해 직관적으로 보여 줌으로써 관련 부서에서 이에 대응할 수 있는 환경을 조성해 준다. 또한 자연어 처리 모델을 활용한 자기소개서 평가 모델을 구축해 HR담당자의 업무부하를 줄이고 보다 효율적으로 평가할 수 있는 업무 환경을 제공한다.

이 밖에도 LS 피플랩은 최근 챗GPT 등 생성형AI를 HR에 접목해 서비스의 신뢰성을 높이고 업무 역량을 강화하기 위한 기능 개발에 집중하고 있다. 새로운 질서를 예측하기 위해서 데이터를 가지고 미래 예측을 분석하기 위한 일이 중요해지고 있다. 직감이 아니라 데이터를 주도적으로 활용하는 일이다. 세계는 빠르게 '데이터 기반 경제'로 재편되고 있다.

데이터로 사람을 뽑는 서비스

원티드랩은 AI 엔진을 활용한 데이터 기반 채용 서비스를 제공하고 있다. 원티드랩은 플랫폼 내 600만 개 이상의 실시간 매칭 결과 데이터를 바탕으로 합격률 예측이 가능한 AI 매칭 알고리즘을 개발했다. AI 매칭이란 구직자가 이력서를 올린 후 관심 있는 포지션에 대한 직무, 자격요건, 우대사항 등을 입력하면 해당 포지션과 구직자 간 AI 알고리즘이 매칭률을 분석해 합격률을 예측해 주는 시스템이다. 이 매칭시스템을 통해 최적의 채용 매칭을 추천한다. 합격률은 일반 지원 대비 4배 이상 높으며,

채용에 드는 시간도 통상적으로 90일에서 27일로 70%나 단축시켰다.

기업에 적합한 인재를 채용하기 위해서는 기존 채용 프로세스에서 낭비되는 시간을 단축하는 것이 관건이다. 채용과정이 오래 걸려 지원자가 이탈하는 것을 방지하기 위해 '리드타임(Lead Time)'을 기반으로 전반적인 채용시간을 단축해야 한다. '리드타임'은 지원자 유입일부터 오퍼 수락일까지의 전형 소요기간을 말한다. 기존에 쌓인 채용 데이터 대시보드를 활용해 채용과정에서 불필요한 시간을 줄여 가야 한다. 현재 채용 프로세스에서 병목 지점(Bottleneck)이 어디인지 살펴봐야 한다. 채용 데이터도 채용계획 수립부터 후보자 소싱, 입사까지의 전체 채용 프로세스를 가시적인 사실과 수치를 통해 의사결정을 하고 운영하는 데 활용하는 지표와 도구가 된다. 기본적인 채용 데이터만 가지고도 얼마든지 채용 인사이트를 얻을 수 있다.

04 '데이터 기반 채용'에 유의해야 할 5가지

데이터 기반 채용방식은 채용과정에서 주관적 판단을 최소화하고 객관적이고 신뢰할 수 있는 정보를 활용하여 인재를 선발하는 접근법이다. 채용 데이터 중에 중요한 숫자는 채용 소요시간, 후보자 유입량, 후보자 만족도, 오퍼수락률, 채용비용 등이다. 단순히 채널별 유입량만 비교하는 것이 아니다. 채널별 후보자 오퍼수락률, 평균 채용 소요시간, 평균 채용경비를 분석해서 업계 평균치와 비교해서 자사의 장점과 단점을 분석하면서 앞으로 진행해야 할 프로젝트 전략들을 도출할 수 있다.

채용의 퀄리티를 좌우하는 데이터는 채용경로 분석이다. 무조건 유입량만 늘리려고 고민하지 말고 경로 분석만 제대로 해도 다양한 인사이트를 얻을 수 있다. 이처럼 공정하고 효율적이며 경제적인 채용방식 등 많은 장점을 제공하는 '데이터 기반 채용'은 채용 트렌드에서 점점 중요해질 전망이다. 데이터 기반 채용에서 유의해야 할 5가지 사항을 제안한다.

1. 채용의 질보다 속도만 중요시하면 안 된다

최근 사람인에 따르면 직원 1인 채용에 평균 32일, 1,272만 원의 비용이 든다고 밝혔다. 채용기간의 경우 '1개월'을 꼽은 기업이 29.1%로 가장 많았다. 이어 '2주'(14.2%), '3주'(13.6%), '8주'(13.4%) 등의 순이었다. '2개월 이상' 소요된다는 답변은 13%로 집계됐다. '채용 소요시간'이란 특정 포지션의 채용을 시작한 때부터 후보자가 회사의 오퍼를 수락하기까지 걸리는 시간을 말한다. 채용의 질보다 채용의 속도를 중요시하면 데이터 품질이 떨어질 수 있다. 후보자의 과거 성과와 경험을 정확히 평가하기 위해서는 일정한 시간이 필요하다. 속도만 중요시하면 잘못된 채용결정으로 이어질 수 있다.

2. 채용에만 집중하지 말고 그들의 경험을 피드백받아야 한다

채용 단계를 개선하기 위해 후보자의 경험을 피드백받아야 한다. '후보자 만족도(Candidate Satisfaction)'는 회사의 전반적인 면접 경험이 긍정적이라는 점에 동의하는 후보자 비율을 의미한다. 데이터 기반 채용은 지속적으로 후보자의 경험 데이터를 수집하고 분석함으로써 채용 프로세스를 개선하고 최적화할 수 있다.

3. 제한된 후보자군으로는 조직에 적합한지 측정하기 힘들다

실제 업무 관련 데이터에 중점을 두므로 다양성을 자연스럽게 증진시킬 수 있다. 넓은 범위의 후보군에서 데이터를 수집하고 분석할 수 있어야 우수인재를 찾을 수 있고 오퍼를 넣을 때 수락도 가능성이 올라간다. '오퍼 수락률(Offer Acceptance Rate)'은 일정 기간 동안 수락한 오퍼의 수를 정해진 기간 내에 후보자에게 전달한 총 오퍼수로 나눈 수치를 말한다.

4. 지나치게 비용 절감에만 목을 매면 적합한 인재를 뽑기 힘들다

'채용당 비용(Cost-per-Hire)'은 특정한 기간 내에 채용을 위해 사용한 총비용을 인재영입팀이 채용한 총인원으로 나눈 값을 말한다. 채용공고를 게시하는 비용, 채용 채널에서 발행하는 채용수수료, 추천 채용 보상, 채용박람회 및 이벤트 진행 비용, 채용운영에 필요한 물품 구매비, 면접 및 과제 참여비 등 모든 비용을 고려해야 한다. 적합한 후보자를 빠르게 선별함으로써 채용과정에서 발생하는 불필요한 면접과 평가 과정을 줄일 수 있다. 이는 전체 채용비용을 절감하는 효과가 있다.

5. 데이터 기반 채용은 훈련된 데이터에 따라 알고리즘 편향이 있을 수 있다

최근 많은 기업이 도입하고 있는 '예측 분석(Predictive Analytics)'은 현재 및 과거 데이터를 분석하여 미래 이벤트를 예측하는 분석방법이다. 예측 분석은 머신 러닝, 통계 모델링, 데이터 마이닝과 같은 기술을 사용하여 조직이 트렌드, 행동, 향후 성과, 비즈니스 기회 등을 파악할 수 있도록 지원한다. 예측분석 기법들을 활용해 직원들의 이직확률 계산모형을 통한 선제적 이직 방지, 효율적인 작업 환경 구축 등에 활발히 활용한다. 과거의 성공적인 직원들의 데이터를 분석하여 이를 기준으로 새로운 후보자를 평가함으로써 성과 예측력을 강화할 수 있다.

반면 데이터 기반 채용은 종종 알고리즘에 의존하여 결정을 내린다. 이러한 알고리즘은 훈련된 데이터에 따라 편향이 있을 수 있다. 데이터 기반 채용에 대한 신중하고 균형 잡힌 접근방식을 취하고 데이터 통찰력과 인간의 판단을 결합해야 한다.

참고문헌

- 김경은, 공고 대신 SaaS 기반 '원스톱 맞춤채용'…53조 시장 열렸다, 아주경제, 2022. 11. 9.
- 김성수, 쿠팡 디지털 HR 환경에서 데이터 기반 채용, HR Insight 2019년 4월호, 2019. 5. 8.
- 김장현, AI시대의 인사관리, 파이낸셜뉴스, 2024. 5. 16.
- 김형규, 미래車 데이터 힘으로 달린다, 한국경제, 2022. 8. 9.
- 남혁우, "최종합격했는데 나간다고?"…데이터는 알고 있다, ZDNET Korea 2024. 5. 22.
- 박수형, 모든 공공기관에 최고데이터책임자 생긴다, ZNET korea, 2021. 2. 17.
- 백봉삼, 스타벅스, 채용 소요기간 절반으로 줄인다, ZDNET Korea, 2024. 5. 16.
- 변재현, [최신 채용 트렌드] 분석가, 데이터 기반으로 의사결정…엔지니어는 프로그램 만드는 역할, 서울경제, 2020. 10. 22.
- 오정석, 직원 이직·성공 확률까지 분석…구글의 질주 이끈 '데이터 인사혁신', 2016. 10. 21.
- 우수민, 개발자 신의 직장 지각변동…'네카라' 앞에 '몰두센', 매일경제, 2022. 4. 19.
- 원지현, 직관이 인사를 망친다 데이터로 인사를 혁신하라, DBR, 271호(2019년 4월호)
- 유근일, 실리콘밸리 인력 감축? '남 이야기' 채용 늘리는 '몰로코', 전자신문, 2023. 3. 20.
- 이승준, 잡코리아 나인하이어, 데이터 분석 기반 채용시간 단축 비법 전수, 이뉴스투데이, 2024. 5. 28.
- 이완기, "직원 1명 채용 평균 32일 소요…비용은 1300만원 든다", 서울경제, 2022. 6. 8.
- 이호, 데이터 기반 채용, 양질의 채용 가능성 1.9배 높아, 넥스트데일리, 2023. 3. 17.
- 이호준, 직장인 커뮤니티서 "직원 구해요"…다양해지는 채용방식, 매일경제, 2024. 1. 29.
- 정석이, 마이다스인, 기업 인사담당자 위한 '데이터 기반 채용 세미나' 성료, 비지니스코리아, 2023. 3. 24.
- 조성미, 최고 데이터 책임자급 양성 기관에 KAIST·포스텍·서울대, 연합뉴스, 2024. 7. 16.
- 황치규, 스타벅스가 '데이터 비즈니스의 신'이 되기까지…, 블로터, 2020. 2. 6
- 박하늘·전민아, 『리크루터의 채용 실무 가이드』, 루비페이퍼, 2023.

롤플레이 인터뷰

지식을 묻는 면접에서
'롤플레이 인터뷰'로 바뀌고 있다

#역할 #롤플레이 #면접 #면접관 #고객 #팀장 #일대일
#갈등상황 #역할수행 #역할연기

한 사람이 팀에 지대한 역할을 할 수 있지만,
한 사람으로 팀을 만들 수는 없습니다.

– 카림 압둘 자바

코로나19는 대한민국 노동시장에 '깊은 상흔'을 남겼다. 코로나19 팬데믹은 종지부를 찍지만 코로나19 이후 증가한 대사증후군 유병률은 정부와 의료계의 과제로 남게 됐다. 심장대사증후군학회는 서울에서 개최한 국제학술대회 'APCMS 2024(7th Asia-Pacific CardioMetabolic Syndrome)'에서 기자간담회를 갖고『한국 대사증후군 팩트시트 2024』발간 배경과 주요 내용을 소개했다. 한국 19세 이상 성인 대사증후군 유병률은 4기 조사기간(2007~9년) 22.1%에서 8기 조사기간(2019~21년) 24.9%로 지속적으로 증가했다. 해외와 비교해도 가파른 증가세다. 주요 요인은 복부비만과 고혈당의 비율 증가로, 유병률은 남녀 모든 연령대에서 증가했으며, 특히 70세 이상에서 가장 높은 유병률을 보였다.

코로나19 여파 및 구조 변화 등을 감안할 때 코로나19 충격이 단기에 그치지 않고 장기적으로 지속되는 '상흔효과(Scarring Effect)'에 주목할 필요가 있다. 상흔효과란 청년기에 조기실업과 빈곤을 경험한 사람들이 장년이 되어 생활을 유지하거나 노년에 소득보장 등에서 지속적으로 어려움을 겪는 효과를 말한다. 상처의 흔적은 쉽게 사라지지 않는다.

코로나19 이후에는 '관계적 투명성(Relational Transparency)'이 중요해지고 있다. 관계적 투명성은 타인과의 관계에서 자신의 진정성을 보여 주는 행동을 말한다. 자신의 생각과 감정을 공유함으로써 타인과 진실한 관계를 구축해 나가는 행동이다.

'역할연기'말고 '역할수행'을 해야 한다

'롤플레이 인터뷰(Role Play Interview)'란 특정상황을 제시하고, 지원자에게 역할이 주어지며 그 특정상황에서 지원자가 발휘하는 행동을 관찰, 기록, 평가하는 방식을 말한다.

군이 '롤플레이'라고 부르는 이유는 현재형을 강조하기 위해서이고, '롤플레이'가 게임 용어로 젊은 세대에 익숙하기 때문에 언론에서도 '롤플레이 인터뷰'라고 널리 사용하고 있다. 줄여서 'RP(Role Play)'라고 부른다. 특정상황으로는 실제로 업무할 때 발생할 수 있는 문제 상황, 갈등 상황, 협상 상황 등을 제시한다.

대부분의 경우 RP 면접은 시나리오의 복잡성에 따라 30분에서 1시간 길이다. 일반적으로 RP 면접에서는 통상 지원자끼리 수행하는 경우가 많은데 상품 판매자와 고객의 역할을 서로 바꿔 가며 수행하고 이를 면접관이 관찰해서 평가한다.

코로나19 이후 상흔이 남아 있기 때문에 더욱더 '관계적 투명성'이 중요해지고 있다. 따라서 롤플레이 면접은 거짓된 자아가 아닌 진실한 자아를 나타내는 관계적 투명성을 확보하여 자신을 노출시킴으로써 친밀성과 신뢰를 통해 관계를 구축할 수 있다.

01 롤플레이 인터뷰

단순히 '지식을 묻는 면접'은 사라지고 '롤플레이 인터뷰'가 뜬다

코로나19로 인해 '롤(Role)'이 바뀌었다. 재택근무, 자율출퇴근제, 비대면 방식이 익숙해지면서 일하는 방식이 변화하고 있다. 이제 정해진 롤이 없는 시대이다. '변수'는 막연한 위험이 아니라 언제든 만날 수 있는 '현타'(현실 자각 타임)이다.

빠르게 변해야 하고, 유연성을 키워야 하는 시대이다. 아무리 디지털화되더라도 회사는 혼자 일하는 곳이 아닌 함께 일하는 곳이기 때문에 팀플레이를 하지 않으면 안 된다. 팀플레이를 잘하는 사람이 결국 회사를 살리고 팀장과 팀원 간 팀플레이에서 성과를 낸다. 채용에서도 단순히 지식만을 물어보는 면접에서 시뮬레이션 면접으로 바뀌고 있다. 시뮬레이션 면접은 역할수행(RP : Role Play), 구두발표(OP : Oral Presentation), 집단토론(GD : Group Discussion), 서류함기법(IB : In-Basket) 등이 있다.

시뮬레이션의 유형		적합한 상황
역할수행	RP(Role Play)	고객, 동료, 부하직원 등 불만을 제기하거나 말을 잘 듣지 않는 상대방을 1:1로 만나서 대화로 설득해 보도록 상황을 부여한다.
구두발표	OP(Oral Presentation)	짧은 시간에 주어진 주제에 대해 형식과 관계없이 즉흥적으로 발표해 보도록 상황을 설계한다.
집단토론	GD(Group Discussion)	리더가 없고 정해진 시간 내에 공동으로 집단의사 결정을 해 보도록 상황을 부여한다.
서류함기법	IB(In-Basket)	주어진 시간 내에 편지, 메모, 문서, 투서 등에 대한 문제해결 및 의사결정을 해 보도록 상황을 부여한다.

롤플레이 인터뷰는 실제 현장에서 일어날 수 있는 가상의 상황을 설정해 고객을 응대하는 모습을 체크하는 면접형태이다. 크게 서비스 면접, 세일즈 면접, 협상 면접 3가지로 나눌 수 있다. 각 기업이 요구하는 면접 유형은 상이할 수 있다.

서비스 면접(Service Interview)

고객응대 과정에서 발생할 수 있는 상황에서 어떻게 해결해 나가는지 평가하는 것을 의미한다.

세일즈 면접(Sales Interview)

고객의 니즈를 분석해 각 기업의 적합한 상품을 권유하거나 랜덤으로 상품을 판매해야 하는 면접이다. 세일즈 면접은 제시된 조건 중 고객의 원하는 바를 정확하게 파악하여 적합한 상품을 권하거나 상품을 랜덤으로 고른 후 고객에게 해당 상품을 판매하는 과정을 평가한다. 세일즈 면접의 경우 고객의 니즈를 정확히 파악해 상품을 추천하는 능력이 필요한 은행에서 주로 활용하는 면접 방법이다. 세일즈 면접은 대인 설득 역량을 평가하기 위한 방법이다.

협상 면접(Negotiation Interview)

고객 응대 능력을 평가하는 것으로 업무 상황에서 발생하는 위기 상황을 어떻게 해결하는지를 평가하는 면접이다. 대인설득을 잘하는 사람의 특징과 행동 관찰 포인트는 상황 파악, 공감, 논리적 근거, 합의 조정 등이다.

RP의 평가지표

RP의 평가 질문		5	4	3	2	1
아이스 브레이킹 (Ice Breaking)	고객과 라포 형성을 위해서 아이스 브레이킹을 했는가?					
공감 (Empathy)	상대의 상황과 감정을 이해하고 존중했는가?					
	눈맞춤, 끄덕임, 맞장구, 감탄사 등 긍정적 호응을 잘 사용했는가?					
	상대방의 행위 따라하기, 동조하기, 정리하기 기법 등 상대의 의견에 공감했는가?					
니즈 (Needs)	상대에게 질문을 던져서 상대의 고민을 듣고 상황의 핵심을 파악했는가?					
	고객의 잠재 니즈 또는 핵심 니즈로 강화하기 위한 역할, 절차와 방법이 효과적이었는가?					
	고객의 가치 니즈 단계까지 정확히 충족시키기 위한 역할에 맞게 대응하였는가?					
이점 (Advantage)	제품 설명, 홍보 시 제품의 특성, 장점, 이점을 올바르게 구분하여 모두 설명했는가?					
	제품의 특성, 장점, 이점 설명 시 그 근거를 적절하고 효과적으로 활용했는가?					
	제품의 이점 설명 시 고객의 니즈를 맞춰 효과적으로 설명했는가?					
근거 (Evidence)	상대 설득을 위한 관련성 높은 숫자와 통계를 제시했는가?					
	상대 설득을 위한 전문가의 인용을 했는가?					
	상대 설득을 위한 구체적인 사례를 제시했는가?					
합의 (Agreement)	문제나 갈등 해결을 위해 적극적으로 조정과 조율에 나서며 합의를 이끌었는가?					
	고객의 반응, 머뭇거림, 거절 시 3가지 응대 화법을 효과적으로 사용하였는가?					
	거절 유형에 맞는 적절한 질문과 예방 응대를 하였는가?					

기업들이 롤플레이 인터뷰를 하는 이유는 기존 면접으로는 더 이상 인재를 제대로 평가하기 어렵고, 함께 일하는 협업과 실력을 확인하는 과정으로 시뮬레이션 기법이 효율적이라는 판단에 따른 것이다. 직접 롤플레이를 하면서 드러나는 모습이 진짜 모습일 가능성이 높다. 대인 관계 능력, 소통 능력, 공감과 협의 등을 객관적으로 평가할 수 있다. 점차 롤플레이 인터뷰가 널리 확산될 전망이다.

02 롤플레이 인터뷰 - 세계 동향

해외에서는 이미 '롤플레이 인터뷰'가 보편화되어 있다

"롤플레이 인터뷰로 경력자만 뽑는 것이 아니에요."

아마존, 뱅크 오브 아메리카, 유나이티드 항공사 등 세계 최대 기업에서는 '롤플레이 인터뷰'가 이미 보편화되어 있다. 아마존은 시니어 면접에서 롤플레이 협상 인터뷰를 진행한다. 게다가 아마존은 '업무 케이스 시뮬레이션'을 온라인 평가한다. 지원하는 포지션과 관련된 가상 작업에 대한 과제가 있다. 문제해결, 우선순위 지정 및 대인 관계에 관한 질문이 포함되어 있다. 일부 포지션의 경우 차트의 데이터를 해석하거나, 고객 질문에 답변하거나, 문제해결 방법을 선택하거나, 여러 소스에서 올바른 정보를 찾는 문제도 있을 수 있다. 이러한 평가는 일반적으로 완료하는 데 20~60분 정도 소요된다.

패널 인터뷰 직전에 가상으로 다시 만나서 인터뷰 준비를 도와주겠다고 제안한다. 여기에는 전체 인터뷰 패널 프로세스를 안내하고, 인터뷰 질문이 어떻게 전개될 수 있는지 설명해 주었다. 무엇보다도 아마존의 리더십 원칙(Leaderships Pricipals)을 숙지하도록 강력히 권장하는 것이 포함되었다.

아마존 리더십 원칙 16가지
1. 고객에게 집착한다.(Customer Obsession)
2. 주인의식을 갖는다.(Ownership)
3. 발명하고 단순화한다.(Invent and Simplify)
4. 리더는 정확하고 옳아야 한다.(Leaders are Right a Lot)
5. 계속 배우고 호기심을 갖는다.(Learn and Be Curious)
6. 최고의 인재를 채용하고 육성한다.(Hire and Develop the Best)
7. 최고의 기준을 추구한다.(Insist on the Highest Standards)
8. 크게 생각한다.(Think Big)
9. 신속하게 판단하고 행동한다.(Bias for Action)
10. 절약한다.(Frugality)
11. 다른 사람의 신뢰를 얻는다.(Earn Trust)
12. 깊게 고민한다.(Dive Deep)
13. 소신을 갖고 반대하거나 받아들인다.(Disagree and Commit)
14. 성과를 낸다.(Deliver Results)
15. 지구 최고의 고용주가 되기 위해 노력한다.(Strive to be Earth's Best Employer)
16. 성공과 확장은 광범위한 책임을 가져온다.(Success and Scale Bring Broad Responsibility)

원래 아마존에는 베이조스의 경영철학에 기반을 둔 14가지 리더십 원칙이 자리 잡고 있다. 아마존은 '지구 최고의 고용주가 되기 위해 노력

한다.(Strive to be Earth's Best Employer)'와 '성공과 확장은 광범위한 책임을 가져온다.(Success and Scale Bring Broad Responsibility)'라는 2가지 새로운 원칙을 추가해서 총 16가지로 늘었다. 이는 채용, 승진 등에 있어 절대 기준이 되는 것으로 알려져 있다.

아마존 1차 인터뷰는 전화 인터뷰를 보는데, 데이터 중심 기업이기 때문에 지표와 데이터를 포함하여 대답하는 게 좋다. 아마존은 면접 과정에서 수수께끼를 출제하지 않는다. 가능한 경우 최근에 있었던 상황을 위주로 설명한다. 2차 인터뷰는 루프 인터뷰(Lloop Interview)에서 1시간씩 4명의 각기 다른 면접관과 인터뷰를 진행하는 아마존만의 인터뷰 프로세스이다.

면접관은 지원자를 괴롭히려고 이 자리까지 온 게 아니다. RPG(Role Playing Game) 게임의 NPC(Non Player Character, 플레이 불가능한 캐릭터)처럼 힌트를 준다. 채용담당자는 지원자가 면접 과정을 빠르게 이해할 수 있도록 정보 링크, 동영상 등의 자료를 제공하고 조언을 해 준다. 아마존에 맞는 인재를 합격시키기 위해서 존재하는 것이다. 아마존 채용에서 '2&5 약속'이다. 전화 인터뷰 후 영업 2일 이내에, 패널 인터뷰 후 영업 5일 이내에 지원자에게 업데이트를 제공하는 '2&5 약속'을 제공한다. 이는 면접 후 기약 없이 기다려야 하는 지원자 입장을 배려한 접근방식이다.

채용 경험은 이렇게 어떻게 정의하느냐에 따라서 달라진다. 채용이 확정되면 '직원 경험'이 되고, 채용에 떨어지더라도 '고객 경험'이 될 수 있다. 면접은 좋은 기억으로 남아야 하는 중요한 순간의 경험이다.

유나이티드 항공사에는 롤플레이 인터뷰에서 이런 질문을 한다. "당신은 비행기에서 일하고 있는데, 다른 승무원이 서비스를 하고 싶어 하지 않는다면 어떻게 해야 할까요?" 이것들은 롤플레이 시나리오이고 그들은 승객이나 동료이기 때문에 당신에게 적절히 대응할 것이다. "여성이 메인 객실 문을 닫은 후에도 노트북 끄기를 거부한다면 어떻게 해야 할까요?" 등 다양한 서비스 상황에서 만날 수 있는 역할 수행에 대한 질문을 받게 된다.

뱅크 오브 아메리카(Bank of America)에서는 새로운 은행원을 채용할 때 'RP 인터뷰(Role Play Interview)'를 활용한다. RP 인터뷰는 가상의 상황에서 지원자의 주어진 역할에 대한 업무해결 능력을 평가하는 면접으로 면접자의 영업 능력, 순발력, 고객이해도, 서비스 마인드 등을 평가할 수 있어 은행 등 금융회사나 항공 등 서비스 기업에서 면접방식으로 도입하고 있다.

지원한 기업의 롤플레이 방식을 정확히 파악해야 한다. 업종별로 RP 인터뷰가 다를 수 있다. 지원자는 텔러 역할을 수행하며, 잠재고객 역할을 할 인터뷰어에게 신용카드를 만들거나 계좌를 개설하도록 설득하려고 노력한다. 고객과 대화를 자연스럽게 이끌면서 두려워하지 않고, 단순히 지원자가 역할을 잘 맡을 수 있는 용기를 가지고 있다는 것을 보여 줘야 한다.

잘 보이기 위한 거짓연기가 아니라 진실된 직무 역할을 수행해야 한다. 단지 판매하려는 제품이나 서비스에 대해서만 이야기하는 것이 아니라 고객에게 호기심을 갖고 여러 가지 질문을 해야 한다. 항상 고객의 관점에서 살펴야 한다. 고객이 제품을 가지고 있다면 무엇을 얻을까? 고객은 그것을 가지고 있는 것에서 어떤 혜택을 얻을 수 있을까? 고객은 왜 경쟁사의 제품이 아닌 이 제품을 구매해야 할까? 기능이 아닌 고객이 가질 수 있는 이점에 대해 이야기한다.

"화가 난 고객을 상대했던 사례와 그 문제를 해결하기 위해 무엇을 했나요?", "왜 다른 은행이 아닌 뱅크 오브 아메리카를 선택하셨나요?", "그것이 당신의 경력 계획과 어떤 관련이 있나요?", "왜 다른 많은 지원자 중 하나가 아닌 당신을 고용해야 할까요?" 이런 질문에 막상 대답하기는 힘들다. 적절한 준비 없이는 취업에 성공하기 어렵다.

'PT 면접'에서 'RP 면접'으로 바뀐다

미국 기업들이 영업직 신입사원 인터뷰를 할 때 자주 던지는 질문이 "이 펜을 나에게 팔아 보시오!(Sell me this pen)"다. 누군가에게 팔아 본다는 것은 쉽지 않다. 사람들은 어지간해서는 지갑을 열지 않는다. 상품이 됐든 서비스가 됐든 뭔가를 남에게 판다는 것은 그만큼 어려운 것이다.

이제 PT 면접에서 RP 면접으로 바뀌고 있다. PT 면접에서는 문제분석력이나 커뮤니케이션 스킬을 평가하고 토론 면접에서는 공감 능력과 남에게 나의 의견을 효과적으로 전달하는 능력 등을 평가한다. 자신의 의견을 고집하기보다는 항상 상대의 말을 경청하는 자세를 보이는 것이 좋다. 면접관들은 평가표에 따라 질문한다. 보통 실무진이 면접관으로 참여해 4~5점 척도를 두고 평가를 한다.

반면 RP 면접은 대부분의 경우 인터뷰로 주어진 역할에서 마주칠 가능성이 있는 상황을 시뮬레이션한다. '상품을 팔아 봐라!', '누군가를 설득해 봐라!' 등의 미션이 주어지는 면접인데, 이때는 쌍방향적 면접이 확산될 전망이다. 회사에서 시나리오를 제시하고 지원자가 역할을 수행하는 인터뷰 형식이다. 고용주 입장에서는 특정 역할에 대해 이 인터뷰 방법을 사용하는 것을 좋아하는데, 지원자에게 기술을 보여 줄 기회를 제공하고 고용주는 지원자가 실시간으로 상황에 어떻게 반응할지 볼 수 있는 기회를 제공하기 때문이다.

RP 면접에서 자주 나오는 시나리오는 화난 고객 유형이다. 예를 들어, 화가 난 고객이 소프트웨어 오류에 대해 고래고래 소리를 지르고 있다. 고객의 감정이나 소리가 이미 압도한다. 긍정적인 언어를 사용하여 사과하고 그들의 상황에 대한 공감을 보여 줌으로써 고객을 진정시켜야 한다. 회사나 고객에게 잘못이 있든 없든 상관없다. 그런 다음 문제를 해결하려고 시도해야 한다.

RP 스크립트 예제

고객 : 이 소프트웨어가 고장이 난 게 벌써 3번째입니다. 저는 이 소프트웨어를 사용하기 위해 많은 돈을 지불해 왔고, 내일까지 프로젝트를 완료하지 못하면 주요 고객을 잃을 위험이 있습니다. 이제 어떻게 하실 것입니까?

시나리오 1 : 문제가 클라이언트 측에 있는 경우

담당자 : 저희 소프트웨어에서 문제가 발생해서 매우 죄송합니다. 고객의 계정을 살펴본 결과, 이전 버전의 소프트웨어를 사용하고 있는 것 같습니다. 최신 버전으로의 링크를 보내드렸습니다. 다운로드해서 다시 시도해 보시고 문제가 계속 발생하면 알려 주세요. 저희는 고객님을 항상 도와드리겠습니다.

시나리오 2 : 회사 측에 잘못이 있는 경우

대표 : 저희 소프트웨어에서 문제가 발생하여 매우 죄송합니다. 시스템 전체 서버 오류가 발생했지만 곧 문제가 해결될 것이라고 확신합니다. 그럼에도 불구하고 이로 인해 불편을 끼쳐드려 죄송합니다. 고객님께서 이해해 주셔서 감사드리며 다음 달 구독료에 50% 할인 혜택을 받도록 도와드리겠습니다.

면접관은 RP 면접에서 무엇을 보고 싶을까?

면접관은 롤플레이 면접에서 5가지 특성 요소를 좋아한다.

1. 스스로 자신을 믿는 사람이 중요하다

채용면접관은 당신이 자신의 능력에 자신감이 있고 역할의 요구사항을 관리할 수 있는지 확인하고 싶어 한다. 따라서 롤플레이 시나리오에서 당신의 자신감을 찾을 것이다.

2. 난처한 상황에서 유연한 사람을 뽑는다

롤플레이 인터뷰에서는 다른 플레이어에게 반응하고 적응하는 능력이 매우 중요하다. 실제 상황에서는 동료 직원이나 고객이 어떻게 반응할지 항상 예측할 수 없기 때문이다.

3. 면접관은 롤플레이 중에 구인 공고에 나열된 기술과 속성을 찾는다

면접관은 이러한 기술을 실제로 보고 적절하게 적용할 수 있는지 확인하고 싶어 할 것이다.

4. RP 인터뷰에서 비판적 사고가 중요하다

대부분의 롤플레이 시나리오에는 도전이나 장애물을 신속하게 처리하고 대응해야 하는 비판적 사고가 포함된다.

5. RP 인터뷰에서 전문성을 갖고 있는지 확인한다

무엇보다도 채용담당자는 시나리오에서 나타나는 스트레스 수준에 관계없이 지원자가 시나리오에 등장하는 다른 사람들과 전문적으로 상호작용하는지 확인하고 싶어 한다. 기존 채용과정에서 이루어졌던 일방적인 소통에서 '다이내믹한 소통(Dynamic Communication)'으로 매우 귀중한 경험을 선사하게 된다. 롤플레이 인터뷰는 앞으로 면접 현장에서 많이 쓰일 전망이다.

03 롤플레이 면접 - 국내 동향

짧은 면접보다 합숙 면접이 부활하는 이유

코로나19 이후 중단되었던 국내 기업의 합숙면접이 부활하고 있다. 원래 SKT는 1차 면접을 1박2일 합숙으로 보기로 유명했는데 이것이 코로나19 때 잠시 바뀌었다가 다시 부활했고, IBK기업은행도 1박2일 합숙면접을 부활시켰다.

합숙면접은 지원자의 '진실한 모습'을 보고 싶을 때 사용되는 면접이다. 면접 응시자와 면접관이 특정 장소에서 함께 숙식을 하면서 회사에 필요한 인재를 평가하는 방법이다. 합숙면접은 비용과 시간이 많이 소요되지만, 기업에 필요한 인재 선택에 신중을 기할 수 있다는 측면에서 활용된다.

합숙면접에서는 대개 한계 상황에 부딪힐 수 있는 과제를 내고, 그때 나오는 지원자의 솔직한 모습을 관찰하게 된다. 명확하고 창의적인 아웃풋을 내는 것도 중요하지만, 조직 내에 융화될 수 있는 인성, 적극적인 자세 등을 보여 줄 수 있어야 한다.

일방적 질문 면접이 아니라 쌍방향 소통 면접으로 바뀐다

'롤플레이 인터뷰'는 일방적 면접보다 쌍방향 면접으로 바뀌는 데 기여하고 있다. 단순히 지식을 묻는 면접에서 실제 업무와의 연관성도 높아서 직무 적합성을 강화하는 데 도움이 될 전망이다. RP 인터뷰는 면접의 특성상 고객 접점이 많은 은행업, 항공업, 유통업, 자동차 영업직/기술직, 카지노 딜러 등 대인 서비스직에서 주로 활용하고 있다. 실제와 유사한 가상의 상황을 지원자에게 제공함으로써 지원자의 즉각적이고도 실제적인 반응을 관찰할 수 있기 때문이다.

역량평가에서 쓰이는 '롤플레이'와 상담치료에서 쓰는 '롤플레이'는 엄연히 다르다. 보통 상담에서 쓰이는 '역할연기'란 치료 목적으로 다른 사람의 역할을 해 보거나 이상적으로 되고 싶은 사람처럼 직접 행동을 실행해 보도록 하는 절차를 의미한다. 연극치료의 대가 뉴욕대학교 로버트 랜디(Robert J. landy) 박사는 역할 이론을 이야기한다. 자신의 역할을 받고(Role Taking), 역할을 연기하며(Role Playing), 역할을 창조(Role Creating)

한다. 반면 역량평가에서 쓰이는 '롤플레이'는 연기를 해서는 안 된다. 실제 역량을 보여 주지 않으면 좋은 점수를 받기 어렵다. '역할연기'가 아니라 '역할수행'이라고 해야 한다.

세일즈 유형은 제시된 조건 하에 고객의 니즈를 파악해 적합한 상품을 권유하거나 랜덤으로 고른 상품을 골라 고객에게 판매하는 방식으로 진행된다. 이에 따라 일부 은행에서는 '세일즈면접'이라고 불리기도 한다. 특히 세일즈 유형의 롤플레이 같은 경우, 지원하는 은행의 상품을 잘 숙지하는 것도 중요하지만 세팅된 고객의 니즈를 명확히 파악하고, 이를 어떻게 파는지가 정말 중요하다.

경남은행 롤플레이 인터뷰에서 점심시간에 타은행으로 이체를 부탁하는 고객에게 급여통장 개설을 권유하는 상황이 나온 적이 있다. 고객 만족을 우선하지만, 매번 고객의 입장에서만 설 수는 없다. 고객이 조금 불편하더라도 규정을 지키는 방안을 고수하려는 신념도 중요하다는 사실을 잊지 말아야 한다.

NH농협은행의 RP 면접

NH농협은행이 채용과정에서 다른 은행들과 다른 점은 3차 면접전형에 임원면접이 없다는 점이다. 농협은행은 실무진이 면접을 진행해 인성과 마케팅 능력을 검증하는 데 중점을 둔다. 집단면접, 토의면접, RP 면접(IT 분야는 PT 면접) 3가지 전형이 하루에 진행되기 때문에 컨디션 관리를 잘하는 것이 중요하다.

집단면접과 토의면접에서는 자신의 의견은 간결하게 말하되 상대방의 의견을 경청하는 태도가 중요하다. RP 면접에서는 지원자가 영업점

국내 RP 인터뷰 현황	
NH농협은행	30대 후반 공무원인 기혼 남성고객을 타깃으로 어떤 상품을 추천할 것인가?(IRP, 연금저축, 단순 적금 등) 어려운 상품을 선택해서 어설프게 설명하는 것보다는 본인이 잘 설명할 수 있는 상품을 고객에게 어떻게 추천하고 설득하느냐가 중요하다.
IBK기업은행	프리랜서를 위한 상품이나 서비스 기획(준비 25분, 발표 2분, 질의응답 3분) 챌린저형 상품 만들기(준비 25분, 발표 2분, 질의응답 3분) 롤플레이는 5분 동안 진행되며, 면접관과 서포터즈 2명이 질문을 받는 식으로 진행된다. 조원들이 뒤에서 보고 있는 상태에서 진행한다. 직원 간의 롤플레이이다.
대한항공	난기류 상황에서 아이가 울 때 주위 승객분의 컴플레인이 들어온다면 어떻게 대처해야 하는가? 또래로 보이는 20대 손님이 계속해서 반말을 할 경우 어떻게 대처해야 하는가? 유럽에서 온 관광객에게 마트에서 장보기를 추천해 본다면?
CJ CGV	팝콘에서 이물질이 나왔을 경우 어떻게 대처할 것인가? 신분증을 안 가져온 고객이 청소년 관람불가 영화를 예매한다고 하면 어떻게 할 것인가? 고객한테 드린 팝콘에서 옥수수 알갱이가 너무 많이 나와 컴플레인이 들어올 경우 어떻게 할 것인가?

창구직원 역할을 맡아 주어진 상황에 대처해야 한다. 지원자는 해당은 행에 관심을 갖고 정확하게 어떤 일을 하는지 이해하고 시뮬레이션을 해 봐야 한다. 평소 언론 등을 통해 농협은행 소식을 주의 깊게 지켜본다면 채용과정에서 지원자가 농협은행에 얼마나 관심을 갖고 있는지 은연중에 드러날 것이다. 농협 창구에서 실제 농협직원으로 고객에게 농협상품을 선택하고 어떻게 권유하는지를 보기 위해서 진행되므로 세일즈 유형에 속한다.

농협은행의 롤플레이 면접은 다음과 같이 진행된다. 사전에 타깃 고객을 공지한 후 적합한 상품에 대해 숙지할 시간을 제공한다. 시간이 지난 뒤 면접장에 들어서게 되면 농협은행의 직원 1명은 고객 역할을 하고, 면접관 2명은 약 10분간 롤플레이를 참관한다.

실제로 농협은행 면접에서는 고객 역할을 하는 상대방은 상품을 사지 않으려고 철벽을 치고, 결국 설득하지 못해서 못 파는 경우도 있다. 고객 분석을 통해 명확한 상품을 추천하고 그 고객을 끝까지 설득해야 한다. 가령, 해당 상품이 고객에게 얼마나 이익이 되는지 수치로 정확하게 제시하는 방법이다. 중간중간 상품에 대해서 질문하기 때문에 상품의 전반적인 내용을 명확히 숙지해야 한다.

RP 면접에 대한 내용은 채용공고 시 사전 공개되기 때문에 상품 공부와 고객 응대기술 등을 미리 준비하는 지원자일수록 유리하다. 평소 영업점 방문을 통해 직원들의 응대 능력과 상담기술 등을 벤치마킹하는 것도 좋은 방법이다. 결국 고객 지향적 마인드와 성실한 준비가 갖춰져 있다면 좋은 결과를 얻을 수 있을 것이다.

IBK기업은행의 RP 면접

IBK기업은행은 코로나19 이후 합숙면접을 부활시켰다. 2023년도 하반기 신입행원 작년 대비 20명 증가한 규모로 180명을 공개채용한다. 서류심사, 필기시험, 실기시험, 면접시험을 거쳐 12월 중 최종합격자를 발표한다. 모집분야는 금융일반, 디지털, 금융전문, 글로벌 분야다. 실기시험 전형은 1박2일 합숙면접으로 진행한다. 토론, 인터뷰, 발표, 롤플레이 등을 통해 지원자의 직무역량, 팀워크, 의사전달력 등을 종합적으로 평가하겠다는 의도다.

기업은행은 이번 채용에도 장애인 가점제도와 보훈 대상자 및 고졸인재 별도 채용을 지속해 국책은행으로서의 사회적 책임을 다한다는 방침이다. 합숙면접으로 진행되는 만큼 지원자 배려와 기업은행 특유의 따뜻한 문화가 담긴 각종 프로그램을 마련하고 있다. 지원자의 긴장감은 최대한 덜고 준비한 역량을 마음껏 펼칠 수 있도록 최선을 다해 준비하고 있다.

은행과 금융업에 대한 이해와 관심을 드러내는 것도 필요하다. 아울러 은행권 전반적으로 디지털 혁명이 일어나고 있기 때문에 이공계 전공자라면 그와 관련해 본인이 가진 강점을 드러내는 것이 좋은 평가로 이어질 수 있을 것으로 보인다. RP 인터뷰 상황에서 요약 연습만 했다가 다른 사람들과 시뮬레이션을 해 보지 않아서 떨어지는 경우가 많다.

데이터 중심으로 상황을 묘사하면서 상대방 입장에서 설득해야 한다. 공감하는 척 연기하지 말고, 문제를 정확히 분석하고 역할에 맞게 행동해야 한다. 은행의 채용담당자는 예비 행원이자 미래의 동료인 지원자들에게 '해당 은행에 대한 이해', '진정성 있는 태도', '기본에 충실한 태도' 등을 당부한다.

은행 면접 전형에서 마이너스 요소로는 공통적으로 '매너·에티켓에서 감점'이 지적됐다. 구체적으로는 답변 중 타인이나 타 은행에 대한 비방, 면접 중 소극적·의기소침한 태도, 허황·과장된 자기소개, 과한 표정과 액션, 불성실한 태도, 대기시간 동안 불필요한 행동 등이다.

대한항공은 기내 안전과 서비스 업무를 책임질 신입 객실승무원 채용에 나선다. 코로나19 엔데믹에 따른 여객사업 회복에 대비하고 지속가능한 성장 기반을 강화하기 위함이다. 대한항공의 신입 객실승무원 지원자 모집 규모는 총 150여 명이다.

지원 자격은 기졸업자 또는 졸업예정자에 한해 교정시력 1.0 이상이며 해외여행에 결격 사유가 없어야 하고, 입사 후 근무에 지장이 없어야 한다. 공인 어학성적표도 제출해야 한다. 어학 성적은 TOEIC 550점 이상 또는 TOEIC Speaking Intermediate Mid 1 이상 또는 OPIc Level Intermediate Mid 1 이상 자격소지자여야 지원이 가능하다.

전형 절차는 서류 심사, 1차 면접, 2차 면접 및 영어구술 시험, 3차 면접, 건강검진 및 체력·수영시험 순이다. 체력시험은 지난 채용과 동일하게 국민체육진흥공단에서 시행하는 체력인증으로 대체한다.

항공업계도 롤플레이 인터뷰가 늘어나고 있다. 대한항공 롤플레이 인터뷰 기출문제를 살펴보자.

"승무원이 되어서 외국에서 체류하면서 5만 원짜리 볼펜을 샀는데 기내에 회사볼펜이 없어서 그 볼펜을 승객에게 빌려줬고 다시 받으러 가니 안대까지 끼고 자고 있다면 어떻게 할 것인가?"

"승객이 동양인인데 미국적으로 생겨서 계속 영어로 서비스했는데 비빔밥이라고 대답하셔서 비빔밥 드리고 계속해서 영어로 했더니 승객이 화내면서 한국사람인데 왜 자꾸 영어하냐고 했을 때 어떻게 대처할 것인가?"

"승무원이 되었을 때 팀원과 사이가 안 좋다면 어떻게 할 것인가?"

"선배가 아프다고 대한항공 인터넷 시험을 대신 쳐 달라고 하면 어떻게 할 것인가?"

"뒷자리 승객의 발냄새 때문에 앞 승객이 컴플레인을 한다면?"

대한항공에는 RP 면접으로 평가하면서 기내 돌발 상황 대처 능력에 대해 전문지식과 센스, 임기응변을 통해서 고객의 입장에서 생각할 수 있는 서비스 마인드를 엿본다.

롤플레이 인터뷰를 진행할 때 주의해야 할 3가지

돌발적인 상황에서 지원자가 모든 역량을 보여 주는 것은 어렵기 때문에 면접 시 피해야 할 행동이 있다.

1. 완벽히 숙지되지 않은 내용을 아는 것처럼 말하지 않는다

사전에 제공된 자료 이외에 본인만 알고 있는 검증 불가한 내용으로 답하는 것은 금물이다. 롤플레이 면접에서 평가하는 요소로 '데이터 해석 능력', '커뮤니케이션 능력', '설득력'을 꼽는다. 지원자들은 제시된 상황에 대해 다량의 자료를 받기 때문에 '데이터 해석 능력'이 요구된다. 롤플레이 인터뷰를 진행하는 회사들은 상대의 설득을 요구하는 경우가 많아 '커뮤니케이션 능력', '설득력'도 중요한 업무 능력으로 평가한다.

2. 무리한 요구를 하더라도 당황하지 않고 침착하게 행동한다

롤플레이어는 주어진 시나리오에 따라 역할 연기를 수행하는데, 지원자에게 질문을 하고, 보다 심한 압박을 위해 화를 내거나, 무리한 요구를 하기도 한다. 대체로 지원자들을 당황스럽게 하는 고객 역할을 주로 맡게 된다. 압박의 수준이 지나치게 높을 때에는 지원자들이 상황 자체에 압도된 나머지 본인의 역량을 제대로 드러내지 못할 수 있으며, 반대로 압박의 수준이 지나치게 낮을 때에는 평이하게 대처할 수 있기 때문에 역량 수준의 변별이 어려울 수 있다.

3. 순간적인 상황 대처 능력과 역할의 몰입도가 중요하다

지원자들은 이러한 롤플레이 과정에서 주어진 문제를 해결하고 고객의 요구에 대응하게 되는데, 실제 면접 상황에서 지원자들이 보이는 구체적인 멘트나 행동을 모두 예상할 수는 없기 때문에 롤플레이어에게도 역시 순간적인 상황 대처 능력과 시나리오에의 높은 몰입도가 요구된다. 따라서 롤플레이어로 내부 직원을 투입하기보다는 전문 연기자를 섭외하는 사례가 많으니 주의해야 한다. 지원자마다 상대하는 롤플레이어의 역할수행 내용 자체가 매번 달라진다면 타당한 평가 결과를 얻기 어려울 수 있기 때문이다.

지원자의 대응에 따라 구체적인 양상은 다소 달라질 수 있으나, 기본적으로 롤플레이 면접은 롤플레이어의 일관성 있는 행동과 적절한 압박 수준이 관건이라 할 수 있다. 평가를 위해서는 RP가 진행되는 동안에 면접관이 평가하고자 하는 역량과 관련된 지원자의 언어적 및 비언어적 행동을 꼼꼼히 기록하여야 하므로 평가의 정교성을 높이기 위해서는 별도의 롤플레이어를 두는 것이 바람직하다. 따라서 롤플레이 면접의 성공적인 진행을 위해서는 적절한 압박 수준이 제시된 시나리오의 개발은 물론 표준화된 진행을 위한 롤플레이어 사전 교육이 필수적이다.

04 '롤플레이 면접'에서 유의해야 하는 10가지

롤플레이 면접은 지원자가 역할을 맡아서 시뮬레이션을 하는 것이다. 기존 면접이 단답식으로 질문하고 대답하는 형식의 전통적인 지식 중심 면접이라면, 최근 면접방식은 롤플레이 면접으로 시뮬레이션을 포함한 실무 중심으로 변화하는 트렌드가 두드러지고 있다. 롤플레이 면접은 많은 조직에서 점점 더 널리 활용되고 있으며, 이는 특히 동적이고 상호작용이 중요한 역할에 적합한 후보자를 찾는 데 유용한 도구로 자리 잡을 전망이다. 롤플레이 면접에서 유의해야 하는 10가지는 다음과 같다.

1. 롤플레이 면접의 지침을 검토한다

일반적으로 롤플레이 인터뷰는 채용담당자의 롤플레이 시나리오에 대한 구두 설명이나 독립적으로 검토할 서면 브리핑으로 시작한다. 롤플레이가 시작되면 설명된 대로 전략을 따른다. 어느 쪽이든 시나리오를 고려하면서 궁금한 점이나 롤플레이를 시작할 때 도움이 될 수 있는 메모를 적어 둔다. 필요할 때 메모를 다시 참조하지만 롤플레이 중에는 최대한 자연스럽게 행동한다.

2. 기본 상품이나 서비스를 숙지한다

자신이 판매하게 될 상품의 정확한 이해와 순발력이 필수다. 지원 회사 상품 지식과 그 상품에 대한 독창적인 이해, 해석, 전달이 중요하다. 고객 역할을 하는 면접관이 중간중간 상품에 대해 질문을 하기 때문에 상품에 대한 전반적인 내용은 명확하게 숙지하는 게 좋다. 직원의 역할을 수행할 때 지나치게 오버하지 않도록 한다.

3. 의문점이 있을 경우 명확히 질문한다

전통적인 질문과 답변 형태의 면접은 면접관의 직관에 크게 의존할 수 있지만, 롤플레이 면접은 보다 객관적이고 측정 가능한 데이터를 제공한다. 따라서 지침을 검토한 후 시나리오에 대한 명확한 질문이 있으면 질문한다. 상황과 역할 및 원하는 결과를 이해했는지 확인한다. 롤플레이가 시작되면 사용할 효과적인 전략을 만드는 데 중요하기 때문이다.

4. 실제로 어떻게 행동하는지 직무수행 능력을 보여 준다

롤플레이 면접은 지원자가 실제 업무 상황에서 어떻게 행동하고 문제를 해결할지를 직접 보여 줌으로써 실제 업무수행 능력을 더 정확하게 평가할 수 있다. 커뮤니케이션, 협업, 문제해결 능력 등 중요한 소프트 스킬을 실시간으로 평가할 수 있기 때문에 서비스, 영업, 협상 등이 중요한 직무에 많이 활용된다. 롤플레이를 통해 제시되는 상황은 종종 실제 업무에서 발생할 수 있는 문제들을 반영하기 때문에 지원자의 직무 적합성을 더 잘 예측할 수 있다.

5. 상대방의 입장에서 이해하며 공감한다

롤플레이 면접에서 역지사지로 친밀감을 느낄 수 있도록 하고, 유연성 있게 대처하는 모습을 보여 주어야 좋은 점수를 받을 수 있다. 옛날이 생산자 중심 시대였다면 지금은 소비자 중심 시대다. 소비자가 불편 사항을 말하고 있는 상황이라면 고객의 입장을 이해함과 동시에 회사 규정을 위반하지 않는 선에서 적절하게 해결하는 모습을 보여 주어야 한다. 고객과 회사의 균형감을 잊지 말아야 한다.

6. 상황 속 고객의 니즈를 명확하게 파악한다

제시된 조건을 이해하고 고객이 이곳에 왜 왔는지, 고객의 니즈를 파악하여 적합한 상품을 추천할 수 있어야 한다. 장황하게 이야기하지 않고 핵심 포인트를 강조해야 한다. 롤플레이 중에 사용하고 싶은 핵심문구를 정리해 두면 좋다. 전략의 핵심 포인트를 읽기 쉬운 방식으로 큐시트(Cue-Sheet)를 만들어 연습하면 좋다.

7. 고객을 맞이하는 태도에 신경 쓴다

롤플레이 면접에서는 고객 문제해결, 상품 판매만 평가하지 않는다. 고객을 맞이하는 태도, 물건을 가리키는 손짓 등 비언어적 요소도 평가 요소가 될 수 있으니 주의해야 한다. 지원자의 스트레스 대응 능력을 측정하며, 압박감 있는 면접 상황에서 후보자가 어떻게 스트레스를 관리하고 대응하는지를 관찰할 수 있다.

8. 다양한 업무 시나리오에 따른 상황 대응 능력을 확인한다

다양한 업무 시나리오를 통해 지원자가 변화하는 상황에 어떻게 적응하고 대응하는지를 평가할 수 있다. 롤플레이에 참여하는 다른 사람들의 반응과 행동에 따라 역동이 일어나므로 시나리오에 유연성을 유지해야 한다. 롤플레이 면접은 시작과 끝이 가장 중요하다. 마지막에 어떻게 끝났는가가 지원자의 인상에 많은 영향을 준다. 따라서 마지막 1분은 롤플레이를 완료하기 위한 전략을 만드는 데 사용한다.

9. 제3자에게 피드백을 받는다

롤플레이 면접에서 지원자, 고객, 관찰자 역할로 나눌 수 있다. 단지 2명이 지원자와 고객 역할을 하다 보면 관찰자가 없어서 객관적 피드백을 해 주기 어렵다. 롤플레이 면접이 제대로 이루어지기 위해서는 관찰자의 역할로 객관적 피드백을 제공해야 한다. 물론 건설적 피드백과 교정적 피드백을 모두 기꺼이 수용해야 한다. 개선할 수 있는 구체적인 방법을 관찰자에게 요청할 수 있다. 롤플레이 면접이 완료되면 면접관끼리 평가 조율을 할 수 있다. 이는 평가가 한쪽으로 치우치지 않도록 하는 전략이다.

10. 돌발 상황에 대처하기 위해 충분히 연습한다

퉁명스런 말투뿐 아니라 묻는 말에 대꾸하는 것을 귀찮아하는 고객, 무조건 반품을 요구하는 진상 고객 방문 등의 돌발 상황에 적절하게 대처하기 위해서는 충분한 연습이 필요하다. 시나리오를 명확하게 이해하고 자신감을 가지고 마무리해야 한다. 주어진 상황을 어떻게 해결했는지와 효과적인 해결책에 도달하기 위해 취한 행동 단계를 요약하면서 마무리를 한다. 긍정적인 결론에 도달하기 위해 사용한 기술과 전략을 강조해야 한다.

참고문헌

- 김달훈, 아마존 수석 편집자가 전하는 "입사 면접에서 놀라웠던 3가지", CIO KR, 2024. 6. 18.

- 김혜선, 기업별 롤플레잉 면접 기출 문제 유형, 한경 매거진, 2019. 10. 16.

- 박찬규, 대한항공, 2024년 신입 객실승무원 뽑는다…12월4일까지 접수, 머니S, 2023. 11. 20.

- 백지영, 퇴임 앞둔 아마존 제프 베이조스, '리더십 원칙' 2개 추가…왜?, 디지털데일리, 2021. 7. 4.

- 안서진, "일자리 넘치는데 어서 와주세요"…암흑기 완전히 벗어난 '이곳', 매일경제, 2024. 7. 19.

- 유승열, "인재를 확보하라" 은행권 신입행원 공채 본격 시작, 아시아타임즈, 2023. 9. 6.

- 윤연정, 통신사 하반기 '신입' 채용…육성형 인재 채용부터 합숙면접까지 선발방식 다각화, 서울신문, 2022. 9. 22.

- 이남의, IBK기업은행, 하반기 신입행원 180명 채용… "합숙면접 진행", 머니S, 2023. 9. 5.

- 정주원, "금융지식 뽐내려 말고…간절함·진솔함으로 무장하라", 2018. 11. 5.

- 로버트 랜디, 『페르소나와 퍼포먼스 : 역할 접근법의 이론과 실제』, 이효원 역, 학지사, 2010.

- 패트릭 렌시오니, 『최고의 팀은 왜 기본에 충실한가』, 유정식 역, 흐름출판, 2018.

https://aws.amazon.com/ko/careers/how-we-hire/

https://www.indeed.com/career-advice/interviewing/interview-role-play

https://jobinterviewat.com/bank-of-america-interview-guide-job-interview-questions-and-answers/

탤런트 애퀴지션

보편 인재가 아니라 개별 인재,
탤런트가 있는 인재 확보가 중요해진다

#탤런트애퀴지션 #인재확보 #영입 #팀영입 #EVP #IVP
#자아서사 #인바운드채용 #아웃바운드채용

삶은 쉼표의 연속이지,
마침표의 연속이 아니라는 것을 기억해라.

– 매튜 매커너히

01 탤런트 애퀴지션

끊임없이 진화하는 인재 확보 환경에서 앞서가는 것은 성공을 위해 필수적이다. 2025년에 들어서면서 채용 환경은 상당한 변화를 겪을 준비가 되어 있다. 대부분의 변화는 기술 발전, 지원자의 기대치 변화, 인력역학의 글로벌 변화에 의해 주도된다. 앞으로는 다양한 채용동향이 예상된다. 혁신의 역동적인 상호작용부터 적응성, HR 전문가 및 채용담당자를 위한 전략적 사고에 이르기까지 모든 일이 일어나고 있다.

지금부터는 조직이 최고의 인재를 유치, 평가, 채용하는 방식을 재편하는 흥미로운 발전에 대해 자세히 알아보겠다. 최첨단 기술 통합부터 브랜드 앱까지, 경쟁이 치열한 인재 확보의 세계에서 성공하기 위한 몇 가지 전략은 다음과 같다.

'채용'에서 '영입'으로 변하다

"이제 인재를 육성하는 것이 아니라 영입하는 것이다."

기존 전통적인 관료제는 현업에서 업무를 배우며 생기는 오류를 경험 있는 관리자가 '빨간펜 선생'처럼 교정해 주는 방식이었다. 예를 들어, 보고서 하나를 써 오면 관리자가 일일이 피드백을 주면서 변화하는 과정을 겪었다. 지금 전자결재시스템으로 바뀌면서 주임님, 팀장님, 부장님, 사장님 순으로 보고서를 들고 다닐 필요가 없어졌다. 개인이 직장을 단기적으로 바꾸는 시대가 되면서 기업은 점차 '인재를 육성하는 것'보다 '인재를 영입하는 쪽'으로 급전환하고 있다.

'탤런트 애퀴지션(Talent Acquisition : TA)'이란 조직이 장기적인 목표와 전략을 지원하기 위해 우수한 인재를 확보하고 유치하는 일련의 과정을 의미한다. 단순히 직원을 채용하는 것을 넘어서서, 조직의 성장과 혁신을 주도할 수 있는 핵심인재를 확보하는 것이 목표이다.

채용(Recruitment)이 단기적으로 즉시 채워야 할 공석을 강조한다면, 탤런트 애퀴지션은 장기적 비즈니스 요구에 기반을 둔 미래 인력 요구를 예측하는 지속적인 전략을 말한다. 정기적인 채용 및 대량 채용이 보통 초급 직책에 해당한다면, 탤런트 애퀴지션은 채우기 어려운 직책에 대한 전략적 측면에 중점을 둔다. 기업은 '공개채용'이 아니라 '인재 영입'으로 구성원을 찾는 형식으로 바뀌고 있다. 영미권에서는 이미 영입 업무를 담당하는 팀의 명칭이 '탤런트 애퀴지션', 우리말로는 '인재 확보'라는 말로 바뀌고 있다. 국내 기업도 '인재육성팀'이나 '인재개발팀'이 '채용영입팀'이나 '인재영입팀'이라는 이름으로 바뀌고 있다.

'일하는 방식'보다 '일하는 조직문화'가 더 중요해졌다

과거에 일하던 방식인 폭포처럼 위에서 아래로 떨어지는 단계별 개발 '워터폴(Waterfall)' 프로세스에서 요즘은 스크럼(Scrum)과 같은 '애자일(Agile)' 프로세스로 변화하고 있다. 애자일 프로세스는 짧은 사이클로 제품을 개발하고 테스트하고 피드백을 받아 보완하는 방식이다. 변화에 수동적으로 대처하기보다 변화를 하나의 고정값으로 전제하여 1~4주 작은 스프린트 단위로 디자인 → 개발 → 테스트를 진행한다.

애자일 문화는 자칫하면 시간이 느려지고 '무임승차'가 발생할 수 있는 시스템을 효과적인 결과물 병합 방법과 커뮤니케이션 방법으로 커버하여 각 팀원의 가능성과 역량을 굉장히 효율적으로 사용할 수 있게 해 준다. 재택근무로 인해 작업 공정이 실시간으로 투명하게 보이게 되면서 필요 없는 사람이 드러났다. 말로만 떠들던 '꼰대 마인드' 관리자는 조직 안에서 견딜 수 없게 되었다. 신입을 채용해서 육성하는 것보다 경력직 인재를 영입해서 함께 일하는 동료의 전문성을 알아보는 안목이 중요해지고 있다.

'빌드' 전략에서 업무에 즉시 투입하는 '바이' 전략으로 바뀌고 있다

옛날에는 '공개채용'으로 사람을 뽑을 때 1년 상반기·하반기 2번 채용 위주로 했다면 '수시채용'으로 바뀌면서 신입사원 연수도 기수별로 하기 어렵게 되었다. 신입사원 연수를 통해 회사가 바라는 인재로 육성하고자 노력하기보다는 당장 현장에 투입 가능한 인재 위주로 채용 트렌드가 변화하고 있다. 예전에는 국내 기업들이 전통적으로 신입사원을 교육해 육성하겠다는 '빌드(Build)' 전략을 갖고 있었다면, 최근에는 글로벌 기업들처럼 준비된 사원을 바로 업무에 즉시 투입해 사용하는 '바이(Buy)' 전략으로 인재 확보 방식이 변화하고 있다.

빌드, 바이, 바로우 3B 인재 확보 전략을 기억해야 한다

'빌드(Build)' 전략은 신입사원을 채용하여 조직 내에서 여러 포지션을 경험시키며 인재를 육성하는 전략이다. 인력 운영의 전제는 직무를 옮겨도 지급하는 보상이 같아야 한다. 기존에 '공개채용'을 했던 방식으로 직원들에게 마케팅, 인사, 제조 등 새로운 기술이나 역량을 습득하게 함으로써 기업의 필요를 충족시키는 방법이다. 빌드 전략은 기업의 문화와 가치에 부합하는 인재를 지속적으로 확보할 수 있다는 장점이 있지만, 시간과 비용이 많이 소요되고 즉각적인 문제해결에는 한계가 있을 수 있다.

'바이(Buy)' 전략은 시장의 변동성을 중시하여 외부에서 인재를 확보하는 방법이다. 필요한 포지션에 외부 인재 시장에서 즉시 투입 가능한 인재를 찾는 방식을 펼친다. 필요에 따라 사람들을 확보하고 모집하는 외부 연계에 무게를 둔다. 최근 플랫폼의 발달로 재택근무가 확대되면서 필요한 인재를 어디에서나 찾을 수 있기 때문이다.

하지만 채용, 급여, 보상, 평가, 인력 배치, 조직문화 등 직원 경험 여정에서 살펴보지 않고 단지 인재 확보만 바꾼다면 바이 전략은 실효를 거두기 어렵다. 보상 체계, 근무 형태, 직급/승진 체계, 경력 개발 등 구성원 개개인의 업무수행과 커리어 개발을 돕는 직원 경험 여정을 설계하고 운영해야 한다. 공정한 보상과 성장 기회를 통해 직원들이 자신의 역량을 최대한 발휘하고 몰입할 수 있도록 지원할 때 비로소 바이 전략은 실제 직무역량과 조직 성과를 발휘하기 시작한다.

'바로우(Borrow)' 전략은 인재를 확보하기 위해 고려해 볼 수 있는 또 다른 전략이다. 때로는 인력이 부족하거나, 매우 전문적인 스킬이 필요하거나, 외부 기업에 집중되어 있는 경우가 많기 때문이다. 외부에서 인재를 대여하는 것이 시간과 비용 측면에서 더욱 효율적일 수 있다.

'빌드' 전략은 인재 육성을 강조한다. 순환근무 과정에서 새로운 일을 갑자기 맡으면 바로 기대하는 만큼의 성과를 내기는 어렵다. 그렇기 때문에 새로운 일을 할 수 있는 여러 가지 스킬을 회사에서 가르쳐 주는 부분이 많다. 하지만 빠른 환경 변화 속에서 오랜 기간 인재를 길러 내는 전략은 한계가 있다. 사내 인재육성 전략은 이점이 있지만 빠른 비즈니스 변화 속도를 따라가는 데 취약할 수밖에 없다. 이러한 이유로 국내 기업들도 필요 인재를 외부에서 확보하는 '바이' 전략으로 빠르게 전환하고 있다.

뛰어난 인재를 영입하기 위한 방법으로 기업 인수를 시행하는 것을 '애크하이어(Acqhire)'라고 부른다. 이는 인수(Acquisition)와 고용(Hire)의 합성어다. 원래 인수·합병(M&A : Merger and Acquisition) 전략에도 애퀴지션(Acquisition)이 들어가 있다. M&A는 기업의 규모를 성장시키거나, 시장을 확보하거나, 경쟁자를 제거하거나, 기술을 획득하는 등 이윤을 창출하는 방법이다.

애크하이어 전략은 과거 애플이 주로 사용하던 방식으로 2015~21년에 100여 개 이상의 기업을 인수한 것으로 집계된다. 애플이 인수한 기업 대부분은 규모가 작은 스타트업으로 대형 회사를 타깃으로 했던 구글과 페이스북, 인텔, 아마존 등과 다른 행보를 보였다. 최근 빅테크 기업들은 인재를 고용하는 대신 소규모 스타트업에 있는 유능한 인재를 흡수하는 데 초점을 맞춘 인수를 추진하고 있다.

'스스로 빛을 발하는 스타'보다 '수많은 발광체로 이루어진 혜성'을 뽑는다

아무리 탁월한 능력과 업적을 인정받아 영입되었다 하더라도 내부 구성원들의 의견과 생각을 존중하면서 함께 팀워크를 이루어야 한다. 단지 일만 잘하는 사람이 아니라 다른 사람과 화합할 줄 아는 겸손한 자세를 지녀야 한다. 아울러 내부 구성원들도 외부에서 영입한 사람을 이방인처럼 대하지 않고 조직에 적응하며 성과를 낼 수 있도록 기다려 주는 인내의 마음을 가져야 한다.

경영학자 보리스 그로이스버그(Boris Groysberg)는 "고(高)성과자는 스스로 빛을 발하는 스타라기보다는 수많은 발광체로 이루어진 혜성과도 같다. 다른 회사에 영입된 후 그들의 성과는 이전 회사에 있을 때에 비해 떨어진다. 고성과자가 창출하는 성과의 30%는 자신의 개인적 역량에서 나온 것이지만, 나머지 70%는 이전 회사의 경영 시스템, 교육 훈련, 문화적 풍토 등에 의한 것이기 때문이다."라고 『하버드 비즈니스 리뷰』에서 역설한 바 있다. 이는 유능한 사람을 외부에서 영입하는 것이 능사가 아니라, 영입한 후에도 지속적으로 높은 성과를 낼 수 있는 여건을 조성해 주는 후속 관리가 중요하다는 의미다.

탤런트 전략(Talent Strategy) 측면에서 스킬 기반 인재 육성(Skills-Based Talent Development)은 개인의 스킬과 역량에 초점을 맞춰 인재를 육성하고 활용하는 전략을 의미한다. 전통적인 직무 중심 인사관리에서 벗어나, 조직에 필요한 스킬과 개인이 보유한 스킬을 매칭하고 개발하는 데 중점을 둔다.

급변하는 비즈니스 환경에서는 고정된 직무보다 유연하게 활용할 수 있는 스킬이 중요해졌다. 스킬 기반 인재 육성을 위해서는 조직에 필요한 스킬에 대한 명확한 정의, 개인 스킬 진단 및 분석, 스킬 기반 경력 개발 체계, 유연한 인사 제도 등이 뒷받침되어야 한다. 직무 중심의 사고에서 벗어나 스킬 중심 사고로의 인식 전환이 필요하다.

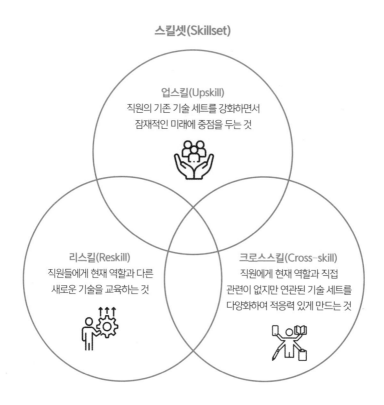

스킬셋(Skillset)

업스킬(Upskill)
직원의 기존 기술 세트를 강화하면서
잠재적인 미래에 중점을 두는 것

리스킬(Reskill)
직원들에게 현재 역할과 다른
새로운 기술을 교육하는 것

크로스스킬(Cross-skill)
직원에게 현재 역할과 직접
관련이 없지만 연관된 기술 세트를
다양화하여 적응력 있게 만드는 것

리스킬(Reskill), 업스킬(Upskill), 크로스스킬(Cross-skill) 등 스킬셋(Skillset) 교육을 통해서 가장 쉽게 성장할 수 있는 직원을 찾는 게 중요하다. '리스킬'이란 동일한 조직 내에서 또는 여러 회사에서 완전히 다른 업무를 수행하기 위해 완전히 새로운 기술을 배우는 과정이다. 예를 들어, 군대에서 민간인 역할로 전환하는 사람은 새로운 산업으로 재숙련될 수 있다. '업스킬'이란 조직의 재능 격차를 줄이기 위해 기존 기술을 강화하거나 보완적인 기술을 배우는 과정이다. 예를 들어, 기업 임원은 조직보다 전략적인 전망을 제공하기 위해 MBA를 이수할 수 있다. '크로스스킬'이란 교차훈련이라고도 불리며 다양한 기능에 적용되는 새로운 기술을 개발하는 과정이다. 예를 들어, UX디자이너가 소프트웨어 개발 원리를 학습하여 여러 기능의 협업 및 생산성을 향상시킬 수 있다.

채용시장의 트렌드가 변하고 있다. '보편인재'가 아니라 '개별인재'가 중요해진다. 기존에 힘을 발휘했던 조직문화에서 쪼개지고 융합되는 과정에서 초개인화된 탤런트가 있는 인재 확보가 중요해진다. '혼자 플레이하는 스타'보다 '함께 플레이하는 혜성'이 필요한 시대다. 인재도 양보다 질이 중요한 시대로 '탤런트 애퀴지션' 시대가 올 전망이다.

02 탤런트 애퀴지션 - 세계 동향

글로벌 컨설팅 그룹 맥킨지(McKinsey & Company)는 인재(Talent)를 '기술 트랜스포메이션의 성배(the Holy Grail of Technology Transformations)'라고 부른다. 인재 전략을 추구하기에는 가치가 있지만 실행하기는 어렵다. 맥킨지는 『2023년 기술 트렌드(McKinsey Digital - Technology Trends Outlook 2023)』에서 '인재(Talent)'라는 차원을 새롭게 추가하여 인재 수요와 스킬 파악에 대한 중요성을 강조했다. 갤럽에서는 '탤런트(Talent)'라고 하면 '축복받은 천재성(Celebrated Excellence)'을 떠올린다.

재능을 바라보는 유능한 관리자들의 시각은 다르다. 재능은 생산적인 사고, 감정, 행동의 반복적 양식이라고 정의한다. 특히 강조하는 부분은 반복적(Recurring)이라는 용어다. 재능이란 평소에 흔히 나타나는 반복적 행동을 뜻한다. 재능이란 자신으로부터 분리할 수 없는, 진정한 자신의 본질 그 자체다. 인재란 가능성에 불과하다. 유능한 인재가 잠재력을 최대한 발휘하기 위해서는 유능한 관리자가 필요하다.

인재를 발굴하는 비결은 면접에 달렸다. 지원자에게 과도한 스트레스를 주지 말고, 외모만으로 평가해서는 안 되며, 섣부른 판단 역시 경계해야 한다. 이런 점들만 주의해도 인재를 발굴하고 인재를 확보할 수 있다. 비즈니스에 가장 큰 영향을 미치지만 실제로 인재를 확보하고 유지하기가 쉽지 않다.

인공지능(AI) 인재 확보를 위한 빅테크 간의 경쟁이 점입가경이다. 최고의 AI 인재 풀은 상대적으로 작지만, 고급 기술에 대한 수요는 사상 최고로 치달은 결과다. 세르게이 브린 구글 공동 창업자가 오픈AI로 이직을 검토 중인 직원에게 직접 전화를 걸어 추가 보상으로 그 직원이 자신의 자리를 계속 유지하도록 설득했다. 이런 이례적인 움직임은 최근 AI 인재 경쟁이 불붙은 빅테크 기업 사이에서 추세로 자리 잡았다.

마크 저커버그 메타 CEO가 구글 딥마인드 부서의 연구원들에게 개인적으로 이메일을 보내 강화된 보상 패키지를 제안해 영입을 추진했다는 보도가 나오기도 했다. 최근 AI 붐으로 인해 실리콘밸리의 인재 전쟁은 더욱 심화되고 있다. 스타트업들도 차세대 AI 기술을 구축하기 위해 기존 빅테크 기업과 최일선에서 경쟁하고 있다.

틱톡의 모기업인 바이트댄스의 비전 기술 부문 리더인 왕창후가 퇴사 후 AI스피어라는 스타트업을 설립해 신규 투자를 유치한 사례도 있다. 알리바바에서도 클라우드 컴퓨팅 플랫폼 부문 리더 자양칭이 퇴사 후 AI 인프라 스타트업에 합류하기도 했다. AI 전문가의 몸값을 올릴 수 있는 기반이 마련되면서 빅테크 기업에서 스타트업으로 이직하거나 창업을 하는 경우도 늘고 있다. 빅테크 기업들은 스타트업이나 창업으로 인재 유출을 막기 위한 방안을 마련하고 있다. 바이두, 화웨이 등은 높은 연봉과 각종 복지 혜택으로 사내 AI 인재 이탈을 막고 신규 인력 영입에 애쓰고 있다.

굳게 믿었던 '경험의 함정'을 경계하라

1990년대 후반 세르게이 브린과 래리 페이지가 구글의 근간이 된 검색 방식을 개발했을 때 당시 인터넷 거물들은 그들을 만나 주려고도 하지 않았다. 160만 달러(약 17억 7,000만 원)에 팔려고 하자 너무 비싸다며 인수 제안을 거절했다. 몇 년 뒤 구글은 기업가치가 수십억 달러에 달하며 최고 몸값을 자랑하는 기업이 됐다. 당시 인터넷 전문가들의 경험은 구글의 폭발적인 가능성을 간파하는 데 길잡이가 되어 주지 못했다.

경험이 쌓일수록 자신만의 고정관념에 파묻히며, 능숙함의 함정에 빠져 창의성을 발휘하기 어렵다. 그동안 일궈 온 성공에 중독돼 시대적 변화를 따르지 못하는 경우도 적지 않다. 경험이라는 구덩이를 파고들어가 스스로 갇히는 꼴이다. 나심 탈레브는 저서 『블랙 스완』에서 경험에만 의지하다가 전례 없는 큰 재난이 다가오는지도 모른 채 커다란 위기에 직면할 수 있다고 경고했다. 과거에 흰색 백조만 봐 왔다고 해서 다음 번 백조가 검은색이 아니라고 확신할 수 있느냐고 묻는다. 그렇다면 경험의 오류로부터 안전하게 벗어나는 방법은 무엇일까?

일단 경험의 속성과 한계를 정확히 알아야 그 틀 밖에서 자유로운 사유가 가능하다. 우리 자신만의 고유한 경험이라고 믿고 있었던 것들은 제 3자에 의해 조작되거나 유도됐을 가능성이 다분하다. 자신이 겪었던 경험의 함정을 경계해야 한다.

EVP에서 IVP으로 보상이 바뀌고 있다

과거 기업은 구성원에게 공통된 형태의 보상 EVP(Employee Value Proposition) 체계로 제공했다. 하지만 앞으로는 개인마다 다른 보상 IVP(Individual Value Proposition) 체계가 더 중요해지고 있다. 직원(Employee)에서 개인(Individual)으로 변화하고 있다. EVP는 거시적 수준이라면 IVP는 미시적 수준이다.

'개인 취향'이 중요한 Z세대에게는 '회사'를 강조하지 말고 구성원 각자의 일과 성과에 맞는 보상이 필요하다. 실례로 동일한 금액의 성과급을 나눠 주는 방식에 대해 젊은 세대는 전혀 공감하지 못한다. 개인의 기대와 필요에 초점을 맞춰 직원 경험을 최적화하려는 노력이 필요하다. 보상도 좀 더 개인화하고 세분화해야 한다. 보상 중에서는 전통적으로 금전적 보상이 가장 중요한 가치로 꼽힌다.

'탤런트 애퀴지션'은 기업의 재무적 이익이라든지 사업적 시너지를 위한 인수합병이 아니라 오직 유능한 인재를 흡수하여 역량을 강화하기 위한 용도로 활용되는 방법이다. 그래서 팀 단위로 채용을 진행한다. 기업 특성상 혼자 진행할 수 있는 것은 거의 없다. 눈에 보이지 않지만 서로 손발을 맞춘다는 표현처럼 협업을 위해서는 상당 기간이 소요되고 구성원 간 신뢰를 쌓는 시간도 필요하다. 한정된 프로젝트 기간을 두고 결과물을 향해 달리는 것도 방법이지만 지속성을 담보할 수 없기 때문에 팀 단위 채용을 통해 지속성을 확보하는 것이 중요하다. 조직의 리더가 자신들의 크루를 데려올 정도로 팀 빌딩이 가능한 정도면 상관없겠지만 그렇지 않다면 공개채용을 통해서 인력을 수급해야 한다. 적합한 인재를 원하는 타이밍에 확보하기는 하늘의 별 따기만큼 어려워진다.

03 | 탤런트 애퀴지션 – 국내 동향

기술인재는 포기할 수 없는 핵심 경쟁력이다

최근 AI 인재 쟁탈전이 치열해지고 있다. 'AI 붐'을 주도하는 엔비디아가 연일 최고가를 갈아치우고 있는 가운데 삼성전자 등 국내 반도체 업체들의 인력을 대거 휩쓸어 가고 있다. 엔비디아뿐 아니다. 마이크론, TSMC 등 국내 반도체 기업들과 치열한 경쟁을 벌이는 곳에서도 'K반도체'를 지킬 인재를 빼내어 가려고 해 우려가 크다.

채용 플랫폼 링크드인에는 엔비디아 임직원 중 삼성전자 출신이 515명 있는 것으로 나타났다. 삼성전자 임직원 중 엔비디아 출신은 278명으로 집계됐다. 현재 삼성전자 반도체 사업부인 DS부문 직원 수는 7만 4,000명 수준이다. 엔비디아(3만 명)의 2.5배에 달한다. 그럼에도 링크드인 가입 기준을 통해 보면 삼성전자와 엔비디아 두 회사 간 인력 이동의 쏠림현상이 엿보인다.

이재용 삼성전자 회장은 "기술인재는 포기할 수 없는 핵심 경쟁력이다. 미래는 기술인재 확보와 육성에 달려 있다."며 "기술인재가 마음껏 도전하고 혁신할 수 있는 환경을 만들겠다."고 약속했다. 이재용 회장은 삼성전자 서초사옥에서 '2024 삼성 명장' 15명과 간담회를 갖고 새해 경영 행보를 이어 갔다.

'삼성 명장'은 제조기술·품질 등 각 분야에서 두각을 나타낸 사내 최고 기술 전문가다. 삼성은 사내 기술 전문가 육성을 통한 제조 경쟁력 강화를 위해 2019년에 '명장' 제도를 도입했다. 높은 숙련도와 축적된 경험 및 전문성이 특히 중요한 제조기술, 금형, 품질, 설비, 인프라 등의 분야에서 20년 이상 근무하며 제품 경쟁력 향상과 경영실적에 기여한 최고 수준의 기술 전문가를 명장으로 선정한다.

삼성은 명장으로 선정된 직원들에게 격려금과 명장 수당을 지급하고, 정년 이후에도 계속 근무할 수 있는 '삼성시니어트랙' 대상자 선발 시 우선 검토하는 등 다양한 방식으로 예우하고 있다. 선발된 명장들은 자기 분야에서 최고 전문가로 인정받은 것에 대한 자긍심으로 후배 양성에도 적극적이며, 직원들의 '롤모델'로 인식된다는 후문이다.

SK하이닉스의 경우 링크드인에 가입한 엔비디아 임직원 중 SK하이닉스 출신은 38명인 데 반해 엔비디아 출신 SK하이닉스 직원은 0명으로 나타났다. 특히 마이크론으로 이직한 SK하이닉스 직원은 111명, 마이크론에서 SK하이닉스로 이직한 직원은 8명에 불과한 것으로 집계됐다. 상황이 이러다 보니 최근 SK하이닉스는 HBM(고대역폭메모리) 핵심임원이 전직 금지 기간에 마이크론으로 이직을 하자 법원에 해당 직원에 대해 전직 금지 가처분을 내기도 했다.

현재 글로벌 반도체 산업은 국가 대항전이 되면서 고급 인재를 빼내기 위한 시가 기업 간에 더 과감해지고 치열해지는 모습이다. 반도체 인재 유출뿐 아니라 관련 인력난 역시 날로 커지고 있다. 한국반도체산업

협회에 따르면 오는 2031년 국내 반도체 인력 규모는 30만 4,000명으로 증가하지만 2021년 기준 반도체 인력 규모는 17만 7,000명에 불과하다. 매년 대학이나 대학원 등에서 배출되는 반도체 산업 인력은 5,000명 이하 수준이다. 이 같은 수준이 지속될 경우 2031년에는 무려 5만 4,000명의 인력이 부족할 전망이다.

아예 팀 단위로 인재 영업을 한다

'팀 단위의 인재 영업' 경쟁이 더욱 치열해지는 분위기다. 개인별 인재 확보에서 이제는 폭넓게 팀 단위로 영입을 진행했다. 로펌 간 변호사 영입 경쟁이 재점화되고 있다. 법원과 검찰 출신 '전관' 변호사를 앞다퉈 선점하던 것에서 다른 로펌에서 '팀 단위' 영입을 하는 쪽으로 바뀌고 있다.

법무법인 지평이 중소형 로펌 덴톤스리법률사무소의 노동팀을 통째로 영입한다. 규모는 10명 안팎으로 로펌 간 노동팀 이동으로는 역대 최대 규모다. 지난해에 지평에서 노동 전문 변호사 3명이 법무법인 율촌으로 자리를 옮긴 뒤 10~20년 이상 경험을 보유한 전문가를 한꺼번에 영입해 노동그룹 경쟁력을 끌어올리기 위해 강수를 둔 것이라는 평가가 나온다.

영미 로펌업계에서 흔한 '팀 단위 영입'이 국내에서 활발해진 것은 5~6년 전부터다. 로펌 간 인수합병(M&A)으로 대형 로펌이 등장한 이후 전문성을 갖춘 팀 단위 영입 사례가 나타나기 시작했다. 코로나19 사태와 초저금리 기조 영향으로 기업 일감이 줄자 주춤했다가 최근 다시 활발해지고 있다. 법무법인 세종은 광장 국제중재팀의 로버트 왈터 외국 변호사와 임성우 변호사(18기)를 영입했다. 율촌은 화우에서 아시아나항공 인수, 한샘 매각 등 굵직한 사건을 수행한 M&A 파트너 4명을 데려왔다.

반대로 팀 단위로 인력 유출을 겪는 로펌은 전문 인력을 지키는 데 공을 들이고 있다. 한 업계 관계자는 "팀 단위 이동이 트렌드로 자리 잡은 만큼 로펌 간 연쇄적인 인력 이동이 더 늘어날 것"이라며 "고객사 이전 문제를 놓고 뺏고 뺏기는 로펌 간 팽팽한 줄다리기도 예상된다."고 내다봤다.

미국 서부지역 출장길에 오른 조주완 LG전자 사장은 AI 인재 확보 등 광폭 행보를 보이고 있다. 첫 출장 일정으로 미국 캘리포니아주 쿠퍼티노에서 AI 인재 채용을 위한 '북미 테크 콘퍼런스'를 주관했다. 이 행사는 실리콘밸리와 시애틀, 로스앤젤레스 등에 위치한 빅테크·스타트업에서 근무하는 AI 전문가를 대상으로 한 회사 설명회다.

조 사장은 "회사의 연구위원이나 임원급, 적어도 팀을 이끌 수 있는 리더급을 채용할 계획을 하고 있다."며 "양적으로는 (AI 인재의) 진용을 갖췄다. 숫자만 늘려 가는 것은 아닌 것 같고 이제 질적인 중량급 인재들이 필요하다."고 강조했다.

LG전자는 '공감지능'을 바탕으로 가전 시장 1등을 넘어 고객의 경험을 풍부하게 만드는 '스마트 라이프 솔루션 기업'으로 도약하고 있다. LG전자가 연간 판매하는 기기는 1억 대로 제품 수명을 7년으로 가정하면 현재 전 세계에 판매된 LG전자 제품은 7억 대에 달한다. LG전자가 고객과 상호작용하며 확보해 온 사용 데이터는 7,000억 시간을 넘어선다. LG전자는 방대한 실시간 생활 데이터와 노하우를 활용해 '고객 중심 AI'를 구현하고 수억 대 기기를 AI 가속화 플랫폼으로 활용한다는 복안이다.

조 사장은 "(반려가전) AI 에이전트가 이용자와 대화하며 여행 계획과 일정을 짜 주는 등의 패키지를 하반기에 내놓을 것"이라며 "사물인터넷(IoT) 연결 기술을 보유한 업체 인수를 추진하고 있다."고 설명했다.

LG전자는 내부 역량을 키우고(Build), 외부 역량을 빌리거나(Borrow), 사는(Buy) 등의 '3B 전략'을 기반으로 세계적 수준의 AI 역량 확보에 힘쓰고 있다. 이러한 가운데 LG전자가 전 세계적으로 수많은 고객 접점과 방대한 양의 고품질 데이터 및 노하우를 확보하고 있는 만큼 글로벌 유력 테크 기업들과의 협업 기회는 향후 더욱 다양해질 전망이다.

노동시장에 직무를 수행할 만한 사람이 충분하다면 '공급 중심의 인재 확보' 전략은 효과적이다. 적합한 역량을 갖춘 인력을 시의적절하게 충원할 수 있다. 반면 노동시장에 잠재적 충원 인력이 충분치 않을 경우에는 문제가 생긴다. AI, 빅데이터 등 최근 수요가 급증하는 직무나 희소한 스킬이 요구되는 직무에서는 인력 공급 부족 문제가 더욱 심각하다. 수요는 늘어나는데 공급은 부족하다 보니 기업들은 인재쟁탈전으로 내몰린다. '치킨 게임식' 급여 인상은 다급한 상황에 경쟁적으로 보상을 높이는 전략을 벗어나지 못한다. 높은 연봉을 제시하거나 근무조건이 나은 곳으로 인력이 대거 이동하는 '인재 엑소더스'로 번지는 모양새다.

04 탤런트 애퀴지션에서 주의해야 할 5가지

탤런트 애퀴지션은 하루아침에 이루어지지 않는다. 적합한 인재를 파악한 뒤 해당 직무에 공석이 생길 때까지 지속적으로 관리해야 한다. 탤런트 애퀴지션은 단순히 직원을 채용하는 것을 넘어서서, 장기적인 목표와 전략을 지원하기 위해 조직의 성장과 혁신을 주도할 수 있는 핵심

인재를 발굴·확보하는 것이다. 조직에 맞는 인재를 전략적으로 유치하고 관리하는 직원 여정의 중요성을 강조한다. 양보다는 질이 중요한 시대에서 인재 발굴과 인재 확보의 중요성이 더욱 부각되고 있다.

1. 여러 채용 플랫폼을 활용하여 다양한 후보자 풀을 확보하라

적합한 인재를 발굴하려면 다양한 채용 채널을 활용해야 한다. 여러 채용 채널을 활용하여 다양한 후보자 풀(pool)을 확보해야 한다. 이는 전통적인 구인 광고뿐만 아니라 소셜미디어, 전문 네트워크, 그리고 직원 추천 프로그램 등을 포함한다. 채널별 트래픽, 지원자 유입률, 채널별 합격자 수 등 채용 채널의 효과성을 파악해서 채용 프로세스를 개선할 수 있다.

2. 직무 적합성, 문화 적합성, 동기부여 적합성 등 '핏'이 맞는 지원자 확보에 집중하라

JD(Job Description)에 채용하고자 하는 직무의 구체적인 역할과 책임을 명확히 정의해야 한다. 이는 적합한 후보자를 정확히 찾아내고, 후보자가 자신이 맡게 될 역할에 대해 명확히 이해하도록 도와준다. JD에는 직무 수행에 요구되는 지식과 기술, 업무 조건, 우대사항, 다른 직무와의 관계, 근로 형태 등과 함께 직무의 과업과 책임에 관한 내용을 담는다. 기술적 능력뿐만 아니라 조직의 문화와 가치에 적합한 인재를 확보해야 한다.

적합한 인재를 선별하는 과정에서 조직문화와 잘 맞는 인재를 발굴하는 것이 장기적인 성공을 위해 중요하다. 동기부여를 잘하는 핵심인재를 찾고 적절한 포지션에 배치함으로써 직원의 만족도와 충성도가 증가하고 이직률이 감소할 수 있다. 면접 과정에서 기업의 문화와 가치를 명확히 전달하고, 후보자가 이에 일치하는지 평가하는 절차를 마련해야 한다.

3. 효율적인 채용 프로세스를 통해 빠르게 결정하라

이제 글로벌 시장에 대응할 수 있는 능력이 진짜 실력이 되고 있다. 다양한 배경을 가진 인재를 유치함으로써 글로벌 시장의 다양한 요구와 도전에 효과적으로 대응할 수 있다. 신기술의 등장과 기술 발전 속도가 빨라짐에 따라 적절한 스킬을 갖춘 인재를 적시에 확보하는 것이 경쟁력 유지에 필수적이다. 디지털 네이티브 인재를 발굴하고 채용하기 위해 다음 충원 필요성이 생길 때까지 기다릴 필요가 없다. 채용과정이 너무 길거나 복잡하면 우수한 후보자를 놓칠 수 있다.

리드 타임(Lead Time)이란 지원자 유입일부터 오퍼 수락일까지의 채용전형 소요기간을 말한다. 리드 타임은 채용의 효율성을 측정하는 데 필수적인 척도이며 채용 프로세스 내에서의 병목 현상을 파악하는 데 유효하다. 어떤 채용 채널이 가장 효과적인지, 어떤 면접 과정이 성공적이었는지 등 채용 데이터를 체계적으로 수집하고 분석하여 데이터 기반 의사결정을 내릴 수 있다. 효율적인 채용 프로세스를 구축하여 빠르게 결정할 수 있다.

4. 후보자가 OK할 수 있도록 처우 협의를 하라

모든 채용과정을 마치고 적합한 후보자를 찾았다면 처우 제안을 한다. 처우 협의 과정에서 이탈하는 경우라면 회사의 평판이나 보상, 복리후생 등 보상 전략에 문제가 있을 가능성이 높다. 오퍼 수락률(Offer Acceptance Rate)은 채용 제안을 수락한 지원자의 비율로, 이 지표를 통해 신규 구성원 채용에서 보상 수준이 적절한지를 평가할 수 있다. 수락률이 너무 낮다면 보상 수준에 대한 검토가 필요하며 오퍼 제시 과정에 대한 개선도 고려해야 한다. 예를 들어, 채용공고에 급여를 명시하거나 지원자의 기대 연봉을 요청할 수 있다. 인재 확보 전략을 세워 오퍼 수락률을 높여야 한다.

5. 평생 기억에 남은 중요한 순간, '픽(pick)'을 통해 채용 브랜딩을 강화하라

일을 단순히 생계유지의 수단으로 여기던 과거와 달리 요즘은 일 속에서 의미를 찾으려는 트렌드가 뜨고 있다. 채용 경험은 지원자에게 평생 기억에 남은 중요한 순간이다. 기업의 입장에서 지원자가 채용에서 경험하는 순간을 관리하는 것은 브랜드 가치를 강화할 수 있다. 우수한 인재를 유치하는 과정에서 조직의 브랜드 가치와 이미지가 향상되며, 차후 고객과의 신뢰 구축에 기여할 수 있다. 채용 브랜딩의 강화는 채용에 적합한 인재를 선별하고 유치하는 데 도움이 된다. 나아가 조직의 전반적인 업무 성능과 효율성이 향상되고 시장에서의 경쟁 우위를 확보하고 유지할 수 있다.

참고문헌

- 민경진·곽용희, [단독] "인재풀 넓히자"···팀 통째 영입 나선 지평, 한국경제, 2024. 7. 21.

- 박동환·양세호, 연봉 적으면 '이직할 결심' Z세대 83% "길어야 5년", 매일경제, 2023. 2. 17.

- 박찬, 인재 이탈 막기 위해 창업자까지 등장···빅테크, AI 인재 확보에 수단 총동원, AI타임스, 2024. 3. 28.

- 방영덕, 삼성전자 반도체 인재 500명 이탈···이 회사 갔다, 매일경제, 2024. 6. 19.

- 백승현, Grow-up 대신 Buy-in···HR 패러다임이 바뀐다, 2023. 12. 12.

- 안갑성, "내가 본 가장 미친 전쟁"···천하의 머스크도 '인재 붙잡기' 안간힘, 매일경제, 2024. 4. 5.

- 여헌우, 이재용 삼성전자 회장 "기술인재는 포기할 수 없는 핵심 경쟁력", 에너지경제신문, 2024. 1. 16.

- 조민정, LG전자 조주완 "AI 인재에 연봉 100만 달러 가능···나보다 더 받을 것", 이데일리, 2024. 5. 12.

- 한명오, 틱톡 개발자도 떠났다···빅테크, AI 인재 이탈 막기 안간힘, 국민일보, 2024. 5. 31.

- Jon Gold, '대기업의 애크하이어가 IT 임금 억제, 유능한 인재 풀 소진'···코넬대 외 연구, CIO, 2024. 2. 1.

- 김주수, 직무를 해체하라, 월간 인재경영, 2022년 4월호, 제206호.

- 박하늘·전민아, 『리크루터의 채용 실무 가이드』, 루비페이퍼, 2023.

- 송길영, 『시대예보 : 핵개인의 시대』, 교보문고, 2023.

- 로빈 M 호가스·엠레 소이야르, 『경험의 함정』, 정수영 옮김, 사이, 2021.

- 로렌스 카프론·윌 미첼, 『성장하는 기업의 비밀 : Build Borrow Or Buy』, 이진원 역, 21세기북스, 2014.

- 마커스 버킹업·커트 코프만, 『유능한 관리자』, 한근태 역, 21세기북스, 2006.

https://www.mckinsey.com/capabilities/mckinsey-digital/our-insights/sevenlessons-on-how-technology-transformations-can-deliver-value/

https://www.aihr.com/blog/talent-acquisition/

https://www.linkedin.com/pulse/key-differences-between-reskilling-upskilling-nurlan-shikhaliyev/

https://www.panopto.com/kr/blog/learning-and-development-reskilling-upskilling-cross-skilling-hybrid-workforce/

커리어 모빌리티

평생직장이 사라지고
인재 이동의 변화가 가속화된다

#커리어모빌리티 #경력이동 #커리어쿠셔닝 #환승이직 #삶의질
#MZ세대 #승진거부 #워라엔 #워라밸 #워크라이프 #엔리치먼트 #풍요로움

행복은 물질적인 풍요로움이 아니라,
마음의 풍요로움에서 온다.
– 법정스님

01 커리어 모빌리티

'커리어 모빌리티'의 시대가 온다

"수직적인 이동을 원하십니까? 수평적인 이동을 원하십니까?"

세계 최대 인재개발 컨퍼런스 2024년 ATD(Association for Talent Development)에서 나온 주요 키워드 중에 '커리어 모빌리티'가 주목을 받고 있다. '커리어 모빌리티(Career Mobility)'란 '한 개인의 직무에 따른 경력의 흐름'으로 정의하고 인재 이동을 조직과 연계시켜 특정 조직 내·외간에 일어나는 현상이다. 기존의 종신고용, 연공서열, 평생직장, 평생직업의 개념이 사라지고 '승진만이 회사에서 성공하는 방법'이라고 생각하던 고정관념도 사라졌다.

이미 '고용(Employment)'에서 '고용가능성(Employability)'의 사회로 전환하고 있다. '임플로이어빌리티(Employability)'는 개인 입장에서는 자신의 역량, 자질, 태도 등을 원하는 기업에 충분히 어필하여 고용으로 이어지게 하는 능력을, 반대로 기업 입장에서는 원하는 인재를 고용하고 유지하는 능력을 의미한다.

'임플로이어빌리티'의 개념은 1950년대에 처음 등장한 이래, 1990년대에는 외부 환경에 의해 개인의 고용가능성이 변화된다는 개념으로, 2000년대에 들어서는 보다 개인 중심 접근에 기반을 두어 생애경쟁력 관점에서 생애 전반에 걸쳐 지속적으로 고용되어 삶의 질을 유지하는 데 필요한 소득을 창출하는 능력으로 해석되고 있다.

'프로티언 커리어(Protean Career)'라는 용어는 그리스 신화 '프로테우스(Proteus)'에서 유래한 것으로, 여러 형태로 몸을 바꿀 수 있는 변화무쌍한 능력을 메타포로 활용하면서 끊임없이 배우고 환경 변화에 따라 경력을 자유롭게 재조정할 수 있는 것을 말한다. 더글러스 홀(Douglas T. Hall)에 의해서 정립된 '프로티언 커리어'는 경력의 성공을 연봉이나 승진 같은 외적 보상보다 본인이 느끼는 심리적 만족 같은 내적 보상을 더 중시하기에 자기주도적으로 과감하게 이직과 전직을 감행한다.

옛날처럼 '커리어 무브먼트(Career Movement)'라고 쓰지 않고 요즘 '커리어 모빌리티(Career Mobility)'라고 쓰는 이유가 있다. '커리어 무브먼트'가 단순히 특정한 시점에서의 직업적 변화에 초점을 맞춘다면, '커리어 모빌리티'는 경력 전반에 걸쳐 다양한 경로를 통해 성장하고 발전할 수 있는 능력에 초점을 두기 때문이다.

최근 채용 트렌드는 개인이 조직 내에서 성장할 수 있도록 도와주는 것을 리텐션 목적으로 활용하는 추세이다. CDP(Career Development Plan)에서 개인 초점을 맞춘 IDP(Individual Development Plan)로 바뀌고 있다. 한 조직 내에서 개인의 경력 개발 목표를 달성토록 돕는 체계적이고 장기적인 개인 맞춤형 경력 개발 프로그램을 말한다. 특정 개인의 고유한 경력 개발 상황을 제일 우선 고려하도록 모든 절차가 맞춰진다. 직원과 리더 간, 또 직원과 커리어코치 간에 지속적이고 성장 지향적인 소통을 한다. IDP는 모든 구성원의 잠재력을 최대한 발현시키고 그들이 조직 내 경력 개발 목표를 달성토록 돕는다. 실제로 내부 이동과 같은 내부 경력 개발을 지원하는 기업들의 직원 유지율이 훨씬 더 높다.

'커리어 노마드족'이 뜬다

평생직장이 사라지고 커리어를 이동하는 '커리어 노마드(Career No-mad)'족이 등장하고 있다. 미국 노동통계국의 조사 결과에 따르면 평균 직장 재직 기간이 4년에서 2년으로 점점 짧아지고 있다. 기회가 있을 때마다 자주 옮겨 다니는 직업 유목민의 시대이다. 커리어 노마드족은 초개인화되면서 기회가 있을 때마다 회사나 직무를 바꾸는 것이다.

커리어 노마드 현상은 밀레니얼 세대에만 국한되는 것은 아니다. 이는 고위직에서도 나타난다. '선형적 커리어패스(Linear Career Path)'가 전통적으로 한 기업에 들어가서 정년퇴직할 때까지 수직적 이동을 하는 것을 말한다면, '비선형적 커리어패스(Non-linear Career Path)'는 더 높은 연봉 또는 삶의 질과 개인적인 목표를 성취하기 위해 다양한 기업을 옮겨 다니는 것을 말한다. 직원의 경우 조직에 입사해서 직무에 따라서 이동하는 것을 말한다. 더 많은 인재가 이동함에 따라 회사는 직원이 직장에 있는 동안 최대한 활용할 방법을 찾아야 한다. 사람들이 직장에 조금 더 오래 머물게 하고, 배우고 성장하고 영향을 미칠 수 있는 실질적인 기회를 제공하고 있다.

'커리어 모빌리티'는 크게 수평적 이동(Horizontal Mobility), 수직적 이동(Vertical Mobility), 방사적 이동(Radial Mobility)으로 나눌 수 있다. 수평적 이동은 내부이동과 외부이동(이직, 전직, 파견 등), 수직적 이동은 승진과 강등으로 나눌 수 있다. 방사적 이동은 주변부에서 핵심부로 이동하는 영전과, 핵심부에서 주변 한직으로의 이동으로 나눌 수 있다. 우수 직원의 내부 경력 이동성을 촉진하는 조직은 직원 유지율이 높을 뿐만 아니라 채용비용이 절감되고 기능 간 협업이 개선되는 효과가 있다.

경력 유형	수평적 이동	수직적 이동	방사적 이동
강점	- 동일한 직급 내에서 다른 부서 또는 직무로의 이동 - 역할의 다양성 확보 - 다양한 경험을 통해 다기능적 인재로 성장 - 조직 내 네트워크 확장 - 새로운 스킬 습득 기회	- 상위 직급으로의 승진 또는 직책 상승 - 권한과 책임 증가 - 직무 및 권한 증가를 통한 성취감 - 경력 성장과 안정성 확보 - 리더십 기회 확대	- 다양한 직무 및 부서로의 다방면 이동 - 경력의 폭과 깊이를 동시에 확대 - 다방면에서 경험을 쌓아 경력 포트폴리오 강화 - 다양한 역량을 균형 있게 개발 - 혁신적 사고 촉진
약점	- 전문성 부족 우려 - 특정 분야에서 깊이 있는 경험 부족 - 이동 후 적응 시간 필요	- 업무 부담 증가 - 조직 내 정치적 요소가 승진에 영향을 줄 수 있음 - 경쟁 심화	- 명확한 커리어 경로 설정이 어려울 수 있음 - 여러 역할을 소화하는 데서 오는 스트레스 - 전문성 희석 우려
주요 전략	- 각 부서와 직무 간의 연결성을 이해하고 이동 - 적응력과 학습 능력 강화 필요 - 새로운 환경에 빠르게 적응	- 조직문화와 리더십 스타일 이해 필요 - 승진을 위한 지속적 성과 관리 - 개인의 경력 목표 명확히 설정	- 다양한 역할에서의 성과 관리 필요 - 다방면의 경험을 통해 핵심역량을 개발 - 경력 관리의 체계화 필요
사례	예) 마케팅 → HR 이동 예) 재무부서 → 영업부서 이동 예) 홍보부 사원 → 영업부 사원 이동	예) 주니어 매니저 → 시니어 매니저로 승진 예) 팀 리더 → 부서장으로 승진 예) 팀장 → 팀원으로 강등	예) 한 회사 내에서 다양한 부서 경험 예) 스타트업에서 다양한 역할을 경험하며 경력 쌓기 예) 대전 영업팀 → 본부 전략기획팀

'커리어 모빌리티'는 직장을 대하는 MZ세대 태도가 반영된 키워드이다. 승진은 하위직급에서 직무의 책임도와 난이도가 높은 상위직급으로 또는 하위직급에서 상위직급으로의 수직적·상향적인 인사이동을 의미하므로 동일한 직급 내지 등급 내에서 호봉만 올라가는 승급이나 횡적인 인사이동인 전보와 구별된다. 승진은 옛날에는 조직에서 개인의 동

기부여 측면에서 중요한 의미를 지니고 있었으나 이제는 그렇지 않다. 승진을 거부하고 이직하는 MZ세대가 늘어나고 있다.

요즘 리더들의 가장 큰 고민 중 하나가 '젊은 세대 구성원들이 승진을 원하지 않는다.'는 것이다. 주요 보직을 맡게 되는 팀장급이 나이가 어릴 경우 '자신보다 나이 많은 팀원들 모시기'가 버겁다는 이유 때문이다. 새로 보직을 맡은 후배를 못살게 굴거나 성실하지 못한 태도로 팀 분위기를 망치는 '꼰대 팀원'도 있다. 개인주의적인 성향인 젊은 리더는 그런 상황에서 팀장을 굳이 맡지 않으려고 한다. 그렇다고 금전적인 보상이 많은 승진도 아니기 때문이다.

한마디로 '리더 포비아(Leader Phobia)'란 책임과 희생을 떠안게 되는 지도자 기피 현상을 말한다. 사회 체계가 공정하고 투명한 조직 구조로 변하면서 리더의 책임과 희생은 그대로이지만 그 권한과 보상은 약해졌기 때문이다.

일본의 엔지니어링 회사인 JGC 홀딩스도 과거에는 다른 기업들과 마찬가지로 과중한 업무와 책임으로 인해 중간관리자 승진을 기피하는 리더 포비아 현상에 직면해 있었다. 이때 이 회사는 하나의 아이디어를 떠올렸다. 그것은 1명의 중간관리자가 전담했던 업무를 3명의 베테랑이 분담하는 방안이었다.

먼저 공식 조직 책임자인 부서장은 부서의 최종 의사결정자로서 부서의 미래 비전 수립과 이것을 달성하기 위한 전략 제시에 집중한다. 현재 진행하고 있는 프로젝트 전반의 수익 관리와 인력 배치라는 또 다른 중요 업무는 별도로 임명한 부장급 'PCM(Project Coordination Manager)'이 담당하며, 구성원 코칭과 경력 개발 계획 수립이라는 중요 업무는 역시 부장급의 'CDM(CareerDevelopment Manager)'을 임명해 책임지고 수행하게 한다.

미래 비전과 전략 수립, 현재 사업 관리, 구성원 육성이라는 주요 업무를 3명이 분담하는 이른바 삼위일체 시스템을 도입한 것이다. 업무 분산 이후 충실도가 높아졌을 뿐만 아니라 구성원의 호응과 만족도 높아지면서 이 회사는 2022년 이 제도를 주요 부서 전체로 확대 적용하고 있다.

커리어 모빌리티가 주목받는 이유

세계 경제의 불확실성이 커지면서 직장에서 안정적인 경로만을 고수하기보다는 다양한 경로를 탐색할 수 있는 유연성이 필요해졌다. 코로나19 팬데믹 이후 원격 근무가 일상화되면서 물리적 위치에 구애받지 않고 다양한 경력 기회를 모색하는 것이 가능해졌다. 게다가 MZ세대는 이전 세대보다 더 많은 경력 변화를 추구하며 자기계발과 다양한 경험을 중시하는 경향이 있으며 고용주의 경력 개발 지원보다 개인이 자기주도적으로 경력을 관리하고 기회를 탐색하는 능력이 중요해지고 있다.

직무 간 경계를 넘나드는 경력 패턴이 늘어나면서 단일 직업에 머무르기보다는 다양한 직무 경험을 쌓아 경력을 다각화하는 것이 일반화되고 있다. '커리어 모빌리티'는 지나가는 유행이 아니라 기업과 직원이 성장에 접근하는 방식에 대한 근본적인 변화이다. 선형적 이동이 아니라 비선형적 이동으로 변화하는 환경에 맞게 스킬 격차를 메우고 적응력을 키우고 내부 이동을 장려함으로써 기업이 끊임없이 변화하는 비즈니스 환경에서 경험 조각을 맞출 수 있도록 도와준다. 점차 '커리어 모빌리티의 시대'가 도래할 전망이다.

주 3회 출근을 지시하는 기업들

코로나19 기간에 높은 연봉과 재택근무 장려로 직장인들의 부러움을 샀던 IT 기업 직원들이 사무실로 돌아오고 있다. 2023년 5월 한국과 미국 등 주요 국가들이 엔데믹을 선언하면서 현재 대다수 IT 기업이 '업무 효율'을 이유로 직원들의 사무실 복귀를 장려하고 있다. 2020년 코로나19 기간에 '나스닥 1만 시대'를 연 일명 'MAGA(마이크로소프트·아마존·구글·애플)'는 최근 사무실 복귀 정책을 강화하면서 대면 협업의 중요성을 강조하고 나섰다.

AI 시장을 주도하는 마이크로소프트는 재택근무를 의무화했지만, 근무시간의 최대 50%는 사무실에서 일하도록 하고 있다. MS가 일정 시간을 재택근무로 유지하는 것은 비대면 업무 솔루션 '팀즈' 등을 판매하고 있는 영향이다. 하지만 재택근무 비율이 50%를 초과할 경우 상사의 별도 승인이 필요하고 파트타임 근무로 전환해야 한다.

한때 직원들의 재택근무를 권장하던 아마존도 2022년 5월부터 본사 직원들을 대상으로 주 3회 이상 사무실 출근을 의무화하고 재택근무를 축소하고 있다. 생산성과 협업을 강화하기 위한 조치라고 한다.

구글은 2022년부터 단계적으로 사무실 복귀를 시작하여 2023년부터는 대부분의 직원이 주 3회 사무실에 출근하도록 요청받고 있다.

애플도 2022년 4월부터 점진적으로 하이브리드 근무를 시작해 초기에는 주 1회 출근, 이후 주 3회 출근(월요일, 화요일, 목요일) 정책을 시행 중이다. 사무실로 출근하지 않는 직원에게는 경고하는 방식으로 출근을 독려하고 있다.

재택근무 시대를 열었던 화상회의 솔루션 기업 줌도 2023년부터 직원들의 사무실 출근을 점진적으로 확대하고 있다. 줌은 "회사 근처에 사는 직원들이 주 2회 출근해 동료들과 직접 소통하는 것이 가장 효과적이라고 믿는다."고 밝혔다.

'커리어 쿠셔닝' 트렌드가 뜬다

커리어 쿠셔닝(Career Cushioning)은 예상치 못하게 직장을 잃었을 때 충격을 완화할 수 있게 해 준다. 이는 선제적으로 행동하고 갑작스러운 해고가 발생할 경우 자신을 위한 추가 기회를 만드는 것이다.

세계적인 기업 구글, 아마존 등 실리콘밸리 정보기술업계는 대대적인 감원을 단행하고 있다. 일자리 시장은 분명히 냉각되고 있다. 아마존은 2022년 11월부터 2023년 1월까지 총 1만 8,000명을 감원했다. 이어 3월에는 9,000명을 추가 감원했다. 반년 사이에 2만 7,000명을 해고한 것이다. 2022년 말 기준 아마존 총 직원은 150만 명 이상으로, 물류 계약직을 제외한 정규직은 35만 명 선으로 알려졌다.

미국 상공회의소에 따르면 2023년 8월 현재 3,050만 명의 근로자가 사임했다. 불황을 예고하는 움직임 속에서 해고되기만을 기다리고 있는 건 현명하지 않다. 일부 직원은 아직 고용된 상태지만 상사가 볼 수 있는 것에도 아랑곳하지 않고 링크드인에 구직 중을 분명히 밝히고 있다. 이러한 현상을 '커리어 쿠셔닝'이라 부른다. 커리어 쿠셔닝은 감원이 임박했을 때 완전히 고용된 상황에서 백업 플랜을 준비하는 것이다. 회사에서 근무하는 동시에 다음 커리어를 찾아 이직을 준비하는 현상을 뜻하는 말로 환승이직(換乘移職)과 흡사하다.

자신의 미래 경력에 대한 불안감 때문에 환승이직을 준비하는 직원이 많다. 이들에게는 현 직장에서 자신이 원하는 경력 비전을 발견하도록 도와주는 것이 필요하다.

링크드인에서는 '커리어 쿠셔닝'을 위해 새로운 스킬을 습득하는 데 얼마나 관심이 있는지 조사했다. 이에 응답자의 53%가 이미 적극적으로 새로운 스킬을 배우고 있고, 35%는 또 다른 스킬을 추가로 습득하고 싶다고 답했다. 실제로 2022년 한 해 동안 링크드인 회원이 자신들의 프로필에 추가한 스킬은 3억 6,500만 개에 달한다. 전년 대비 43%가 증가한 수치다. 근로자들이 일자리를 잃을 경우를 대비해 백업 플랜을 만들기 위해 기술과 인맥을 발전시키는 조치를 신중하게 취하는 것이다.

인재가 이탈하거나 한 발짝이라도 문밖으로 내딛는 것을 걱정하는 고용주에게는 '급진적인 투명성(Radical Transparency)'이 해결책이다. 이는 시대의 현실 뒤에 숨는 것이 아니라 솔직하게 소통하는 것이다. 직원들이 힘든 시기를 안다면 스스로 머물지 여부를 결정할 수 있다. 어느 정도의 이탈은 불가피하겠지만, 이러한 접근방식은 조직에서 계속 일하는 사람들의 사기를 손상시키는 갑작스러운 해고의 충격을 피할 수 있다.

환승이직을 바라보는 시각의 전환도 필요하다. '환승이직은 곧 인재 유출'이라는 고정관념으로 변하는 건 없다. 경기침체 등으로 환승이직 세태는 지속될 전망이다. 무조건적인 경각심과 거부감만으로는 이러한 흐름을 막기에 역부족이다. 오히려 조직에 적합하지 않은 직원이 환승이직을 했다면 이익이 될 수 있다. 리더는 어떤 직원을 지켜야 할지, 어떤 인재가 대체 불가능한지 등을 고민하면서 구성원을 면밀히 살펴야 한다.

경력 기회를 적극적으로 찾는 사람들을 말리기도 힘들다. 점심시간에 네트워킹을 위한 전화를 걸거나 다른 기업에 있는 동료들과 커피챗으로 연결하고 휴가를 내서 면접을 보는 식이다. 요즘 현 직장을 다니면서도 새로운 스킬을 학습하는 데 애쓰는 MZ세대는 구직사이트에 자신의 이력을 올리는 것을 망설이지 않는다. 하지만 기업 입장에서는 그리 환영할 만한 일은 아니다. 조직 내 환승이직이 늘어나면 업무 분위기를 망치고 인재이탈로 이어질 수 있기 때문이다.

부하직원이 다른 회사로 이직하겠다고 할 경우

무엇보다 구성원과의 진솔한 커뮤니케이션이 우선이다. 조직이 구성원과 함께 지향하려는 가치를 명확히 공유하는 한편, 구성원이 희망하는 경력 목표를 확인하고 그것을 조직 안에서 어떻게 펼칠 수 있을지 함께 고민하는 것이다.

넷플릭스의 키퍼테스트(Keeper Test)를 주목할 만하다. 넷플릭스는 '비범한 동료들로 회사를 채운다.'는 인재전략을 펼친다. 평범한 직원과 탁월한 직원이 섞여 있는 조직이 아닌, 탁월한 직원으로만 이루어진 드림팀을 만든다. 탁월한 인재가 서로에게 배우고 의욕을 불어넣는, 이른바 인재밀도를 높이는 전략이다. 이를 위해 업계 최고 수준의 연봉을 지급한다.

하지만 인재밀도 전략 뒤에는 냉정함이 숨어 있다. 넥플릭스에서는 조직에서 더 배울 게 없거나 자신의 탁월성을 입증할 수 없다면 자신보다 더 잘하는 사람에게 자리를 넘겨주고 다른 자리를 찾아야 한다는 암

묵적인 분위기가 있다.

이런 조직문화를 잘 보여 주는 것이 키퍼테스트다. 키퍼테스트는 '부하직원이 다른 회사로 이직해서 비슷한 일을 하겠다고 하면 붙잡겠는가?'라고 묻고 답하는 것이다. 무슨 수를 써서라도 지켜야 한다고 판단되는 직원에게는 현재보다 높은 급여를 제안하지만, 붙잡고 싶은 인재가 아니라는 답을 내리면 직원의 환승이직을 받아들인다. 넷플릭스는 매니저들에게 6개월에 한 번씩 키퍼테스트를 하라고 권장한다.

세계적인 기업에서 '커리어 모빌리티'에 관심이 있는 이유

비벌리 L. 케이(Beverly L. Kaye) 박사는 『망원경에서 만화경까지 : 경력 이동성을 보는 방법(From Telescope to Kaleidoscope: How to View Career Mobility)』에서 커리어 모빌리티의 중요성을 이야기한다. '커리어 모빌리티'란 한 개인이 자신의 경력을 쌓아가는 과정에서 다양한 직무, 부서, 조직, 산업 간에 이동할 수 있는 능력과 기회를 의미한다. 최근 들어 조직 내부에서의 승진이나 수직 이동뿐 아니라 조직 간, 직종 간 이동까지 포함하는 폭넓은 개념으로 사용되고 있다.

커리어 모빌리티가 중요한 이유는 다음과 같다. 인재 유지 및 확보, 경력 개발 기회를 제공함으로써 우수인재의 이탈을 방지하고 새로운 인재를 유치할 수 있다. 개인의 경력 개발 및 성장의 경험을 통해 역량을 확장하고 시야를 넓힐 수 있다. 다양한 배경의 인재를 활용하여 조직의 유연성을 확보해서 변화에 대한 대응력이 높아진다. 서로 다른 조직, 산업의 지식과 경험이 결합되며 혁신의 기회가 창출된다. 따라서 오늘날 개인과 조직 모두 '커리어 모빌리티'를 촉진하고 활용할 수 있는 방안을 모색하는 것이 중요한 과제로 떠오르고 있다.

　많은 직장인이 다양한 이유로 퇴사 후 다른 회사로 이직을 결정한다. 인사부서에서는 경력직 지원자가 이전 직장에서 어떤 이유로 퇴사하고 이직을 결심하게 되었는지 알아 둘 필요가 있다. 보통은 '자발적 이직(Voluntary Turnover)'이 대부분이지만 지원자의 해고, 직장의 폐업 등 '비자발적 이직(Involuntary Turnover)'의 경우도 있어 채용 면접 시 '이직 사유'에 대한 질문을 반드시 포함시키고 있다.

경력 유형	자발적 이직		비자발적 이직				
명칭	사직	전직	정리해고	징계해고	명예퇴직	정년퇴직	기타
구체적인 내용	결혼, 질병, 이민 등 개인 사생활과 관련된 이유로 인한 이직 -개인적인 이유로 직장을 그만두는 것 -더 나은 기회, 경력 전환, 생활 변화 등의 이유	타사로 옮기기 위한 이직 -동일한 회사 내 또는 다른 회사로의 이동 -더 나은 경력 기회를 찾거나 새로운 분야에 도전하는 경우	인력감축 등 고용 조정에 의한 해고 -회사의 구조조정, 경영난 등으로 인해 발생 -고용주에 의해 직장을 잃는 상황	종업원의 귀책사유로 인한 징계에 의한 해고 -규정 위반, 성과 부족 등으로 인한 해고 -직무 태만이나 비윤리적 행위에 대한 처벌로 발생	자발적으로 퇴직 희망에 의한 이직 (기업주도) -퇴직을 장려하는 회사 프로그램에 따라 자발적으로 퇴직 -퇴직금을 받고 퇴직하는 경우	정년규정에 의한 고용 관계 종료 -정해진 연령에 도달해 퇴직 -법적 정년에 도달해 자동으로 발생	불구, 사망 등 -건강 문제, 가족 문제, 비상 상황 등 다양한 이유로 발생
사례	-새로운 직장에서 더 높은 연봉을 제안받아 사직 -개인적 사유(이사, 학업)로 인한 사직	-같은 업계 내에서 더 높은 직급의 역할로 이동 -새로운 산업으로의 전환	-경기 불황으로 인한 대규모 정리해고 -회사의 인원 감축 프로그램 시행	-회사 기밀 유출로 인한 징계해고 -지속적인 성과 저조로 인한 해고	-고령 직원 대상 명예퇴직 프로그램 -회사의 인원 감축 정책에 따른 명예퇴직 제안	-60세에 도달해 정년퇴직 -회사의 정년 규정에 따라 자동 퇴직	-건강 악화로 인한 퇴직 -가족 돌봄을 위해 자발적 퇴직
전략	-사직 전 충분한 계획 수립 필요 -사직 사유를 명확히 하여 긍정적인 관계 유지 -후속 계획을 확실히 수립	-전직 전 목표 명확히 설정 -해당 산업/직무에 대한 충분한 정보 수집 -네트워크 활용 및 기술 강화	-재취업을 위한 대비 필요(재훈련, 네트워킹) -실업 급여 신청 고려 -퇴직 후에도 경력 관리를 지속	-해고 사유에 대한 명확한 이해 필요 -법적 절차 준수 여부 확인 -이후 경력 복구를 위한 계획 수립	-퇴직 후 재취업 계획 마련 -퇴직금 활용 계획 수립 -명예퇴직 후 경력 전환 준비 (재교육, 자격증 취득)	-은퇴 후 생활 계획 수립 -퇴직 전 재정 관리 계획 세우기 -정년 후에도 활동 가능한 직업 준비	-건강 관리 및 가족과의 의사소통 중요 -필요 시 사전 경고나 대처방안 마련 -퇴직 후 재취업 계획 검토

이제 사내에서도 커리어코칭이 이루어진다

구글은 '커리어 구루(Career Guru)'라는 프로그램을 통해 기존 직원이 동료를 지원하고 있다. 구글은 직원들이 자신의 길을 찾을 수 있도록 돕기 위해 경력 개발과 코칭에 많은 투자를 하고 있다. 2010년에 직원들이 경험 많은 구글러로부터 1:1 지원을 받을 수 있는 프로그램인 커리어 구루를 시작했다.

구글은 행아웃(Hangouts)이라는 화상회의 도구를 사용하여 관심 있는 구글 직원을 전 세계 350명의 내부 코치(Gurus) 중 1명과 연결한다. 직원은 자신의 기술과 전문 분야가 나열된 자기소개를 기반으로 구루를 선택할 수 있다. 코칭 세션 동안 참가자는 경력 계획 및 리더십 기술부터 지속가능한 웰빙 및 육아 휴가 준비에 이르기까지 다양한 경력 관련 주제를 논의할 수 있다. 종종 한 번의 참여로 충분하지만 코칭은 필요에 따라 최대 8회 세션까지 계속될 수 있다.

구루가 되려면 직원은 구글에서 최소 2년 이상 근무해야 하며, 고위직에서 일하거나 해당 분야의 전문가여야 한다. 처음에는 구루가 리더와 HR 비즈니스 파트너의 추천을 받아야 했지만, 프로그램이 발전하면서 팀은 다른 사람을 돕는 데 열정이 있는 직원에게서 직접 지원을 받기 시작했다.

구루들은 첫 번째 세션 전에 3시간 동안 교육을 받고, 구글에서 선호하는 코칭 모델을 배운다. 또한 연습 코칭을 할 기회도 얻고, 그런 다음 자신이 어떻게 했는지에 대한 구체적인 피드백을 받는다. 구글 직원은 각 세션이 끝날 때마다 피드백 설문조사를 완료하므로 피드백은 프로그램 내내 중요한 역할을 계속한다.

구루가 3개 이상의 부정적인 평가를 받으면 팀은 피드백에 대해 논의하고 추가 지원을 하며 개선을 위한 제안을 제공한다. 구루는 개인적인 이유 또는 업무 우선순위가 바뀔 경우 프로그램을 중단할 수 있다.

이 프로그램은 구글 직원들 사이에서 엄청난 인기를 얻었다. 처음 2년 동안 900명이 넘는 구글 엔지니어가 이 프로그램을 활용했다. 이는 기존 직원의 열정과 제도적 지식을 모두 활용하면서도 외부 코치를 고용하는 데 드는 비용을 피할 수 있기 때문에 현명한 전략이다.

직원보다 회사의 내부 사정을 더 잘 아는 사람은 없다. 사람들이 알아야 할 부서의 '지뢰'도 포함된다. 이와 같은 프로그램은 코치가 자신이 좋아하는 일을 상기시켜 자신의 업무에 계속 참여하게 할 수도 있다. 마인드 매핑과 같은 재밌는 연습으로 작게 시작하고 피드백을 모은다. 직원들이 잘 반응한다면, 직원들이 서로를 지원하고 전문성을 공유하여 서로의 경력을 성장시킬 수 있는 더 큰 프로그램을 만드는 것을 고려할 수 있다. 그들은 구글의 인재 브랜드를 홍보하는 대사가 되고, 다른 사람을 돕는 것을 통해 진정한 목적의식을 찾을 수도 있다.

인재 경쟁이 치열해짐에 따라 많은 회사가 직원들이 조직 내에서 커리어를 개발하는 것을 돕는 '사내 커리어코칭'이 2025년 직장의 주요 트렌드가 될 전망이다. 과거에는 조직에서 개인화된 직원 코칭이라는 개념을 거부했다. 비용이 많이 들거나 서비스 가용성이 제한적이라는 인식이 컸고, 게다가 속내는 직원들에게 커리어코칭을 하면 다른 회사로 도망간다는 마인드 때문이었다. 이제 기업은 비싼 외부 코치를 쓰기보다 직원을 사내 커리어코치로 양성하는 효과적인 경력 개발 프로그램을 제공할 수 있다.

03 커리어 모빌리티 – 국내 동향

기회가 발생했을 때 커리어를 이동하는 '커리어 노마드족'이 증가한다

평생직장, 평생직업의 개념이 사라지면서 이제는 어떤 하나의 조직이나 직업에만 매여 있는 것이 아니라 기회가 발생했을 때 커리어를 이동하는 현상을 일컫는 '커리어 노마드족'이 증가하는 것으로 나타났다. '커리어 노마드'란 분야에 제약을 받지 않고 자신의 의지에 따라 자유롭게 직업을 개척하는 현상을 말한다.

잡코리아가 남녀 직장인 981명을 대상으로 '커리어 노마드족' 현황에 대해 설문조사를 진행한 결과, 이번 설문에 참여한 직장인 중 59.4%가 자신의 의지에 따라 자유롭게 직업을 개척하는 '커리어 노마드족'에 대해 알고 있다고 답했다. 반면 '모른다'(40.6%)는 답변은 절반에도 못미쳤다. 커리어 노마드족에 대한 생각으로는 88.9%가 '긍정적이다'라고 응답했으며, 나머지 11.1%는 부정적으로 생각했다.

긍정적으로 생각하는 이유는(복수응답) '자유롭게 일하고 주도적으로 업무를 할 수 있어서'가 응답률 56.9%로 가장 높았으며, 근소한 차이로 '이제는 한 가지 직무 분야로 평생 일할 수 없기 때문'도 53.2%로 많았다. 이 외에도 '개인적으로 발전할 기회가 많아서'(32.0%), '이제는 전문가보다는 다양한 경력이 인정받는 시대이기 때문'(21.6%), '경쟁하는 조직에서 벗어나 일할 수 있어서'(15.9%) 등의 의견이 있었다.

반면 부정적으로 생각하는 이유는(복수응답) '잦은 커리어 이동으로 전문성이 결여된 이미지를 주기 때문'이 응답률 64.2%로 가장 높았다. 다음으로 '언제든 떠날 수 있는 조직생활 부적응자로 보여지기 때문'(59.6%), '경력 단절 등 무계획적인 이미지를 주기 때문'(28.4%) 등의 순이었다.

설문에 참여한 직장인 30.7%는 스스로를 커리어 노마드족이라고 생각하고 있었다. 연령대별로는 20대 직장인이 33.3%로 가장 높았으며, 30대(30.3%), 40대(27.3%) 순이었다. 성별로는 남성 직장인(33.9%)이 여성 직장인(28.5%)에 비해 더 많았다. 현재 근무하고 있는 직무별로는 마케팅·홍보직군 직장인이 48.1%로 가장 높았으며, 다음으로 기획·전략직(38.1%), 전문직(34.0%), 영업·영업관리직(31.3%), 서비스직(30.2%), IT직(29.8%) 등의 순이었다.

직장인 커리어 고민에 대한 설문조사도 비슷한 결과가 나오고 있다. 커리어 노마드족은 나이와 경력으로 자신을 평가하고 한정 짓지 않는다. 누군가가 동기부여하기를 기다리지 않고 스스로 동기부여를 한다. 지시대로 일하기보다 룰 안에서 최대한 자신이 주도권을 가지고 일한다. 나보다 뛰어난 사람, 배울 만한 사람에게 코칭을 받고, 비판하거나 조언하지 않고 스스로 행동한다. 쉬운 길보다 어려운 길은 장기적으로 큰 이익이 있다. 나답게 살아갈수록 자신의 삶을 스스로 책임진다.

승진을 포기하는 승포자, 임원을 포기하는 임포족

"마음 같아서는 '가늘고 길게' 다니고 싶어요. 일 잘해서 고속 승진해봤자 장점이 없어요."

최근 현대중공업 노조는 올 임금 단체협약 교섭에서 승진 거부권을 넣었다. 사무직 기준 선임에서 책임 이상으로 승진하면 노조에서 자동 탈퇴하게 되는데 이때 승진을 거부할 수 있게 해 달라는 것이다. 고속 승진을 해 봤자 돌아오는 건 '이른 퇴직'이라는 이유 때문이다. 아직 개인의 노후 준비가 되지 않았는데 은퇴하면서 조성되는 사회적 불안감도 승진 거부에 영향을 미치는 것으로 해석할 수 있다. 현대차·기아 노조는 만 60세 정년을 64세로, HD현대그룹 조선 3사 노조와 삼성그룹 노조연대, LG유플러스 제2 노조는 정년을 60세에서 65세로 늘려 줄 것을 요구하고 있다.

승진 거부권이 나온 데는 정년까지 가늘고 길게 직장 생활하겠다는 분위기와 무관치 않다. 2030 직장인들 사이에서는 임원이나 승진을 포기한다는 의미의 '임포족', '승포자'라는 신조어도 생겨났다. 은퇴가 머지않은 중·장년층은 되도록 오래 회사에 남아 있고 싶은 욕구가 반영된 것이라는 분석도 나온다. 승진 코스로 통하는 기획부, 인사부 등 핵심부서 근무도 요즘 젊은 직장인들 사이에서는 선호도가 떨어진다는 이야기도 나온다.

책임급이 되면 호봉제에서 연봉제로 바뀐다. 야근 수당도 제대로 못 받고 고과 평가가 안 좋으면 성과급도 바로 깎인다. "팀장님께서 공휴일에 출근하시는 것 보면 책임만 늘어나는 승진이 좋은 건지 잘 모르겠다."고 푸념을 한다. 기업 내에서 승진을 꺼리는 분위기와 관련하여 이종우 아주대 경영학과 교수는 "월급만으로는 집을 마련하는 등 경제적으로 풍요로운 삶을 꾸리는 것이 힘들어지면서, 가족들과의 시간이나 여가 등 당장의 여유 있는 삶을 중시하는 문화가 생긴 지 오래"라고 진단했다. 이 교수는 "과거엔 직장에서의 성과에 목맸다면 요즘에는 '일을 덜 하는 대신 승진 경쟁에 참전하지 않겠다.'는 식이다. 나름 합리적으로 판단한 결과"라고 표현했다. 그러면서 "최근에는 이직이나 부업을 통해 수입을 늘리는 사례도 많이 알려져 승진 외에도 직장인이 택할 수 있는 자기계발법이 많아졌다."며 "승진이 요즘 직장인들에겐 매력적으로 느껴지지 않는 것"이라고 해석했다.

회사에 헌신해 승진으로 인정받겠다는 생각이 강했던 기성세대로선 격세지감이다. 게다가 상사가 싫다고 회사를 떠나는 퇴사 트렌드도 뜬다. 조직 차원에서 승진은 개인에게 동기를 유발하여 조직의 안정과 성과를 제고하는 역할 수행을 하지 못하고 있다. 오히려 리더의 책임과 스트레스 때문에 승진을 거부하고, 수직적 경력 이동을 선택하는 구성원들도 늘고 있다.

더 이상 승진을 통하여 개인에게 더 높은 책임을 부여하기 힘든 상황이 되고 있다. 금전적 보상은 물론 중요하다. 그러나 점점 사회의 중심축으로 부상하고 있는 MZ세대에게는 '일을 통해 내가 얼마나 더 배우고 성장할 수 있을 것인가?'라는 커리어패스 관점 또한 직장 선택의 핵심 고려 요인이다. 특히 뛰어난 능력을 갖추고 고성과를 내는 핵심인재일수록 급여, 근무 위치, 휴가 등의 위생 요인뿐만 아니라 조직의 비전과 문화, 경력 개발 기회, 자율성 등의 동기 요인에 큰 의미를 부여한다.

사내에서 커리어 프로그램이 진행되고 있는 이유

기업들은 직원 스스로 커리어를 발전할 수 있도록 신경 쓰고 있다. LG화학은 임직원 스스로 다양한 성장 기회를 발굴할 수 있도록 지원하는 조직문화 구축에 나섰다. LG화학은 4일간 '제1회 커리어 위크(Career

Week)'를 개최했다. '커리어 위크'는 사내외 전문가를 초빙해 강연·멘토링 등 시간을 갖고, 임직원이 주도적으로 일을 통해 성장하는 기회를 설계할 수 있도록 돕는 주간이다. LG화학은 올해를 시작으로 매년 1회씩 커리어 위크를 운영할 계획이다.

동일 직무 사내 전문가를 만나는 '그룹 멘토링'과 타 직무 사내 리더와 대화하는 'Talk+' 시간에는 임원부터 팀장급 실무 리더 30여 명이 참여해 직장 생활 선배로서 업무 노하우를 전수한다. 다른 직군 직무를 소개해 임직원이 직무적성을 스스로 탐색할 수 있게 돕는다. 임직원들은 추후에 LG화학의 사내 공모나 오픈 커리어같이 다양한 직무 경험에 도전할 수 있는 '커리어 마켓(Career Market)' 제도에도 참여할 수 있다.

사내 공모는 2020년 시작된 LG화학의 대표적인 사내 경력 개발 프로그램으로 결원이 발생한 부서에서 내부 임직원을 대상으로 우선 채용을 진행하는 제도다. 소속팀에 2년 이상 근무한 사무직원이라면 누구나 참여할 수 있으며, 3년간 총 300여 명이 직무 전환에 성공했다. 오픈 커리어는 리크루팅 사이트에 이력서를 올리듯 개인 경력과 프로필을 사내 HR 시스템에 상시 공개해 다른 부서로부터 이동을 선제안받을 수 있는 제도다. 연구개발 조직을 대상으로 시범 운영되고 있으며, 향후 전사로 확대하는 것도 검토하고 있다.

커리어 위크에 참여한 신학철 부회장은 "엔지니어에서 세일즈로, 한국에서 해외로 도전한 순간들이 지금의 성장으로 이어졌다."며 "임직원 여러분이 좋아하는 일과 잘하는 일을 찾아 도전하며 글로벌 과학 기업의 일원으로 함께 성장할 수 있도록 지원을 아끼지 않겠다."고 말했다.

LG이노텍은 임직원 '전문가(Expert) 제도'를 신설하고 핵심역량을 보유한 22인을 전문가로 선정했다. '전문가 제도'는 회사의 지속 성장과 미래 사업 역량 강화를 위해 임직원에게 성장 동기를 부여하고, 핵심직무 전문가로 육성하기 위한 제도다. 2023년 처음 도입된 이후 같은 해 14명, 올해는 8명이 전문가로 선정됐다. 임직원들의 요구를 적극 반영한 것이다. 경력 개발에 대한 사내 설문 결과 전문가로 성장하고 싶다는 직원이 약 70%로, 임원 및 사업가를 희망하는 인원보다 2배 이상 많았다.

하지만 기존 커리어 트랙은 한계가 있었다는 게 회사의 설명이다. 책임에서 연구/전문위원으로 선임되기까지 소요기간이 길고, 선발 규모도 작았다. 이에 따라 LG이노텍이 책임과 연구/전문위원 사이에 '전문가' 단계를 새롭게 추가했다. 커리어 트랙을 세분화해 임직원들이 스스로 동기부여할 수 있는 계기를 마련하고, 체계적이고 지속적으로 성장할 수 있도록 돕기 위해서다.

연구개발(R&D), 기술직 위주로 운영되던 전문가 커리어 트랙도 일반 사무 직무로 확대했다. 영업/마케팅, 상품기획, 품질, 재경, 법무 등 일반 사무직도 전문가 트랙으로 성장할 수 있는 길이 열린 셈이다. 전문가는 사업부(문)별 추천을 통해 후보를 선정한다. 팀장 등 조직 책임자뿐 아니라 함께 일하는 동료 추천이 가능하도록 한 점도 특징이다.

최연소 전문가로 뽑힌 옥민애 책임은 MI(Materials Intelligence) 전문가다. 미국 매사추세츠 공과대학교(MIT) 재료공학 박사인 그는 자성소재 업계 최초로 MI 기법을 활용해 최단 기간에 세계 최고 성능의 자성소재 개발을 주도했다. 전문가로 선정된 임직원들에게는 다양한 혜택이 제공된다. 공식 인증패와 함께 매월 전문가 자격수당이 지급된다. 사외 교육 프로그램 우선 참여 기회가 주어지고, 전문적인 커리어코칭 등을 통해 분야별 최고 전문가로 육성된다. 연구/전문위원으로 선정될 수 있는 후보 자격도 갖게 된다.

이 밖에도 LG이노텍은 임직원의 맞춤형 커리어 개발을 위해 마련한 '커리어 비전' 교육을 운영 중이다. 김홍식 CHO(부사장)는 "조직의 리더가 되는 것이 아니더라도 한 분야의 전문가로 성장할 수 있는 제도와 환경이 뒷받침돼야 구성원들의 '성장 열망'을 자극할 수 있고, 명확한 커리어 목표를 세울 수 있다."고 말했다.

기아에서는 경력 개발 플랫폼을 '커리어 무브(Career Move)'라고 부른다. 커리어 무브의 가장 큰 특징은 경험 축적의 흐름에 따라 경력 개발의 과정을 '준비-경험-이동' 단계로 세분화하고 이에 맞는 다양한 경력 개발 제도를 마련해 직원과 조직의 경험과 정보 공유 수준을 체계적으로 높이는 데 있다.

1단계 준비-통합프로필이 나를 알아보는 과정이었다면 커리어채널에서는 내가 관심 있는 조직의 정보를 찾아볼 수 있다. 2단계 경험-버디제도 도입, 프리미팅 및 참여대상별 진행 가이드 제공 등 운영상의 보완을 통해 보다 내실 있는 제도로 발전시켜 운영하고 있다. 3단계 이동-커리어 무브 이동 제도는 각각의 목적에 맞춰 사내공모 OJM(Open Job Market), 정기전보, 사내 FA(Free Agent) 제도를 갖추고 있다.

정기전보 시행을 앞두고 직원들은 통합프로필에서 커리어 계획을 구체화한다. 이동을 희망하는지, 희망 시기는 언제인지, 어떤 직무와 부서를 원하는지 등 구체적인 경력 개발 니즈를 표현할 수 있다. 이를 기반으로 본사 인사와 각 현업 인사 간 협업을 통해 직원들의 본부 내, 본부 간 직무순환을 지원한다. 직원들로 하여금 익숙한 환경에서 벗어나 새로운 트렌드를 익히고 영감을 얻을 수 있도록 '사외파견' 프로그램도 적극적으로 추진할 예정이다.

04 '커리어 모빌리티'를 추구할 때 유의해야 할 점 5가지

회사 안에서 근무할 때 본 세상과 회사 밖으로 나와서 본 세상은 다르다. 국내 직장인은 지금까지 직선석이고 단일한 커리어패스를 밟아 왔다. 평생직장, 평생직업이 무너지면서 불확실성이 커지면서 '커리어 모빌리티'가 중요해지고 있다.

MZ세대는 고용주의 경력 개발 지원보다 개인이 자기주도적으로 경력을 관리하고 기회를 탐색한다. 직무 간 경계를 넘나드는 경력 패턴이 늘어나면서, 단일 직업에 머무르기보다는 다양한 직무 경험을 쌓아 경력을 다각화하는 것이 일반화되고 있다. 선형적 이동이 아니라 비선형적 이동으로 내부 이동을 장려함으로써 기업이 끊임없이 변화하는 비즈니스 환경에서 경험 조각을 맞출 수 있도록 도와준다. 점차 '커리어 모빌리티의 시대'가 도래할 전망이다.

1. 자신의 강점, 약점, 성장점, 관심 분야 등 자기 평가를 파악한다

커리어 모빌리티를 성공적으로 이루기 위해서는 자신을 깊이 이해하는 것이 필수적이다. 자신의 강점을 파악하는 것은 중요하지만, 약점을 무시해서는 안 된다. '내가 부족한데 노력해서 성장하고 싶은 욕구'가 담긴 약점을 찾는다. 자신이 아는 것과 모르는 것은 다르다.

삶과 일을 기록한 자서전을 간단하게 5페이지로 쓴다. 자신이 좋아하는 것은 무엇인지, 싫어하는 것은 무엇인지 각각 경험들을 적어 본다. 자신이 바라보는 자아를 바꿈으로써 진정한 성장을 한다. 성장점을 개선할 때 더 명확하고 적합한 포지션을 찾을 수 있다. 이는 자신에게 가장 적합한 경로를 설정하는 데 도움이 된다.

2. 커리어 목표를 명확히 설정하고 이를 달성하기 위한 계획을 수립한다

명확한 커리어 목표는 경력에서 길을 잃지 않도록 안내하는 나침반 역할을 한다. 목표를 설정한 후에는 이를 달성하기 위한 구체적인 계획이 필요하다. 방향이 맞으면 종착점에 도착한다. 절박한 문제를 실행해야 성과가 난다. 그렇다고 한 번에 결과를 내려고 하지 말아야 한다. 한 번도 가 보지 않은 무인도에 첨벙 뛰어들지 말고 우선 발부터 담가 본다. 세부적인 계획은 목표 달성을 위한 로드맵을 제공하며, 이로 인해 더 효과적으로 목표에 도달할 수 있다. 중간 점검을 통해 계획을 조정하는 것도 중요하다.

3. 경험이 풍부한 멘토를 찾아 조언을 구한다

커리어 목표를 설정하고 이를 달성하는 과정에서 경험이 풍부한 멘토의 조언은 매우 유용하다. 멘토는 실제 경험을 바탕으로 현실적인 조언을 해 줄 수 있으며, 예상치 못한 장애물에 대한 대처 방안을 제시할 수 있다. 목표 달성 과정이 훨씬 수월해질 수 있다. 멘토와의 지속적인 관계 유지도 중요하다. 우리는 만나는 사람들에게 영향을 받으며 어린 아이가 부모의 행동을 흉내 내며 성장하듯이 멘토의 행동을 따라 하는 것을 깨닫게 될 것이다.

4. 고급 스킬을 습득하기 위해 지속적으로 학습한다

변화하는 업무 환경에 적응하고 경쟁력을 유지하기 위해 지속적인 학습은 필수이다. 기업의 톱니바퀴 역할을 하는 워커(Worker)보다 다른 사람이 대체할 수 없는 플레이어(Player)가 되어야 한다. 다양한 역할을 경험하며 다방면에서의 능력을 키우고, 특성 분야에서의 전문성을 발전시키는 것이 중요하다. 전문성을 크게 요구하지 않던 행정 업무는 자동화되거나, 아웃소싱되고 있고, 앞으로도 그러한 경향은 더욱 강화될 것이다. 이제는 단순한 업무가 아닌 고급 스킬(Advanced Skill)을 배워서 전문성을 한층 발휘할 기회를 찾아야 한다. 이를 통해 시장에서 자신의 가치를 높이고, 다양한 기회를 효과적으로 활용할 수 있다.

5. 관련 업계 인사와의 네트워킹을 강화한다

네트워킹은 커리어 모빌리티의 중요한 요소이다. 관련 업계 인사들과의 네트워킹을 통해 최신 정보를 얻고, 상사나 동료로부터 피드백을 받아 자신의 능력을 개선할 수 있다. 강한 연결(Strong Ties)이 아닌 약한 연결(Weak Ties)에서 나중에 도움을 받는 경우도 많다. 이를 통해 자신의 경력을 지속적으로 발전시킬 수 있으며, 새로운 기회를 보다 쉽게 탐색할 수 있다. 네트워킹은 지속적인 과정임을 잊지 말아야 한다.

참고문헌

- 김언한 , LG이노텍, 22인의 '전문가' 선정…자격수당·커리어 코칭 등 제공, 2024. 5. 20.

- 김영리, 대기업 MZ들 "승진 해서 뭐하나…가늘고 길게", 한경닷컴, 2024. 6. 18.

- 김윤경, '커리어 쿠셔닝'…해고불안 시달리는 아마존 직원들의 선택, 스마트투데이, 2023. 1. 16.

- 김주수, 환승이직에 대처하는 HR의 자세, 한경 CHO Insight, 2023. 5. 23.

- 윤화정, 직장인 10명 중 3명 '커리어 노마드족', 워크투데이, 2024. 3. 24.

- 이세연, "CEO가 직접 커리어 코칭"…LG화학, 사내 잡페어 첫 개최, 머니투데이, 2023. 6. 13.

- 신수정, 『커넥팅 : 일의 길을 찾는 당신을 위한 커리어 포트폴리오 전략』, 김영사, 2024.

- 아트 마크먼, 『커리어 하이어 : 나의 경력을 빛나게 하는 인지심리학』, 박상진 번역, 진성북스, 2020.

https://www.shrm.org/topics-tools/news/all-things-work/skills-based-hiring-new-workplace-trend

https://www.linkedin.com/pulse/moving-from-job-based-skill-based-organization-meritoplatform-duiyf/

https://www.forbes.com/sites/garyburnison/2019/04/24/the-career-nomads-have-arrived/

https://www.forbes.com/sites/forbeshumanresourcescouncil/2024/03/07/career-cushioning-a-preventative-measure-in-uncertain-times/

https://www.linkedin.com/business/talent/blog/talent-engagement/google-career-coaching-boost-employee-engagement

https://disprz.ai/blog/career-mobility

https://www.brightermonday.co.ke/discover/horizontal-vertical-career-growth

https://www.poetryfoundation.org/poems/45145/to-

무경계형 인재

경계가 허물어지는 시대에
경계를 넘나드는 인재가 뜬다

#무경계 #바운드리리스 #무경계커리어
#무경계조직 #일의경계 #시공간경계

지금 이외에는 다른 시간이란 결코 존재한 적이 없으며
결코 존재하지도 않을 것이다.

– 켄 윌버, 『무경계』

01 무경계형 인재

업무 경계 소멸 시대가 온다

"아직도 한 직무만 하세요?"

코로나19 이후 기존 조직에서 직무의 경계가 무너지면서 융화되고 있는 '무경계(Boundaryless)형 인재상'이 주목받고 있다. '바운드리리스(Boundaryless)'라는 말은 '경계가 없는'이라는 뜻으로, 최근 직무의 경계가 허물어지고 경계를 넘나들면서 다양한 직무가 융합되는 트렌드를 설명하는 용어이다.

이제는 한 직무에 국한되지 않고 다양한 직무 분야의 지식과 기술, 경험을 보유해야 한다. 로봇과 생성형 AI의 등장으로 바야흐로 직장에서도 시공간의 경계가 무너지고 있다. 업무는 지붕과 벽으로 둘러싼 사무실 공간에서만 하는 것이 아니다. 폐쇄적인 사고에서 벗어나 서로 다른 영역을 융합하고 서로 다양한 배경의 사람들과 효과적으로 소통하고 협력해야 한다.

'무경계형 인재'는 빠르게 변화하는 시장과 기술 환경에서 조직의 성공을 돕는 핵심자산이 된다. '오래된 경계'가 변화하고 사라지면서 조직과 구성원은 새로운 기본 원칙을 적용하고 더 많은 자율성을 창출하고 새로운 가능성을 상상하며 조직과 구성원 간 상호 가치를 달성할 수 있다. 무경계형 인재는 조직과 직무의 경계를 넘어들면서 성과를 내기 때문이다.

최근 우리가 알고 있는 모든 경계가 모호해지고 있다. 기업(Company),

조직(Organization), 직장(Office)의 기존 경계가 허물어지는 상황이다. 예전에 주로 사용하던 과업(Task)이나 임무(Duty)라는 단어보다 '일(Work)'이라는 단어가 많이 사용되고, 직장(Company, Organization, Office)이라는 단어보다 '일터(Workplace)'라는 단어가 많이 사용되고 있다. 직무(Job), 업무(Work), 인력(Workforce)의 기존 경계가 허물어지는 상황이다.

현재 일터(Workplace)의 개념은 기존의 물리적인 업무 현장이라는 개념보다는 광의의 개념으로 온·오프라인으로 일을 하는 모든 곳을 포괄하는 광의의 개념이 되고 있다. 이어령 선생이 예견했던 『디지로그』처럼 디지털과 아날로그, 비트(Bit)와 아톰(Atom), 클릭(Click)과 브릭(Brick), 가상현실과 실재현실의 경계가 사라지는 시대가 이미 온 것이다.

과거에는 업종 간의 경계가 분명했던 반면 인공지능(AI), 사물인터넷(IoT), 핀테크, 빅데이터 등 첨단 기술의 발전으로 산업 간의 경계가 흐려지면서 '빅블러(Big Blur)' 현상이 대두되기 시작했다. '빅블러'는 빠른 사회적 변화로 인해 기존의 영역과 법칙이 무너지고 경계가 흐려지는 현상을 의미한다. 크다는 의미의 'big'과 흐릿해진다는 뜻의 'blur'가 합쳐진 말이다. 원래 빅블러는 1999년 미래학자 스탠 데이비스(Stan Davis)가 1999년에 출간한 저서 『블러 : 연결 경제에서의 변화 속도』에서 처음 등장했다.

그는 빅블러가 만들어진 원인으로 연결성(Connectivity)과 속도(Speed), 무형적 가치(Itangibles)를 지목하며, 이를 통해 모든 것이 실시간으로 연결돼 상품과 서비스가 하나로 묶이거나, 생산과 판매 사이의 시간 단축이나 제품 수명 단축, 빠른 산업 변화 등은 기업과 기업, 기업과 환경, 현실과 가상 간의 경계를 허물고 새로운 경제망(Economic Web)을 등장시키는 요인이 된다고 했다. '디지털 컨버전스(Digital Convergence)'란 '디지털 융합'이라는 뜻으로, 하나의 기기와 서비스에 모든 정보통신기술을 묶은 새로운 형태의 융합 상품을 말한다. 이러한 현상은 크게 유선과 무선의 통합, 통신과 방송의 융합, 온·오프라인의 결합 3가지로 가속화되고 있다. 단지 업종을 넘어서 직무의 경계가 모호해지고 있다.

최준형 저자의 『직무의 종말』에서는 전문자격증의 종말, 숙련도의 종말, 직무경계의 종말, 정규직의 종말 등을 통해 직무 종말을 말하고 있다. 직무는 여러 명이 하나의 일을 수행하기 위해서 한 사람이 할 수 있는 단위로 나누어 놓은 업무의 구분이다. 기술이 발전하면서 예전에는 10명이 나눠 했던 일이 2~3명으로도 거뜬히 해결할 수 있게 되었다.

앞으로 기술이 발전하면 일을 처리하는 데 혼자로도 충분하거나, 더 이상 사람의 노동력이 필요하지 않은 직무들도 있다. 게다가 개인이 직접 세무 관련 업무를 처리할 수 있게 해 주는 서비스 '삼쩜삼 마이비즈' 모바일 앱 출시, 법률 서비스를 도와주는 자신에게 적합한 변호사를 찾을 수 있는 '로톡(Lawtalk)', 그리고 의료 AI 솔루션 앱 루닛(Lunit) 등의 출연은 기술을 통해 일반인이 접근하기 어려웠던 전문가의 영역을 조금씩 침범하고 있다. AI 시대에는 '직무의 경계'가 모호(Ambiguity)해지고 융합(Convergence)되고 사라질 것이다.

구분	산업 무경계 (Industry Boundaryless)	직무 무경계 (Job Boundaryless)	스킬 무경계 (Skill Boundaryless)
강점	- 다양한 산업 경험을 통해 폭넓은 시야와 혁신적 사고 가능 - 다방면의 네트워크 형성 - 새로운 기회를 적극적으로 탐색	- 다양한 직무 경험을 통해 다기능적 인재로 성장 - 조직 내에서 유연한 역할 수행 가능 - 문제해결 능력 향상	- 다양한 스킬 습득을 통해 다재다능한 인재로 성장 - 급변하는 환경에 적응력 강화 - 끊임없는 자기계발을 통해 경쟁력 확보
약점	- 특정 산업에 대한 깊이 있는 전문성 부족 가능성 - 산업 간 이동 시 적응 시간 필요 - 전문성 부족으로 인해 신뢰도 저하 우려	- 직무 이동 빈번 시 전문성 부족 우려 - 특정 직무에서 깊이 있는 경험 쌓기 어려움 - 조직 내에서 정체성 혼란 가능성	- 특정 분야의 깊이 있는 전문성 결여 가능성 - 스킬이 다양할수록 특정 직무에서 전문성 인정받기 어려움 - 스킬 관리의 복잡성 증가
유의점	- 끊임없는 학습과 적응력 필요 - 다양한 산업에서 가치를 발휘할 수 있는 포트폴리오 구축 - 산업 트렌드에 대한 지속적 관심 필수	- 전문성과 유연성의 균형 유지 필요 - 직무 전환 시 조직문화와 목표에 대한 이해 필수 - 커리어 경로의 명확한 계획 필요	- 핵심 스킬에 집중하며, 필요에 따라 새로운 스킬 습득 - 끊임없는 자기계발로 스킬의 최신성 유지 - 스킬 간 연관성 고려 필요

일을 직무가 아닌 스킬로 인지한다

딜로이트(Deloitte)의 『2023 글로벌 인적자원 트렌드(2023 Global Human Capital Trends: New Fundamentals for a Boundaryless World)』 보고서는 전 세계 105개국 글로벌 기업 및 HR 조직 관계자 1만 명 대상 설문조사를 기반으로 분석했다. 기술 활용과 업무 환경 변화에 대한 필요 인지 설문 결과에 따르면 '향후 2~4년 후에 업무 재구상에 초점을 맞출 것'이라 답한 비율이 59%로 기존 대비 2배 상승한 것으로 조사됐다.

이제 기업 리더들은 모든 결정에 앞서 충분한 질문과 실험정신을 발휘해 새롭게 도전해야 한다. 이를 위해 일을 '직무(Job)'가 아닌 '스킬(Skill)'

로 인지하는 접근법을 취해야 한다. 이는 생산성, 효율성, 효과성을 상승시켜 근로자의 스킬과 역량에 맞게 적합한 업무를 배치할 수 있기 때문이다. 스킬 기반 접근법을 채택한 조직은 그렇지 않은 조직보다 상대적으로 민첩할 비율이 57%로 높았으며, 이때 인재의 효율적 배치와 고성과자 유지 비율은 각각 107%, 98% 높았다. 인공지능(AI) 기술도 인간, 팀, 조직 성과를 정의 및 개선하는 방법의 경계를 재설정하고 있다.

업무 체계를 제공했던 기존의 많은 경계가 허물어지고 있다

크리스 에른스트(Chris Ernst) 워크데이(Workday) 최고교육책임자는 "업무 체계를 제공했던 기존의 많은 경계가 허물어지고 있다."고 말하며, "남아 있는 경계는 인간의 역동성과, 사람들이 업무와 상호작용하고 업무에 참여하는 방식에 훨씬 더 중점을 두고 있다."라고 강조한다.

경계의 소멸은 근본적인 전환에 나설 준비가 되어 있는 조직과 근로자에게는 새로운 기회를 창출한다. 이는 더 이상 과거의 범주 및 경계와 상반되는 새로운 전략을 전개하여 시장 자극에 단순히 대응하는 것을 의미하지 않는다. 조직보다 팀 위주로 새로운 것을 시도하고 빨리 실패해 거기에서 배우고 계속 나아갈 수 있게 한다. 그 결과 팀은 적지 않은 신규 사업과 전략을 갖출 수 있게 된다. 직무의 종말에 대처 업무를 구분하고 근로자를 좁은 역할과 책임으로 분류하며 직무를 세분화했던 기존의 경계는 이제 조직의 혁신과 민첩성을 저해하는 걸림돌이 되고 있다. '경계 없는 시대'를 위한 3가지를 제시한다.

1. 인력 결정 방식의 기준으로 직무가 아닌 스킬을 이용하는 실험이 필요하다

구성원들이 '직무'라는 틀에서 해방되면 그들의 능력, 경험, 흥미를 조직과 개인의 성과를 높이는 방식으로 더 잘 이용할 기회를 확보하게 된다. 생성형 AI, 디지털 기술 등의 활용은 새로운 시각으로의 도전과 실험의 성공 가능성을 높여 준다. 새로운 시각으로 도전을 받아들이고, 연구자처럼 사고해야 한다. 구성원들이 보다 의미 있는 업무, 유연한 업무 환경 모델, 개인맞춤형 커리어패스를 요구하면서 조직이 유일한 의사결정 권한을 지니고 있다고 여겨졌던 기존의 업무, 인력, 업무 환경 모델은 사라지고 있다. 이제 구성원을 좁은 역할과 책임으로 분류하며 직무를 세분화하는 것은 조직의 혁신과 민첩성을 저해하는 걸림돌이 될 뿐이다.

2. 살아 있고 진화하는 생태계에서 자신이 수행하는 역할을 인식해야 한다

이제 구성원은 조직과 사회에 더 큰 영향력을 행사하고 더 큰 책임을 짐으로써 조직과 동등한 주도적 역할을 하고 있다. 새로운 경로를 개척할 때는 조직과 구성원이 관계를 함께 구축해야 한다. 조직과 구성원은 새로운 규칙, 경계, 관계를 함께 구축하면서 새로운 세계를 헤쳐 나갈 방법을 배워야 한다. 이는 구성원 데이터, 업무, 인력, 업무 환경의 소유권 모델과 가치가 변해야 함을 의미한다.

딜로이트 조사에 따르면, 조직 변화를 설계하고 구현하는 데 더 많은 구성원이 참여하는 조직은 긍정적인 성과를 경험했다는 비율이 더 높았다. 구체적으로 구성원과 관계를 함께 구축한다고 답한 조직은 그렇지 않은 조직보다 구성원 참여도가 1.8배 더 높았고, 조직이 혁신적이라는 답이 2배 많았으며, 변화를 예측해 대응한다는 비율이 1.6배 더 높았다.

3. 경계 없는 시대에 영향력 창출을 위해 인적 성과를 우선시한다

'경계'라는 단어의 또 다른 정의는 프론티어(Frontier)이다. 개척지는 기업이나 조직에서 가장 새롭고, 가장 혁신적이며, 가장 많은 가치를 창출하는 기회가 있는 곳이다. 근본적인 도전이자 기회는 경계를 단순히 한계나 제약을 만드는 것이 아니라 새로운 가치 창출, 혁신, 창의성의 원천으로 생각하도록 사고방식을 바꾸는 것이다.

설문조사 결과 2025년까지 AI와 머신러닝이 노동생산성을 37% 향상시킬 것으로 판단했다. 또한 설문조사에 참여한 기업 리더 93%가 기술을 이용하는 것이 조직 성공에 중요하다고 응답했다. 이중 42%는 향후 2~4년 동안 기술이 더 나은 성과를 내도록 유도할 것이라 예상했다.

직무가 자신의 가치관에 부합하지 않아 과업을 거부하는 MZ세대

요즘 MZ세대 5명 중 2명이 직무나 과업이 자신의 가치관 및 다양하고 포용적인 문화에 부합하지 않아 직무나 과업을 거부한다는 조사 결과가 나왔다. 최근 근로자의 주체성이 강화되는 점을 고려해 기업을 경영할 때 직무 중심주의를 벗어나야 한다는 의미다. 업무 경계가 사라지고 조화롭게 조직을 운영하는 새로운 성공 척도에 따라 조직에 영감을 불어넣고 모든 직급의 리더에게 공동 비전을 책임지는 협조적 '심포닉 최고경영진'이 필요하다. 특히 리더는 모든 단계에 존재하는 새로운 세상에서 반드시 조율자(Orchestrator)가 돼야 한다.

딜로이트 설문조사 결과 응답자 중 94%는 리더십 역량과 효과성이 조직의 성공에 중요하거나 매우 중요하다고 생각했다. 경계가 없는 세계에서 리더십은 인사이트, 개인적 책임, 가치 연계, 행동과 관련이 있기 때문에 리더십 재구성도 필수적이다. 이에 조직과 근로자는 자신이 수행하는 모든 일에 인간 중심적 사고를 가지며, 모든 인간에게 이익이 되는 의미 있는 성과를 도출하는 데 집중해야 한다. 이제 과거로 돌아갈 수도, 예전의 비즈니스 방식으로 되돌아갈 수도 없다. 기업과 구성원들은 새로운 환경을 어떻게든 함께 헤쳐 나가야 한다.

02 무경계형 인재 : 세계 동향

경계가 없는 조직, 직무의 경계가 무너지고 있다

졸업 후 직업을 일생 동안 평균 12번 바꾸는 시대이다. 미국 노동통계국이 2018년 베이비붐 세대(1957~64년 출생자) 9,964명을 조사한 결과, 일생 동안 평균 12.3회 이직했다고 한다. 국경, 계층, 전공의 경계를 허물고 선택권이 보장되며 폭넓은 세계에서 맘껏 뛰어놀 수 있는 무경계형 인재를 양성해야 한다.

GE의 전 CEO였던 잭 웰치(Jack Welch)는 '벽 없는 조직(Boundaryless Organization)'이라는 개념을 적극적으로 추진했다. 그는 직원들이 부서나 계층, 국경에 얽매이지 않고 자유롭게 협력하고, 지식을 공유하며, 문제를 해결할 수 있도록 하는 벽 허물기 문화를 만들고자 했다. 부서 간의 벽, 직원과 관리자의 벽, 지역 간의 벽, 인종 간의 벽을 허물면 직원들은 스스로 사고하고 자신의 의견을 밝히며 상사는 이를 듣게 된다. 모든 직원의 두뇌가 기업의 성장에 기여할 수 있게 되고, 이를 통해 직원들 스스로의 성장으로 이어진다.

사람과 사람이 모여 있는 곳이라면 언제든지 발생할 수 있는 '사일로 현상(Silo Effect)'은 기업 조직을 갉아먹는 암세포로 불린다. 사일로 현상이란 곡물을 보관하는 창고 '사일로'에 단단한 벽을 두르고 남들이 곡식에 접근하지 못하게 하는 현상을 뜻한다. 이러한 창고를 만드는 것처럼 회사 내에서 다른 동료와 벽을 세워 자기 개인의 이익만을 대변하는 현상이다. 이러한 현상은 서로 협력 관계임에도 불구하고 협력하지 않고 공동의 목표보다 개인의 손해나 이익을 먼저 생각하는 것이다. 사일로 현상을 방치할 경우 그 기업은 오래가지 못한다. 서로의 벽을 허물면 더욱더 성장의 문이 열린다.

이제 '무경계 커리어'가 뜬다

1994년 미국 마이클 아서(Michael B. Arthur) 교수는 '무경계 커리어(Boundaryless Career)'라는 개념을 제시하며 현대사회 경력과 전통사회 경력의 차이점을 설명했다. 구성원으로서의 개인이 자신의 경력을 하나의 조직과 직종에 한정하고 다양한 조직과 직종으로 이동해 나가면서, 경험과 경쟁력을 쌓아 가는 개념으로 개인별 경력통합관리가 필요하다.

무경계 경력의 특징은 한 명의 고용주에 얽매이지 않는다. 조직의 틀 밖에서 조직에 영향을 줄 수 있다. 조직 외적인 네트워크나 정보 체계의 영향을 받게 된다. 계층 구조로 대변되는 전통적인 조직 체계에서 완전히 탈피하는 것이다. 개인이 사적인 이유로 경력 기회를 포기할 수 있는데, 미래의 경력 선택은 상황적·구조적인 제약보다 그러한 환경을 인식하는 경력 주체, 즉 개인에 의해 전적으로 관리된다. 급변하고 경계가 없어지는 환경에서 조직이 개인의 경력을 책임지기 어려워지므로 개인이 스스로 주체가 되어야 한다.

업종 간 경계가 허물어지면서 세계 최대 전자상거래 기업인 아마존은 페덱스(FedEx), UPS 등 물류 기업과의 협업을 줄여 가더니 아예 결별을 선언했다. 직접 DBA(Delivery By Amazon)를 세워 자체 풀필먼트 서비스 FBA(Fulfillment By Amazon)를 통해 대규모 물류망을 확보하고, 미국 우편국의 택배를 처리하는 등 대규모 물류망을 통해 기존 아마존의 주문뿐만 아니라 외부 업체의 물류도 처리하고 있다. 유통기업이 창고 관리부터 풀필먼트 서비스, 라스트마일 서비스까지 무서운 속도로 네트워크 확장에 나서며 단순히 제품만을 판매하는 유통기업이 아닌 종합 유통기업이라는 이름으로 물류 영역까지 서비스 범위를 확장하고 있다.

유니레버는 전 세계에 걸쳐 다양한 브랜드를 운영하는 글로벌 소비재 기업으로, 직원들에게 경계를 넘는 협업을 장려한다. 1929년에 설립된 유니레버는 영국의 레버 브라더스와 네덜란드의 마가린 유니가 합병하여 만들어진 글로벌 소비재 제조 기업이다. 유니레버의 직원들은 다양한 국가에서 근무하며, 현지 시장의 요구를 이해하고 글로벌 전략을 현지화하는 데 기여한다.

어떤 CEO가 와도 유니레버의 ESG 경영에 흔들림이 없던 배경에는 'USLP(Unilever Sustainable Living Plan)'라는 장기 계획이 있었다. USLP 추진으로 지금까지 총 6억 100만 명의 소비자가 유니레버의 손 씻기, 위생, 구강건강 및 안전한 음용수 확보 프로그램으로부터 혜택을 받았다. 유니레버는 직원들이 다른 국가나 부서에서 근무할 기회를 제공하여 글로벌 시각을 넓히고, 다양한 문화적 배경을 가진 인재들이 서로 협력할 수 있는 환경을 조성하고 있다.

'역량'보다 '스킬'단위의 인재 관리를 요구한다

마이크로소프트가 링크드인과 함께 제작한 「업무동향지표 2024」 보고서에서 한국을 포함한 전 세계 31개국 3만 1,000명이 참여한 설문조사 결과를 발표했다. 마이크로소프트 365에서 수집된 수조 개의 생산성 신호, 링크드인의 노동 및 채용 트렌드, 『포춘』 500대 기업과의 협업을 통해 진행된 연구 결과가 반영됐다.

보고서에 따르면, 전체 근로자 4명 중 3명이 직장에서 AI를 활용하고 있는 것으로 조사됐다. 근로자 75%(한국 73%)가 AI를 사용하고 있으며, 6개월 전부터 AI를 사용한 비율은 46% 증가했다. 리더의 79%(한국 80%)가 AI 도입이 경쟁력 유지에 필수적이라고 인식하고 있었다. 그러나 이들 중 60%(한국 68%)는 조직 내 비전과 명확한 계획이 부족한 것에 대해 우려하고 있다고 답했다. 더불어 AI 사용량에 비해 인공지능을 안전하게 사용할 수 있게 돕는 가이드라인이 부족하다는 우려가 제기됐다.

마이크로소프트 CEO 겸 이사회 의장 사티아 나델라(Satya Nadella)는 "AI가 일자리 전반에 걸쳐 전문지식을 누구나 쉽게 접하고 활용할 수 있도록 민주화하고 있다."며, 「업무동향지표 2024」 보고서는 모든 조직이 AI 기술을 활용해 더 나은 의사결정과 협업을 가능하게 하며, 이를 통해 궁극적으로 비즈니스 성과를 개선할 기회를 강조하고 있다."고 말했다. 그는 최고경영자가 되면서 소모적 내부경쟁 문화를 극복하기 위해, 협업과 새로운 시도를 통한 배움을 추구하는 '성장 마인드셋(Growth

Mindset)'을 강조했다.

구성원의 생각과 행동 변화가 필요한 상황에서 중요한 것은 현장을 이끄는 관리자의 역할이고, 관리자들도 성장 마인드셋 확산을 위해 자신들이 집중할 역할이 무엇인지 알고 싶어 했다. 첫째는 성장 마인드셋을 스스로 실천하여 모범이 되는 '모델링(Modeling)', 둘째는 팀의 목표를 정의하고 팀이 학습할 수 있도록 돕는 '코칭(Coaching)', 셋째는 훌륭한 인재를 확보해 유지하며 개인의 능력과 열망을 기반으로 성장에 투자하는 '케어링(Caring)'이었다.

마이크로소프트는 관리자들이 이 3가지 역할에 충실할 수 있도록 교육 등 지원에 주력했으며, 역할이 명확해진 리더들은 3가지 핵심 역할에 집중할 수 있었다. 집중된 노력에 따른 리더십 개선은 구성원에게도 긍정적인 영향을 미쳐, 관리자에 대한 구성원의 신뢰가 역대 최고인 90%에 달하는 등의 성과로 이어지고 있다. 역량보다 스킬 단위 인재 관리가 변화하고 있다.

'리스킬링(Reskilling)'은 직원들이 기존 업무 외에 새로운 역할을 맡거나 수행할 수 있도록 도와준다. 시장 환경이 빠르게 변화하거나 지속해서 최신 기술을 익혀야 하는 산업군에 종사하는 경우 더욱 유용한 전략이다. AT&T는 '퓨처 레디(Future Ready)' 프로그램을 통해 직원들이 데이터 사이언스, 사이버 보안, 소프트웨어 개발 등 신기술 분야로 이동할 수 있도록 지원하고 있다. 이 프로그램은 회사의 디지털 전환을 가속화하기 위해 설계되었다.

리스킬링 기회는 기업에서도 유능한 인재들을 유지하고, 시장 경쟁력을 유지할 수 있도록 하는 데 도움을 준다. '업스킬링(Upskilling)'을 택한 직원들은 이를 통해 새로운 기술을 익히고 기존 업무 성과를 개선하거나 추가적인 과업을 수행할 수도 있다. 이러한 변화는 직원들 스스로 성취감을 고취시킴은 물론, 조직 생산성 향상이나 업무 효율 개선에서도 긍정적 변화를 기대할 수 있게 한다.

유니레버는 '퓨처 핏(Future Fit)' 프로그램을 통해 직원들이 데이터 분석, 디지털 마케팅, 지속가능성 등에 관한 기술을 업스킬할 수 있도록 지원한다. 이 프로그램은 전 세계적인 교육 플랫폼을 통해 제공되며, 직원들은 자신에게 필요한 기술을 자유롭게 학습할 수 있다. '크로스스킬링(Cross-skilling)'이란 같은 조직 내에서 새로운 경험을 쌓을 수 있도록 하는 것을 뜻한다.

애플은 다양한 부서 간의 협력을 통해 혁신적인 제품을 개발한다. 특히 디자인팀과 엔지니어링팀 간의 긴밀한 협업이 아이폰과 같은 제품 탄생에 기여했다.

애자일 조직은 부서 간 경계를 허물어 같은 단위 조직 내에서 업무 속성에 따라 마케팅·영업·운영 등의 성격이 한데 모인 '크로스 펑셔널 팀(Cross functional team)' 형태로 구성된 조직이다. 부서 간 경계 없이 변화에 신속하게 대응하는 조직 형태로 필요에 따라 수시로 조직을 '뗐다 붙였다' 변경한다. 예를 들어, 마케터가 개발 지식을 습득하거나, 디자이너가 마케팅 업무를 익힘으로써 시너지를 도모하는 것이다. 이는 직원 개인의 업무 역량을 확장시킬 뿐만 아니라 조직에 대한 이해도를 높이는 데에도 효과적이다.

직무의 종말에 대처하고 업무 환경의 개념을 재정립해야 한다. 무경계형 인재를 육성하는 것은 요즘처럼 급변하는 환경에 빠르게 적응할 수 있고, 기업의 요구사항을 충족시킬 수 있는 다재다능한 인재 풀을 갖춘 다는 점에서도 기업에 큰 의의를 지닌다. 무경계형 인재는 조직 내외의 경계에 얽매이지 않고 자유롭게 협력하고 혁신을 이끌어 낸다.

03 무경계형 인재 : 국내 동향

국내 기업들도 업무 경계가 허물어지면서 코워크 역량을 주목하고 있다. 모든 지원자에게 강조되는 역량은 직군간 경계를 뛰어넘는 소통 및 협업 능력이다. 산업 간 경계가 허물어지는 빅블러(Big Blur) 현상, 무경계화(Boundaryless), 초연결 사회(Hyper-connected Society) 등은 초고속 무선통신, 클라우드 네트워크 등 디지털 기술 발전으로 기계와 상품, 사람이 데이터로 연결되어 자율성과 상호작용이 가능해지는 것을 가리킨다. 산업 간 경계가 허물어지고 서비스의 융합이 가속되는 이때, 조직 내 구성원들의 자유롭고 독창적인 생각과 아이템이 제품과 브랜드로 이어지는 것을 독려할 필요성이 점차 커지고 있다.

직군 간 경계를 뛰어넘은 소통 및 협업 능력을 중요시한다

카카오페이증권, 토스증권 등 신생증권사들은 후발주자인 만큼 인재 수혈에 더 속도를 내고 있다. 개발직을 중심으로 다양한 직무에 대해 실시되는 공개 및 수시 채용에서 모든 지원자에게 강조되는 역량은 직군 간 경계를 뛰어넘는 소통 및 협업 능력이다. 증권업계의 서비스 개발 경쟁이 치열해진 가운데 여러 직군 간 '코워크(Co-work)' 역량을 갖춘 인재 발굴을 위해 신생 증권사들이 새로운 시도에 나섰다.

카카오페이증권은 채용전형을 미래에 함께 일할 동료(지원자) 간 소통 과정이 큰 비중을 차지하도록 구성했다. 심지어 지원 직군에 따라 다른 업종 지원자들이 함께 전형 과정에 참여하기도 하는 점이 눈에 띈다. 면접에서부터 직종 간 경계를 허물고 '파트너'로 일할 동료와 협업해 문제에 대해 논의하고 해결하며 다음 단계로 넘어간다. 카카오페이증권 관계자는 "일반적으로 팀장-임원이 면접관으로 구성되는 채용과 달리 함께 일할 동료들도 상호 검증자가 되는 구조"라며 "서비스 개발에는 직군 간 협업이 중시되기 때문에 이와 관련한 지원자의 생각과 가치를 평가하는 위한 것"이라고 말했다.

카카오페이증권은 출범 2년차의 신생 증권사로 리테일사업부를 신설해 새로운 사업을 전개하고 있는 만큼 다양한 포지션에 대한 수시채용을 진행하고 있다. 추후 신입 공채 등 다양한 형태의 채용을 진행할 것이라고 밝힌 카카오페이증권은 자사의 인재상과 관련해 '새로운 투자문화를 만들고자 하는 의지와 도전정신, 다른 이와 더불어 고민하는 열린 사고, 업무의 권한과 책임을 이해하는 자기주도' 등을 제시했다.

토스증권의 경우 채용 후 함께 일하게 될 현업 종사자와 지원자들 간의 소통을 위한 라이브 세션을 실시하고 있다. 현재 진행 중에 있는 토스 테크 직군 채용에 앞서 개발, 데이터, 디자인, 보안 등을 포함한 5개 직군에 대해 이틀간 실시간 대화 형식으로 진행됐다. 지원자가 먼저 현장에서 업무를 담당하고 있는 직원과 대화할 기회를 얻어 직무뿐 아니라 협업이 이뤄지는 서비스 개발 과정 및 환경에 대한 이해도를 높일 수 있도록 하기 위함이다.

토스증권은 지원하고자 하는 직군이 요구하는 것과 다른 '기술 스택 (Tech Stack : 시스템 개발 기반이 되는 기술과 프로그램)'을 지닌 지원자 역시 환영한다. 기술 근간을 제대로 이해하고 있다면 오히려 능력이 다방면에 걸쳐 활용될 수 있다는 설명이다. 토스증권 관계자는 "최신 웹 기술에 대한 일반적 이해와 경험을 가지고 있다면, 팀 내 다양성에 긍정적인 영향을 줄 수 있을 것"이라고 했다.

토스증권은 테크 직군의 집중적 채용을 위한 공개채용을 실시하고 있다. 코로나19 상황에 대비해 전체 채용 프로세스는 비대면 화상 방식으로 진행된다. 토스증권은 '자율과 책임을 중시하는 능동성, 투자 서비스 개발에 대한 의지, 제품에 대한 애정과 오너십을 갖춘 사람'을 인재상으로 제시했다.

뱅크샐러드는 데이터를 기반으로 초개인화 서비스를 제공하는 마이데이터 전문기업으로, 누적 다운로드 수 1,200만 건을 기록한 뱅크샐러드의 '내 돈 관리 앱'을 통해 고객은 자산 조회 관리, 자동가계부, 맞춤형 금융상품 추천 등 개인 생활 전반을 관리받을 수 있다.

뱅크샐러드는 "더욱 새롭고 혁신적인 금융 서비스를 제공하기 위해서는 구성원 모두가 이노베이터(혁신자)가 되어야 한다."라며, 자사 기업문화의 핵심 키워드로 '존중'과 '성장'을 선택했다고 밝혔다. 누구나 업무에 대한 의견을 제시하고, 결정에 참여할 수 있는 자유로운 커뮤니케이션 문화가 최대의 업무 효율을 이끌어 서비스에 반영된다는 것이다.

이에 뱅크샐러드는 직급 대신 서로의 이름에 '님'자를 붙여 부르는 호칭 제도를 도입하고, 정기적으로 전 직원이 함께 모여 소통할 수 있는 자리를 마련하는 등 '존중'을 기반으로 한 수평적인 체계를 구성하기 위해 노력하고 있다. 또한 자율출퇴근 제도나 사내 포커스 룸 등 구성원이 업무 효율을 높이기 위한 다양한 복지 정책을 운용하고 있다.

뱅크샐러드 관계자는 "스타트업 이노베이터를 꿈꾸는 이들이 이곳에서 최대의 업무 효율을 낼 수 있도록 맞춤형 업무 환경과 복지를 제공하고 있다."라고 했다. 회사의 임직원은 코어 타임인 오전 11시부터 오후 4시까지를 제외한 근무시간을 모두 자율출퇴근으로 조정할 수 있다. 각자가 업무를 가장 잘할 수 있는 시간에 대한 자유를 보장하고, 업무 집중도를 높이기 위해서다.

사무실 곳곳에 마련된 '포커스 룸'과 '폰 부스'는 1인 독서실 공간처럼 외부로부터 차단된 형태로 마련돼 있어 인기가 많다. 부스 앞에는 전자 예약 시스템이 마련돼 있는데, 선택된 시간 동안은 'In Use(사용 중)' 표시와 함께 지정된 시간을 명시해 외부에서 확인할 수 있게 했다.

뱅크샐러드 직원의 점심은 구내식당인 '푸드보울(Food Bowl)'에 마련된다. 식당을 찾아가 음식을 주문하고, 기다리고 복귀하는 시간을 모두 줄여 점심시간과 휴식 시간을 폭넓게 보장하겠다는 취지다. 뱅크샐러드 관계자는 "한식, 양식, 샐러드 등 취향에 따른 메뉴 선택지가 마련돼 있어 직원들의 만족도가 높은 편"이라고 전했다. 푸드보울의 한편에는 편의점 같은 공간도 마련돼 있다. 스낵류부터 컵라면, 각종 음료가 무료 제공되며, 다이어터를 위한 닭가슴살 냉동고와 삶은 달걀 제공 코너도 따로 구비하고 있다.

'상호존중'과 '소통문화'를 강조한다

뱅크샐러드에는 직급이 없다. 더욱 편하게 질문하고 피드백을 주고받기 위해 직급 대신 서로의 이름에 '님'자를 붙여 부른다. 뱅크샐러드의 김태훈 대표 역시 예외 없이 직원들에게 '태훈 님'이라고 불리며, 업무 공간도 여느 직원들과 다르지 않은 사무실 한가운데에 배치돼 있다. 직급도, 이에 따른 우대도 없는 뱅크샐러드만의 문화는 장점이 되기도 하지만, 단점이 되기도 한다. 뱅크샐러드 관계자는 "보수적인 곳에서 오래 근무했거나, 많은 경력을 쌓고 이직한 직원들의 경우 자사의 수평적인 회사문화에 적응하지 못해 힘들어하기도 한다."라고 밝혔다.

뱅크샐러드는 인텔, 구글 등 실리콘밸리 IT 기업이 주로 사용하는 OKR 성과 관리 기법을 사용하고 있다. OKR는 조직적 차원에서 목표(Objective)를 설정하고 결과를 추적할 수 있도록 해 주는 목표 설정 프레임워크로, 이를 통해 3개월마다 성과를 체크 및 관리하고 있다. 뱅크샐러드 관계자는 "각 팀의 리드들이 모여 전 직원의 성과를 체크하는 회의를 진행해 평가의 객관성을 높이고자 한다."라고 전했다.

전 직원이 모여 분기 OKR에 관해 이야기하는 '올 핸즈' 미팅도 매달 이루어진다. 성과 공유를 위해 마련하는 자리지만, 경직된 분위기의 미팅은 아니다. 각 팀의 구성원들이 리드와 매달 진행하는 1:1 미팅도 마찬가지다. 뱅크샐러드는 "개인 커리어 고민과 업무 고충, 개선 요구사항 등을 가볍게 주고받고자 도입한 제도"라고 설명했다.

좋은 동료가 최고의 복지다

수평적인 문화와 활발한 커뮤니케이션이 중시되는 뱅크샐러드의 사내 분위기는 개인의 특성에 따라 최대의 시너지를 낼 수 있는 날개를 달아 주기도 하지만, 어떤 구성원에게는 적응하기 어려운 환경이 될 수 있다. 이에 뱅크샐러드는 당사 문화에 어울리는 사람을 찾기 위해 신중에 신중을 기한다고 설명했다.

가장 중요하게 보는 가치는 '더 나은 결과물을 얻기 위해 주인의식(Ownership)을 발휘할 수 있는지', '고객 경험을 혁신하는 데 집착할 수 있는지', '공동의 목표를 달성하기 위해 내 일의 경계를 허물 수 있는지' 여부다. 뱅크샐러드는 "좋은 동료를 맞이하기 위해 채용과정에 언제나 신중한 자세로 임한다."라고 말했다.

뱅크샐러드 관계자는 입사 시 거친 채용과정에 대해 "1차로 진행된 전화 인터뷰는 약 1시간가량 진행됐으며, 이후 대면 면접은 2시간가량 소요됐다. 래퍼런스 체크 과정에서는 2명의 동료에게 약 30분씩의 시간을 할애하며 상세한 질문을 거쳤다."라고 설명했다.

모든 구성원을 신중하게 맞이한 만큼 뱅크샐러드는 회사에 관한 모든 데이터를 그들과 공유해 언제나 의사결정을 함께할 수 있도록 하고 있다. 뱅크샐러드는 "활발한 피드백을 통해 구성원 모두가 이노베이터로 성장하게끔 하는 것이 목표이기 때문에 '좋은 동료'가 '최고의 복지'이며, 상호 존중과 소통문화는 개인과 기업의 성장에 꼭 필요한 양분"이라고 한다.

전공 사이 벽이 허물어지고 있는 대학 현장

전공 간 경계가 허물어지는 시대에는 사람들의 직업 양상 또한 다양하다. 『대학 전공별 경력가이드』는 전공 간 벽이 허물어지고 있는 대학 현장의 변화에 맞춰 '전공 간 융합' 정보를 담았고 '현장성'을 강조해 전공별 평균 40명의 직업인을 인터뷰함으로써 직업인들의 생생한 경력 개발 노하우를 담았다.

『대학 전공별 경력가이드』는 각 전공에서 배우는 내용과 졸업 후 진출할 수 있는 주요 직업, 그리고 각 직업별 직무 내용과 특성, 향후 전망과 준비방법 등을 소개하는 가이드북이다. 일본어·문학, 법학, 심리학, 역사·고고학, 문헌정보학의 인문사회 계열 5개와 물리학, 화학, 생명과학, 수학, 자원학의 자연과학 계열 5개 해서 총 10개 전공 관련 정보가 담겼다. 526개 직업에 대한 정보도 확인할 수 있다.

전공별 직업 정보 및 직업인 인터뷰 수

전공명	직업 정보 수	직업인 인터뷰 수
일본어/문학	59	35
법학	43	45
심리학	40	43
역사/고고학	41	33
문헌정보학	47	35
물리학	49	41
화학	58	40
생명과학	56	40
수학	53	40
자원학	80	49
계	526	401

이번 가이드의 핵심은 전공 간 융합이다. 전공 사이 벽이 허물어지고

있는 대학 현장의 변화에 주목한 것이다. 일례로 '직업상담사'라는 직업의 정보를 제시하며 관련 전공으로 심리학과, 교육학과, 사회복지학과, 노인복지학과 등 여러 분야를 소개한다. 또 관련 직업인 인터뷰를 통해 "직업상담사는 전공에 큰 구애를 받지 않는다."고 전하는 식이다.

이외에도 전공별 평균 40명의 직업인 인터뷰를 통해 경력 개발 노하우를 배울 수 있다. 가이드에는 총 401인의 인터뷰가 담겼다. 인터뷰에는 어떤 과정을 거쳐 해당 직업에 진입했는지, 하루 업무 수행 과정, 직무 수행의 어려운 점, 필요한 역량, 취업을 위해 준비하면 좋은 것들을 확인할 수 있다. 취직 후에도 경력을 개발하고 발전시키는 노력들도 소개된다. 또 가이드 초반에 요약 정보를 제공하고 시각적인 이미지를 포함하는 등 가시성도 높았다.

고용정보원은 올해에도 『대학 전공별 경력가이드』 10종을 개발하고 있으며 매년 10종씩 개발할 계획이다. 김영중 고용정보원장은 "2025학년부터 대학에서 무전공 선발이 확대될 것을 고려하면 대학생들에게 다양한 전공 정보와 전공 관련 직업 정보, 경력 개발 정보를 제공하는 것이 무엇보다 중요하다."며 "『대학 전공별 경력가이드』는 이들이 세부 전공을 선택하거나 다양한 경로로 경력을 개발하는 데 기여할 것"이라고 말했다.

세계 기술전쟁의 최전선에서 경쟁하는 기업들은 요즘 인재난에 빠져 있다. 정보기술(IT) 기업들은 미래를 이끌 인공지능(AI)·소프트웨어(SW) 인력을 구할 수 없다고 호소한다. 조선업계와 2차전지업계는 다른 회사의 핵심인력을 놓고 쟁탈전까지 벌이는 중이다. 다른 한편에서는 수많은 이력서를 내도 받아주는 곳이 없다는 청년들의 눈물이 멈추지 않는다. 정부가 막대한 예산을 쏟아부어도 소용없다. 한쪽에서는 사람이 없다고, 다른 한쪽에서는 일자리가 없다고 아우성이다.

왜 이런 미스매칭이 발생하는 걸까? 글로벌 인재포럼에 참석하는 전문가들은 대전환 시대를 맞아 기업이 원하는 인재상이 급변하고 있기 때문에 인력 미스매칭이 발생하고 있다고 한다. 정부, 학교, 기업 등 사회를 구성하는 모든 경제 주체가 이 문제를 함께 풀어나가야 한다고 입을 모은다. 전문가들이 제시하는 핵심 키워드는 '융복합'이다. 자율주행차처럼 자동차와 IT 산업 간 경계가 무너지고 있는 만큼 학문 간 경계를 허물고 융복합 인재를 양성해야 한다는 것이다.

강한승 쿠팡 대표는 "이제는 물류산업도 AI, 드론, 모빌리티에 대한 이해가 필요하다."며 "한국의 교육 시스템에선 이 같은 융복합 전문성을 가진 인재를 양성하지 못하는 게 현실"이라고 지적했다. 그는 "국내에서 원하는 인재를 찾지 못해 해외에서 전문인력을 데려올 수밖에 없다."며 "첨단 산업을 이끌어 갈 인재를 양성하기 위해 교육 시스템 전반에 혁신이 필요하다."고 강조했다.

온·오프라인 경계가 희미해지고 핀테크와 같이 업종 간 구분도 사라지고 있다. 기능적 영역 전반에 통합되어 비즈니스 문제를 공동으로 해결함에 따라 경계가 사라지고 있다. 이러한 경계가 무너지면서 기능적 학문이 합쳐지기 시작할 뿐만 아니라 전통적인 학문 자체가 뇌과학, 의사결정과학, 행동경제학, 심리학, 사회학, 인류학 등 다양한 학문과 융합된다.

산업 생태계 변화에 발맞춰 분과 학문의 칸막이를 넘어 다양한 전문 분야의 지식, 기술을 융합적으로 활용하는 '무경계형 인재'가 요구되고 있다. 학과 간 벽이 높고 주어진 수업만 들어야 하는 폐쇄적 교육체계와 '한우물 파기'만 강조하는 편협한 교육과정은 탈경계 시대에 대학교 현장도

융복합전공 등으로 전공의 경계가 허물어지는 현상이 확산될 전망이다.

04 무경계형 인재가 되기 위한 5가지

'무경계(Boundaryless)형 인재'란 경계에 얽매이지 않고, 유연하고 개방적인 사고방식을 가지며 다양한 역할과 분야에서 뛰어난 역량을 발휘할 수 있는 인재를 의미한다. 직무의 경계가 허물어지고 있다. 하지만 그렇다고 직무의 중요성이 줄어드는 것은 아니다. 다만 급격한 경영 환경 변화로 인해 업무가 새로워지고, 일하는 방식도 바뀌고 있다는 점은 다시 바라보게 만든다. 빠른 성과의 창출을 요구하기 때문에 전통적인 직무 중심 인사에서 벗어나고 있다. 전 세계적으로 일하는 방식 변화에 맞춰 '스킬' 단위로 해체하고 재구성하는 데 힘써야 한다.

1. '직무 경계'를 벗어나 유연한 사고방식과 민첩성이 중요해진다

무경계형 인재는 고정된 사고방식에서 벗어나 다양한 관점에서 문제를 바라볼 수 있어야 한다. 기존의 직무 경계를 넘어 다양한 역할을 수행할 수 있는 유연한 사고방식이 필수적이다. 개인 차원에서는 '잘하는 일'보다 '좋아하는 일'을 중심으로 커리어를 개척하는 전략이 좋다. 기업들은 팀과 프로젝트 중심으로 운영되며, 기존의 직무기술서 범주를 넘어서 업무가 수행되고 있다. 따라서 유연성과 민첩성을 갖춘 인재는 변화에 빠르게 대응할 수 있다. 이러한 능력은 조직 내에서 중요한 역할을 담당하게 한다.

2. '역량' 보다 '스킬' 단위의 인재 관리를 요구한다

직무의 경계가 허물어지면서 조직들은 스킬 단위로 인재를 관리하고 있다. 무경계형 인재가 되기 위해서는 새로운 기술과 지식을 꾸준히 습득해야 한다. 디지털 리터러시를 강화하여 최신 도구와 기술을 이해하고 활용할 수 있어야 한다. 이제 직무 단위 인력 채용보다 세부적인 스킬을 보유한 인력을 필요한 시간만큼 계약하는 긱워커(Gig Worker)가 늘어날 전망이다. 자기계발을 멈추지 않고 지속적인 학습을 통해 경쟁력을 유지하는 자세가 필수적이다. 이를 통해 변화하는 업무 환경에 적응하고 조직에서 가치를 창출할 수 있다.

3. 스킬에 초점을 맞추면 '탈스펙'해서 폭넓은 시각을 제공한다

스킬에 초점을 맞추면 특정 배경이나 경력에 구애받지 않고 다양한 인재를 활용할 수 있다. 일부 업무는 기술을 활용해서 자동화되고, 자동화가 어려운 업무는 따로 재편성해 새롭게 재구성된 직무로 재정의되면서 기존 직무 능력보다는 세분화된 스킬 단위로 업무가 재편될 전망이다. 무경계형 인재는 이러한 폭넓은 시각을 바탕으로 인재 부족 문제를 해결할 수 있다. 리더십과 네트워킹 능력을 통해 조직 내에서 더 큰 가치를 창출하고, 새로운 기회를 만들어 낸다. 특정 스펙이나 배경에 제한되지 않고 다양한 인재를 효과적으로 배치할 수 있는 능력이 중요하게 되면서 조직의 유연성과 적응력을 높이게 된다.

4. 복잡한 상황을 파악하고 '능동적인 대처 능력'을 길러야 한다

복잡한 상황을 신속하게 파악하고, 적절히 대응할 수 있는 결단력이 요구된다. 무경계형 인재는 복잡한 문제를 효과적으로 해결하는 능력을 갖추어야 한다. 스킬 기반 접근법은 직장 내 다양성과 형평성을 증진시킬 수 있다. 따라서 공평한 성과 관리와 기회의 민주화를 중시하는 조직에서는 이러한 능력이 더욱 중요해진다. 조직 내 다양한 구성원의 역량을 극대화하고, 공정한 평가와 보상이 이루어질 수 있도록 노력해야 한다.

5. 미래와 현재의 스킬 격차를 파악하고 줄이는 전략을 세워야 한다

미래에 필요로 하는 스킬과 현재 스킬 간의 격차(Skill-Gap)를 정확히 파악하는 것이 중요하다. 이러한 스킬 격차를 줄이기 위해 재교육이나 스킬 향상 프로그램을 제공하는 전략이 필요하다. 글로벌 마인드셋을 통해 다양한 문화와 관점을 이해하고 수용하는 능력도 필수적이다. 이는 변화하는 비즈니스 환경에 적응하고, 글로벌 시장에서 경쟁력을 유지하는 데 도움이 된다. 조직은 외부 인재 확보와 내부 인재 개발을 동시에 고려해야 한다. 무경계형 인재로서 다양한 역할에서 탁월한 성과를 거둘 수 있을 전망이다.

참고문헌

- 권신혁, "전공 간 벽 허물어져"…고용정보원, '융합' 맞춰 대학생 취업 돕는다, 뉴시스, 2024. 6. 21.
- 박은주, MS-링크드인, 2024 업무동향지표 발표 'AI가 여는 미래 일자리의 변화와 혁신', 보안뉴스, 2024. 5. 14.
- 송정현, "직무에도, 직급에도 경계는 없어요"…뱅크샐러드, '존중'으로 '조직 성장' 이끌다, 2023. 6. 9.
- 신수정, [논단] '무경계 능력자' 활용법, 아시아경제, 2023. 10. 27.
- 이현재, 업무 경계 소멸 시대…'업무 분장표' 사라진다, 조세일보, 2023. 9. 7.
- 정혜진, 허물어지는 업무 경계…신생證, '코워크(Co-work)' 역량 주목, 2021. 9. 30.
- 최만수, "대전환 시대, 학문간 경계 허물고 융복합 인재 양성해야", 한국경제신문, 2022. 10. 10.
- 황공주, 경계 없는 세계를 위한 새로운 기본 원칙 [모니터 딜로이트], 마켓인사이트, 2023. 9. 13.
- 강승훈, 「강한 중간관리자가 조직의 미래를 결정한다」, LG경영연구원, 2024. 4.
- 이재흥, 「4차 산업혁명 미래 일자리 전망」, 한국고용정보원, 2017.
- 김재필, 『ESG 혁명이 온다』, 교보문고, 2023.
- 이어령, 『디지로그』, 생각의나무, 2006.
- 최준형, 『직무의 종말』, 파지트, 2024.
- 콜린 브라이어·빌 카 지음, 『순서파괴』, 다산북스, 2021.

https://www2.deloitte.com/xe/en/insights/focus/human-capital-trends/2024/
human-capital-strategy-boundaryless-organization.html

페르소나 브랜딩

개인 홍보보다 자신의 정체성을 높이는
페르소나 브랜딩이 뜬다

#페르소나 #브랜딩 #페르소나브랜딩 #멀티페르소나 #채용브랜딩 #가면
#타깃브랜딩 #채용패러다임 #커리어브랜딩 #퍼스널브랜딩

사람(person)이라는 단어의 첫 번째 뜻이
'가면(persona)'이라는 게 역사적 우연만은 아닐 것이다.

– 어빙 고프만

01 페르소나 브랜딩

채용공고에서 고객 페르소나까지

코로나19로 인해 '채용 패러다임(Hiring Paradigm)'의 변화가 있었다. 바이러스로부터 안전할 수 없다는 자본주의의 민낯을 드러냈으며, 재택근무, 하이브리드 근무, 자율출퇴근제 등 노동시장의 판이 바뀌었다. MZ세대의 노동시장 진입으로 개인 성장을 중시하는 가치관을 보여 주고 있다. 평생직장이 사라지고 이직이 자연스러우면서 소속감이 뒤흔들리는 '오피스 빅뱅(Office Bigbang)' 시대가 도래했다. 개인의 자율성을 존중하는 수평적인 기업문화가 조성되고 있다.

잭 트라우트와 알 리스의 『포지셔닝』에 다음과 같은 내용이 나온다. 자기 자신은 무엇인가? 삶에서 자기 자신의 포지션은 무엇인가? 당신은 자신의 포지션을 단일 콘셉트로 요약할 수 있는가? 그리고 그 포지션을 확립하고 이용하기 위해 스스로의 경력을 이끌어 나갈 수 있는가? 자기가 탈 말을 찾아라. 혼자서는 아무것도 안 된다. 따라서 경쟁만큼 협력이 필요하다.

잭 트라우트와 알 리스는 『My Positioning』에서 더욱더 발전시켰다. 자신의 적토마를 찾아야 한다. 남들보다 앞서 성큼 내달려야 한다. 커리어 플래닝은 잊어버려라. 기업의 사다리는 무너진 지 오래다.

퍼스널 브랜딩 vs 커리어 브랜딩 vs 페르소나 브랜딩

최근 큰 줄기가 '퍼스널 브랜딩'에서 '커리어 브랜딩'으로 변화했다. '퍼스널 브랜딩(Personal Branding)'이 개인의 라이프스타일 등 정체성과 이미지에 중점을 둔다면, '커리어 브랜딩(Career Branding)'은 직업적 성취와 경력 발전에 중점을 두며, 이를 위해 전문성과 업무 성과를 강조한다. 직무 경험, 직장 내 승진, 새로운 직업 기회 창출, 업계 내 영향력 증대 등 직업적인 요소에 중점을 둔다.

예를 들어, 오프라 윈프리는 자신의 이름 자체를 브랜드로 만들어 감정적 연결과 개인적 스토리를 통해 대중과 소통했다. 반면 셰릴 샌드버그는 페이스북의 최고운영책임자(COO)로서 자신의 전문적인 이미지와 리더로서의 역할과 경력 개발에 중점을 두었다. 오프라 윈프리의 퍼스널 브랜딩은 그녀를 사회적 영향력이 있는 인물로 만들었고, 셰릴 샌드버그의 커리어 브랜딩은 그녀를 업계의 리더가 되게 했다.

최근 '페르소나 브랜딩'으로 세분화 트렌드가 뜨고 있다. '페르소나 브랜딩(Persona Branding)'은 심리학 용어인 '페르소나(Persona)'와 '브랜딩(Branding)'을 합친 말로, 특정 소비자 집단을 대표하는 가상의 인물 중심으로 브랜딩 전략을 세우는 방법을 의미한다. 페르소나란 고대 그리스에서 배우들이 쓰던 가면을 일컫는 단어다. '페르소나 브랜딩'은 특정 타깃 시장 내에서 실제 구매자나 사용자를 대표하는 페르소나를 설정하여 이들의 필요와 관심사를 중심으로 브랜딩 전략을 개발하는 접근방법이다.

이러한 페르소나는 고객 세그먼트를 대표하며, 인구통계학적 정보, 행동 패턴, 동기, 목표 등을 바탕으로 만들어진다. 페르소나를 활용하면 특정 타깃 소비자와 감성적이고 심리적인 연결을 강화하고, 서비스의 차별화를 명확하게 표현하여 브랜드에 스토리텔링 요소를 더해, 보다 구체적이고 타깃화된 캠페인을 수행할 수 있다.

구분	퍼스널 브랜딩	커리어 브랜딩	페르소나 브랜딩
강점	자신만의 독특한 이미지와 정체성을 확립하고 개인의 강점과 전문성을 명확하게 전달하여 신뢰성과 명성을 높여 더 많은 기회를 창출함	직업적 목표와 일치하는 명확한 경로를 설정하고, 관련 업계에서의 전문성을 강조하여 장기적인 경력 개발과 네트워킹에서 유리하게 작용함	특정 타깃 소비자와 감성적이고 심리적인 연결을 강화하고, 제품이나 서비스의 차별화를 명확하게 표현하여 브랜드에 스토리텔링 요소를 더해 기억에 남는 브랜드 경험을 제공함
약점	잘못된 이미지 형성 시 수정이 어려워 신뢰도에 큰 영향을 미칠 수 있고, 자칫 지나치게 자아중심적이거나 과장된 이미지로 비춰질 수 있기 때문에 지속적인 관리가 필요하며 개인의 행동과 일관성이 중요함	직업적 정체성이 고정될 경우 새로운 도전을 꺼리게 될 수 있으며, 개인의 다양한 잠재력을 충분히 반영하지 못하고 특정 직업이나 산업에 지나치게 의존할 경우 변동성이 큰 시장에서 위험함	브랜드 이미지가 페르소나에 지나치게 의존할 경우 변화에 대응하기 어려울 수 있으며, 페르소나가 소비자의 기대와 어긋날 경우 브랜드 신뢰도에 타격이 갈 수 있다. 지속적인 재창조와 관리를 요구하며, 시장 변화에 따라 조정이 필요함
주요 전략	개인의 고유한 가치와 비전을 중심으로 한 자기표현 전략을 활용하고 다양한 분야에서 네트워킹과 자기 홍보에서 효과적으로 활용함	직업적인 성장을 목표로 개인의 역량과 경험을 포지셔닝하는 전략을 활용하고 특정 산업 또는 직무와 관련된 브랜드 이미지 형성에 초점을 맞춤	특정한 타깃 고객층과 정서적으로 연결되기 위해 전략적으로 만들어진 가상의 인물을 활용한다. 소비자에게 전달하고자 하는 브랜드의 성격이나 이미지를 의인화한 마케팅 전략을 활용함

보편적인 사람의 경험이 아닌, 특수한 페르소나의 경험

채용의 순간은 지원자의 인생에서 가장 중요한 순간 중 하나다. 따라서 그 순간의 인상이 평생 각인된다. 채용 브랜딩에서 지원자들에게 좋은 이미지를 심어 줄 수 있도록 브랜딩을 구축하는 것이 중요하다. 채용을 진행하는 여정에서 자신의 기업에 맞는 인재가 없다거나, 채용 후 업무에 대한 의욕이 일치하지 않아 입사 직후 퇴사한 사원을 채용한 경험을 가진 담당자들은 '지원자 페르소나(Candidate Persona)' 설정을 통해서 해결할 수 있다. 마케팅 분야의 '구매자 페르소나'와 유사한 개념이다.

채용에서의 '지원자 페르소나 설정'이란 채용하고 싶은 인재상에 대해 특정 직책에 이상적인 구직자를 가상으로 만들어 구체적으로 재현하는 것이다. 데이터에 바탕을 둔다. 마치 실재하는 사람과 같이 만들어내는 것을 페르소나 설정이라고 한다. 적확한 페르소나 설정은 채용에 필수적인 중요한 요소다. 반대로 지원자 입장에서도 페르소나 브랜딩 전략을 가진다면 당연히 합격선에 들게 된다.

페르소나는 타깃과 분명한 차이가 있다. 구체적으로 타깃은 연령, 연봉, 경험 등의 요소에 어느 정도 범위가 있다. 반면 페르소나란 '한 사람의 가상 인물'을 설정해 이름, 연령, 성별, 직업, 관심사, 가치관, 라이프스타일 등 다수의 요소로 상세하게 설정한 것이다. 더 뾰족하게 '타깃 페르소나'를 설정하는 것은 채용에서 많은 장점을 가지게 된다. 페르소나 브랜딩의 목적은 고객의 니즈와 행동을 더 깊이 이해함으로써 보다 개인화되고 효과적인 마케팅 메시지와 제품을 제공하는 데 있다.

구분	페르소나 설정
이름	김영태
나이	만 28세
가족	미혼, 부모님
전공	경영학 전공
직무	마케팅
거주지	서울시 강서구
직업	강남구 소재 기업 인사팀 채용담당자
메인 타깃 지역	마곡(강서구)
서브 타깃 지역	서울, 김포
경력	3년 이상의 경력을 가진 경력직 포지션 채용
주요 스킬	마케팅 데이터 분석 및 영어 회화 의사소통력
주요 역량	회사에서 주어진 성과목표에 대해 어떻게 달성해야 할지 중요함
성향	여러 사람과 어울리는 것을 좋아하고 자기 것을 챙기지 못함
동기	채용업무에 진심이며 성장 욕구가 강한 편
가치관	배우는 것을 좋아해서 네트워킹을 쌓는 것을 좋아함

마치 영화를 볼 때처럼 프로파일링을 디테일하게 한다

채용공고를 올릴 때 페르소나를 설정하면 일종의 가상 프로필을 통해서 적합한 인재를 뽑을 확률이 높아진다. 확실한 페르소나 설정으로 채용공고의 적합성이 높아진다. 채용할 때 마치 영화를 볼 때처럼 프로파일링을 디테일하게 하면 좋다. 이름도 정하고 성별, 나이, 직업, 자녀수, 가치관, 평소 생각 등 가상 프로필을 만든다. 구체적으로 작성할수록 적합한 인재를 뽑을 수 있다.

최근에는 사회초년생뿐만 아니라 경력자들도 퍼스널 브랜딩에 대한 관심이 부쩍 늘어나고 있다. 향후 채용 브랜딩을 주도적으로 할 수 있다. 지원자의 문의도 페르소나 설정을 하면 손쉽게 대답할 수 있다. 하지만 페르소나만 잘 설정한다고 끝나는 것이 아니다.

페르소나 브랜딩은 지원자와 동일시할 수 없는 단점이 있다. 페르소나는 특정 개인의 프로필을 고도화한 것으로 같은 연령대나 성별, 선호 트렌드를 공유한다고 해서 잠재고객 전체를 대변할 수 없다. 사람마다 생활습관, 소비 패턴, 가치관 등이 다르기 때문에 페르소나는 개개인의 차이를 반영하지 못한다.

브랜딩은 회사가 존재하는 이유를 형성하고, 마케팅은 그 메시지를 전달하는 방법이다. 마케팅이 주의를 끌어도, 브랜드가 그 주의를 유지한다. 예를 들어, 기업은 타깃팅된 캠페인을 통해 리드를 생성하고, 브랜드는 스토리와 콘텐츠를 통해 고객에게 독특한 가치를 전달한다.

채용뿐만 아니라 우리 조직에서 페르소나 브랜딩이 중요한 역할을 한다. 채용에 있어 이상적인 지원자를 공략하는 방법을 파악하기 위해서는 잠재적인 장애물을 인식하고 이를 해결할 전략을 세워야 한다. 이는 채용 브랜딩과도 밀접하게 연결된다.

개인 브랜딩은 자신의 전문성과 가치를 효과적으로 전달하는 것을 목표로 하며, 이는 단순한 개인 홍보를 넘어선다. 특히 Z세대와 같이 자연스럽게 자신을 브랜딩하는 이들이 증가하면서, 조직문화도 이를 우호적으로 받아들이고 있다. 레퍼런스 체크가 보편화되면서 단순한 퍼스널 브랜딩보다 자신의 발자취에 맞는 커리어 브랜딩이 더욱 중요해지고 있다.

브랜딩은 개인의 정체성을 명확히 정의하고 이를 통해 시장에서 독특한 가치를 제공하는 방법이다. 페르소나 브랜딩은 특정 타깃 시장에 중점을 두어 개인보다 직무 경험, 직장 내 승진, 업계 내 영향력 등 직업적 요소에 중점을 두고 있다. 페르소나 브랜딩은 지원자 중심 전략으로의 전환을 가능하게 하며, 이를 통해 기업은 경쟁 우위를 확보하고 더 많은 지원자와 잠재고객을 유치할 수 있다. 특정 페르소나를 설정하고, 그들의 라이프스타일과 선호도에 맞춘 서비스를 제공함으로써 브랜드 인지도를 높이고 고객과의 긍정적인 관계를 유지할 수 있다.

마지막으로 채용 경험의 중요성이 증가하면서 기업들은 채용 브랜딩에 더욱 신경을 쓰게 되었다. 지원자가 입사 전에 경험하는 모든 과정에 중점을 두는 방향으로 이어지고 있다.

02 페르소나 브랜딩 - 세계 동향

더 이상 스타벅스는 커피회사가 아니다

브랜드명에서 커피를 떼 버린 스타벅스는 커피전문점에서 벗어나 최근 다양한 굿즈를 계속 만들어 선보이고 있다. 좋은 이미지로 인지되고 있는 스타벅스라는 브랜드를 통해 다양한 페르소나 확장을 꾀하고 있다. 스타벅스 로고가 들어간 실생활 속 다양한 굿즈를 만들고 판매하면서 금융 종합 커머스 기업으로 영역 확장을 하고 있다.

스타벅스는 전 세계 약 80개국 3만여 매장에서 확보한 고객을 바탕으로 금융회사의 새 경쟁상대로 떠오르고 있다. 최근에는 비트코인을 활용해 전 세계 어디에서든 하나의 앱으로 현지 통화 결제가 가능하도록 만들겠다는 청사진을 내놓기도 해 금융사들을 더욱 긴장시키고 있다. 스타벅스는 더 이상 단순한 커피 회사가 아니라 금융 종합 커머스 기업으로 확장할 전망이다.

세계적인 브랜드는 단순한 허상이 아니라 소비자에게 강력한 인상을 남기고 그들의 가치관과 정체성을 반영하는 실체로 존재한다. 이러한 브랜드들은 자사의 철학과 정체성을 소비자에게 효과적으로 전달하기 위해 페르소나 브랜딩(Persona Branding)을 적극 활용하고 있다.

애플의 페르소나는 혁신적이고 창의적인 기술 리더, 프리미엄 라이프스타일의 상징이다. 애플은 기술 혁신과 고급스러운 디자인으로 기술 리더이자 프리미엄 라이프스타일을 상징하는 브랜드로 자리매김했다. 창의적이고 개성을 중시하는 사람들을 타깃으로 하여 브랜드 충성도를 높이고 있다. 애플은 제품마다 다른 페르소나를 설정해 마케팅 전략을 다르게 접근한다. 예를 들어, 아이폰은 젊고 혁신적인 사용자 페르소나를 중심으로, 맥북은 창의적인 전문가를 대상으로 마케팅을 진행한다. 이러한 사례는 페르소나 브랜딩이 고객을 이해하는 데 그치지 않고, 성공적인 마케팅 전략 구축에 핵심 역할을 한다는 점을 보여 준다.

나이키의 페르소나는 열정적인 운동선수, 목표를 향해 끊임없이 도전하는 정신이다. 'Just Do It' 슬로건으로 대표되는 나이키는 운동선수의 도전 정신을 반영한 페르소나를 구축해 전 세계 스포츠 애호가들에게 강력한 동기부여를 제공한다. 나이키는 다양한 고객층을 대상으로 세분화된 마케팅 페르소나를 개발했다. 특히 '주말 전사(Weekend Warrior)'

페르소나는 바쁜 일상 속에서도 운동을 즐기는 사람들을 대상으로 한다. 나이키는 이러한 페르소나에 맞춰 제품과 콘텐츠를 개발하고, 소셜미디어와 앱을 통해 맞춤형 메시지를 전달하여 고객 참여를 높였다.

하이네켄의 페르소나는 국제적이고 세련된 소셜라이저, 유머와 자신감을 겸비한 사람이다. 하이네켄은 글로벌 감각과 세련된 이미지를 통해 국제적인 파티문화와 연결된 브랜드로 자리 잡았다. 이러한 페르소나 브랜딩을 통해 하이네켄은 전 세계에서 공감대를 형성하고 있다.

에어비앤비는 여행을 사랑하며 독특하고 현지화된 경험을 추구하는 여행자들을 타깃 페르소나로 삼았다. 이 페르소나에 초점을 맞춰 숙소 제공자와 여행자 모두에게 맞춤형 서비스를 제공하며, 지역문화와 연결된 독특한 숙소와 경험을 통해 고객의 기대를 충족시키고 브랜드 인지도를 높였다. 이와 같은 사례들은 페르소나 브랜딩이 다양한 규모와 산업의 기업에 어떻게 적용될 수 있는지 잘 보여 준다. 목표 고객의 니즈와 선호도를 정확히 파악하고 이를 기반으로 한 전략적 접근은 브랜드 인지도 향상과 장기적인 고객 충성도 육성에 큰 기여를 할 수 있다.

기업은 개인의 브랜드 가치를 높이기 위해서 노력한다

2022년 5월 코로나19 팬데믹 종식 선언 이후, 기업들은 조용한 해고(Quiet Cutting) 전략을 활용하기 시작했다. 이는 성과가 저조한 직원들을 업무 재배치를 통해 자발적으로 퇴사하도록 유도하는 방법이다. 글로벌 스포츠용품업체 아디다스, 소프트웨어 기업 어도비, 클라우드컴퓨팅 기업 세일즈포스, IBM 등이 이러한 전략을 사용했다. 조용한 해고는 채용, 해고, 재채용에 드는 비용을 절감하는 데 도움이 된다.

반면 기업들은 인력난 속에서 핵심인재 유치를 위해 다양한 유인책을 제공하고 있다. 임금 인상, 유연근무제, 사이닝 보너스(Signing Bonus)와 리텐션 보너스(Retention Bonus) 등이 대표적이다. 특히 유연근무제는 코로나19 팬데믹 이후 직원 만족도를 높이는 중요한 요소로 자리 잡았다. 기업은 직원 참여도를 측정하여 유지 전략을 강화하고, 이를 통해 직원 유지율을 높이고 있다.

스포츠 브랜드 파타고니아는 낮은 이직률로 유명한데, 기업문화의 강점을 보여 주는 지표이다. 퇴사 인터뷰(Exit Interview)를 통해 직원이 떠나는 이유를 분석하고, 이를 바탕으로 효과적인 직원 유지 전략을 개발하는 것이 중요하다. 기업은 채용과 퇴사 과정에서 얻은 피드백을 활용해 조직문화를 개선하고 인재 관리를 최적화해야 한다.

리드 호프먼 링크드인 창업자는 저서『동맹(The Alliance)』에서 "처음 채용할 때부터 '좋은 성과를 내면 충분히 보상하겠다.'는 식의 모호한 접근 대신 '개인의 브랜드 가치를 높여 주겠다.'고 명확한 조건을 제시하는 전략이 뛰어난 인재를 채용할 때 큰 도움이 됐다."고 밝혔다. 무엇보다 중요한 것은 고용주와 근로자가 종속 관계가 아닌 함께 일하는 관계라는 점을 분명히 밝히는 것이다. 기업은 개인의 브랜드 가치를 높이기 위한 방향으로 바뀌고 있다.

브랜드의 정체성, 페르소나

요즘 없어서 못 판다는 곰표 밀맥주는 곰표 밀가루의 멀티 페르소나 브랜드의 대표적 예다. 밀가루를 만드는 오래된 기업으로 머물렀다면 미래세대는 그 존재조차도 몰랐을 것이다. 곰표 밀가루의 대한제분과 비슷한 기업 분위기가 연상된다. 곰표 밀맥주, 곰표 패딩, 곰표 베이커리가 나온 것처럼 실생활 속 소비자와 좀 더 많은 접점과 상황에서 만날 필요가 있다. 인간미 넘치는 생활밀착형 페르소나로 계속해서 브랜딩하면 좋다. MZ세대와 함께 하면서 미래에도 승승장구하려면 자신의 오래된 모습을 바꿔야 한다. 가장 좋은 방법은 새로운 페르소나 브랜딩을 만들며 새로운 인상을 심어 줘야 한다. 하나의 페르소나에 머물러서도 안 된다.

기아가 사명에서 자동차를 떼어 낸 이유

기아자동차는 사명에서 자동차를 떼고 기아(KIA)로 변경했다. 기아가 사명을 변경한 이유는 자동차 제조업체라는 이미지를 벗고 미래 모빌리티 서비스 기업으로의 전환을 가속화하기 위한 것으로 풀이된다. 엔씨소프트는 소프트(soft)를 떼고 엔씨(NC)으로 이름을 바꿔 게임을 넘어 다양한 분야로 진출할 예정이다.

던킨도너츠도 도너츠를 떼고 던킨(Dunkin)으로 이름을 바꿔 다양한 확장을 꾀하고 있다. '도넛 브랜드'라는 기존 이미지를 벗고 브랜드 확장을 위한 조치이다. 실제로 던킨 매출의 60%는 도넛이 아닌 커피와 음료에서 발생하고 있다. 도미노피자는 새로운 브랜드 슬로건으로 '라이프 푸드, 도미노스(Life food, Domino's)'를 발표하고 사명을 도미노스(Domino's)로 바꿨다. 피자 단일 카테고리를 벗어나 상품군 확장을 각인시키려는 의도다.

SK에너지는 에너지라는 키워드에서 볼 수 있듯 업종을 국한한 사명으로 인해 확장된 사업 영역과 비전을 담기 어려웠다. SK이노베이션으로 변경하고 석유 화학을 넘어 배터리, 소재 사업까지 확장하며 혁신의 대명사로 우뚝 설 수 있는 힘이 되었다. 기업들이 사업 영역을 넓히고 새로운 일거리를 발굴하고자 사명 변경에 적극 나서고 있다. 기존 주력 분야에 올인하기보단 기업 정체성을 확장시켜 위기를 탈출하기 위한 시도라는 분석이다.

멀티 페르소나 브랜드는 다중의 브랜드 정체성을 의미한다. 최근에는 많은 기업이 경쟁력을 키우기 위해 자발적으로 브랜드 정체성을 다양화하는 경향이 강해지고 있다. 자신이 중요시하는 가치를 소비 행위로 드러내고자 하는 경향이 커지고 오래된 브랜드라도 스스로 '리브랜딩'하여 소비자들에게 각인시키는 효과도 멀티 페르소나 브랜드 등장에 한몫한다. 브랜드의 정체성에는 스토리텔링이 필요하다. 페르소나를 기반으로 스토리를 만들어야 한다. 사람들이 믿는 바를 변화시켜라. 그러면 당신의 상품이 자연스럽게 판매될 것이다. 고객을 관리하지 말고 리딩해야 한다.

멀티 페르소나로 초개인화된다

최근 채용 분야에서 가장 뜨거운 키워드는 '초개인화'다. 초개인화는 말 그대로 '개인화를 넘어선다.'는 뜻으로 개인 맞춤형 서비스나 제품을 제공하는 것을 말한다. 초개인화 전략의 대표적인 예가 넷플릭스와 유튜브다. 특히 넷플릭스의 맞춤형 영상 추천은 취향을 제대로 '저격'하기로 유명하다. 실제로 넷플릭스는 이 전략으로 급격한 성장을 이뤄 냈다. 특히 '매스 브랜딩(Mass Branding)'에서 개인을 1로 봤다면 초개인화는 개인을 '멀티 페르소나' 관점에서 본다. '멀티 페르소나'는 여러 개의 가면이라는 뜻으로 다중적 자아를 뜻한다. 개인이 상황에 맞게 다른 사람으로 변하여 다양한 정체성을 표현한다는 것이다. 인간은 상황이나 장소에 따라 계속 변하고 고정돼 있지 않다.

시장조사 기관인 글로벌 웹 인덱스가 전 세계 소셜미디어 사용자들의 행태를 분석한 결과 한 사람당 보유한 소셜미디어 계정은 평균 8.1개로 나타났다. 인스타그램에서는 전체 공개로 운영하는 계정을 지칭하는 '린스타(진짜 계정, Real Instagram Account)', 비공개 계정을 지칭하는 '핀스타(가짜 계정, Fake Instagram Account)'라는 말까지 생겨났다. 린스타에서는 잘 알지 못하는 타인에게 자유롭게 자신의 일상을 공유하는 반면, 핀스타에서는 친한 친구와 일상을 공유하거나 자신만의 취미 등을 올린다.

과거 불특정 다수를 대상으로 진행한 매스 브랜딩은 '대량생산·대량유통·대량판매'라는 사이클을 따랐다. 옛날 기술도 대량생산에 맞춰져 있었기 때문에 개인 맞춤형 상품은 찾아보기 힘들었다. 개인을 하나의 완전한 1로 보지 않고 '0.5+0.4+0.1'의 집합체로 본 것이다. 초개인화는 멀티 페르소나를 마케팅적으로 구현한 것으로 '개인의 상황에 맞게 기업이 개별적인 맞춤 혜택을 제공하는 것'을 목표로 한다. 개인화 전략이 서울에 직장을 찾고 있는 지원자 A씨를 대상으로 하는 것이라면, 초개인화 전략은 지원서를 쓰고 있는 A씨와 면접에 참여하고 면접을 끝나고 귀가하는 A씨의 기분과 상황에 맞는 브랜딩을 펼치는 것이다. 이렇게 초개인화 브랜딩이 가능하게 된 것은 빅데이터의 축적과 인공지능(AI)를 통한 분석이 가능해졌기 때문이다.

MZ세대에게 어떻게 브랜딩할 것인가?

정체성에 대한 역발상이 필요한 시대다. 옛날엔 하나의 정체성을 개발하고, 이를 유지하는 것이 미덕이라 봤다. 하지만 이젠 그런 모습은 꼰대로 보일 뿐이다. 옛것을 고집하고 하나의 모습, 원래의 모습만 찾는 행태에 사람들은 등을 돌린다. 특히 M세대, Z세대라 불리는 신인류는 더욱더 그런 성향을 보인다. MZ세대는 디지털 네이티브이며 모빌리티 세대다. 어릴 때부터 디지털 환경 속에서 실제와 가상세계를 넘나들면서 자유로운 모빌리티와 함께 자신의 정체성, 페르소나를 몸소 경험한 세대다.

기업도 사람과 같다. 하나의 유기체로서 탄생, 성장, 성숙, 정체, 쇠퇴, 재활성화의 다양한 모멘텀을 거친다. 정체와 쇠퇴 시기를 잘 극복해야 한다. 이때 필요한 것이 멀티 페르소나 브랜딩이다. GS칼텍스는 멀티 브랜딩하기 좋다. 특정 아이템이 브랜드명에 들어가 있지 않아서 방해받지 않고 확장이 가능하다. 그래서 천의 얼굴을 만들고 보여 줄 수 있다. 최근에 각광받는 유튜버 스타나 인플루언서의 특징에는 하나같이 '천의 얼굴'이 있다. 지루하지 않고 늘 새롭고 그래서 계속해서 보게 되고 빠진다는 공통점이 있다.

변화 없이 지속가능한 미래는 없다. 특히 미래 주역 세대를 겨냥한 역발상에 가까운 변화는 미래 기업의 필수 생존 요소다. 변화를 거부하고 기득의 관습, 관행에 머무른다면 '꼰대 브랜드'가 된다. 멀티 페르소나 관점에서 새로운 제품과 서비스를 개발하고 지속한다면 '브랜드 회춘(Brand Rejuvenation)'을 경험하게 될 것이다. 브랜드뿐만 아니라 브랜드를 구성하는 직원들 스스로 늘 새로운 페르소나를 만들고 이를 기업, 브랜드에 녹여내는 시도가 필요하다. 페르소나 브랜딩을 지속적으로 관리하는 가장 좋은 방법은 자신의 위치에서 항상 최선을 다하는 것이다.

기업도 마찬가지다. 기존의 모습에 지원자들이 식상할 때쯤 새로운 페르소나 브랜딩을 해야 한다. 특히 젊은 세대에게 어필하려면 페르소나 브랜딩이 필수다. '싱글 페르소나 브랜딩 시대'는 끝났다. '멀티 페르소나 브랜딩 시대'를 대비해야 한다. 브랜드는 허상이 아니라 실체가 있어야 한다.

직장은 일시적으로 돈을 벌기 위해서 다니는 곳이 아니다. 직장은 내가 하루 중 가장 많은 시간을 투자하는 곳이고 동료들과 함께 숨 쉬는 공간이다. 자신의 퍼스널 브랜딩을 위해서 여러 사람의 삶의 터전인 조직을 깨뜨리는 사람이 되어서는 안 된다. 무엇보다 개인의 발전 못지않게 조직의 성장을 지속적으로 추구해야 한다.

04 페르소나 브랜딩 전략에서 유의할 점 5가지

채용 브랜딩 전략을 효과적으로 수행하기 위해서는 페르소나에 기반한 브랜팅 전략이 실행 가능해야 한다. 이상적이거나 비현실적인 전략은 결국 효과가 없다. 페르소나 브랜딩이 실제로 매출 증가나 고객 유치에 기여하는지 평가하고, 필요시 그때그때 전략을 조정해야 한다. 페르소나 브랜딩에서 유의해야 할 5가지 전략은 다음과 같다.

1. 타깃 고객 이해부터 시작해 페르소나를 설정하라

브랜드는 '고유한 개인(Unique Individual)'의 모습을 담고 있어야 한다. 페르소나는 단지 흉내 내는 것이 아니라 스스로 가장 자랑스러운 모습을 찾기 시작한다. 타깃 고객의 욕구, 가치관, 라이프스타일 등을 정확히 반영해야 한다. 이를 위해서는 실제 고객 데이터에 기반을 둔 철저한 분석이 필수적이다. 시장조사, 고객 인터뷰, 데이터 분석 등을 통해 타깃 고객을 깊이 이해하고, 이를 바탕으로 페르소나를 개발해야 한다. 이 과정에서 경쟁 브랜드와 명확히 차별화된 브랜드만의 고유한 성격을 구축하는 것이 중요하다. 그렇지 않으면 잘못된 타깃팅으로 이어지거나 소비자에게 강한 인상을 남기기 어려울 수 있다.

2. 고객과 감정적으로 연결되어 개인화된 맞춤형 메시지로 고객 만족을 유지하라

다른 사람들과 구별해 낼 수 있는 '차별화(Differentiation)'에 신경 써야 한다. 페르소나 브랜딩은 웹사이트, 소셜미디어, 광고, 고객 서비스 등 모든 채널에서 일관되게 유지되어야 하며, 인구통계적 특성뿐 아니라 감정적·심리적 측면도 반영해야 한다. 고객의 감정과 연결된 페르소나는 브랜드 충성도를 높이는 데 기여한다. 공감, 따뜻함, 신뢰 등의 요소를 포함한 페르소나 브랜딩은 타깃 고객에게 울림이 있는 개인화된 맞춤형 전략을 수립할 수 있다. 광고, 콘텐츠 마케팅, 소셜미디어 캠페인 등 다양한 형태로 구현될 수 있으며, 고객의 니즈와 관심사에 맞춘 메시지를 통해 참여도와 만족도를 높일 수 있다.

3. 특정 고객의 요구를 반영한 페르소나의 목적을 명확히 하라

페르소나는 진정성을 가져야 한다. 인위적이거나 과장된 페르소나는 소비자에게 거부감을 줄 수 있다. 페르소나를 과도하게 일반화하면 특정 고객의 요구를 반영하지 못할 위험이 있다. 세부적인 차이를 고려해 페르소나의 목적을 명확히 함으로써 마케팅 목표와 직접 연결하고 전략 수립에 실질적으로 기여할 수 있다. 궁극적으로 페르소나는 마케팅 전략 수립에 유용하게 활용될 수 있도록 설계되어야 한다.

4. 고정된 페르소나를 고집하지 말고 다양한 페르소나를 설정하라

페르소나는 시장 환경, 트렌드, 고객의 변화에 맞출 수 있도록 유연하게 접근해야 한다. 고정된 이미지를 고집하면 시대에 뒤처질 위험이 있으며, 하나의 페르소나만으로는 모든 고객을 대표하기 어렵다. 따라서 다양한 페르소나를 설정해 여러 타깃 그룹을 포괄하고, 소비자와의 상호작용을 통해 얻은 피드백을 적극적으로 수용하며, 필요한 경우 페르소나를 수정할 수 있는 개방적인 태도를 유지해야 한다. 이를 통해 브랜드는 더 강력하고 소비자 친화적인 페르소나를 발전시킬 수 있다. 페르소나는 유용한 도구이지만, 모든 결정의 절대적인 기준이 되어서는 안 되며, 다양한 인사이트와 데이터를 함께 고려하는 것이 중요하다.

5. 문화적 민감성을 정기적으로 업데이트하고 장기적인 비전을 구축하라

페르소나 브랜딩은 다양한 문화적 배경을 가진 고객에게 적절히 다가갈 수 있는 통로를 마련해야 한다. 특정 문화나 집단을 배제하거나 오해를 불러일으킬 수 있는 요소는 신중하게 검토할 필요가 있다. 또한 고객의 행동과 트렌드는 시간에 따라 변화하므로 페르소나는 정기적으로 재검토하고 업데이트해야 한다.

페르소나 브랜딩은 단기적인 캠페인에 그치지 않고 브랜드의 장기적인 비전에 맞춰 구축되어야 한다. 일시적인 유행이나 단기적인 목표에만 맞춰진 페르소나 브랜딩은 브랜드의 지속적인 성장에 도움이 되지 않을 수 있다. 이러한 요소들을 유의하여 페르소나 브랜딩을 진행한다면 브랜드는 소비자에게 더 깊이 각인되고 장기적인 성공을 거둘 가능성이 높아진다.

참고문헌

- 강경주, 기아가 자동차 버리고 SK가 텔레콤 떼낸 이유는 [너의 이름은], 한국경제신문, 2020. 11. 21.
- 김민영, 브랜드 정체성의 다양화…떠오르는 '멀티 페르소나 마케팅', 소비자평가, 2022. 2. 2.
- 김정우, "스타벅스는 이미 커피회사 아닌 은행"…긴장하는 금융회사들, 한경 BUSINESS, 2020. 2. 25.
- 김해경, 브랜딩과 페르소나③ 더 뾰족하게, '타깃 페르소나와 사용자 여정' 사용자 경험이 아닌 '그 사람'의 경험에 집중하기, 디지털 인사이트, 2023. 12. 4.
- 송승재, [헬스인·싸] 보건의료에서 '초개인화'가 성공해야 하는 이유, 라포르시안, 2023. 8. 28.
- 여준상, GS칼텍스의 미래형 브랜드 페르소나, GS칼텍스 미디어허브, 2020. 11. 30.
- 이예지, 지금 당장 실천해야 할 5가지 브랜딩 요소…카테고리 차별화·페르소나·리더십 메시지·콘텐츠·채널, 사례뉴스, 2022. 6. 16.
- 이준, [마케팅 전략] 대세가 된 '부캐 마케팅', 식품외식경영, 2021. 8. 12.
- 정혜윤, 누구나 브랜드가 된다, 셀프 브랜딩 시대, 제일기획 매거진, 2023. 10. 18.
- Sharon Florentine, 인재 채용 팁, '지원자 페르소나 구축하기', CIO korea, 2017. 3. 27.
- 구자룡, 『직장 없는 시대의 브랜딩』, 밀리의 서재, 2022.
- 송은영, 『당신의 매력을 브랜딩하라』, 보아스, 2023.
- 잭 트라우트·알 리스, 『My Positioning』, 윤영삼 옮김, 다산북스, 2004.
- 잭 트라우트·알 리스, 『포지셔닝』, 안진환 옮김, 을유문화사, 2002.
- 줄리 주오, 『팀장의 탄생』, 김고명 옮김, 더 퀘스트, 2020.

https://revenuefy.io/ko/persona/effective-persona-marketing-strategies-and-success-stories

TRM 확산

고객 관계를 중시하던 CRM에서
인재를 관리하는 TRM으로 확산된다

#TRM #CRM
#인재관리 #채용전략

훌륭한 능력을 가진 사람들은 떠나 버리고 결국 평범한 사람들만 회사에 남게 된다.
나는 잘 알고 있다. 왜냐하면 애플이 바로 그 상황에서 탄생한 곳이니까.
애플은 다른 회사로부터 망명 온 사람들에 의해서 만들어진 앨리스 섬이다.
개개인들은 다른 회사에서 각종 문제를 일으켰지만 극도로 뛰어난 공헌자다.

– 스티브 잡스

01 TRM 확산

CRM에서 TRM으로 변한다

기업에 적합한 핵심인재를 채용하는 것은 기업의 흥망성쇠와 관련이 있다. 고객과의 관계도 중요하지만 인재와의 관계도 중요해지고 있다. 'CRM(Customer Relationship Management)'이 '고객 관계 관리를 뜻하는 시스템'이라면 'TRM(Talent Relationship Management)'이 '좋은 인재를 미리 찾고 관리하는 시스템'이다. CRM에서 TRM으로의 확산은 기업들이 고객 관계 관리만큼 인재와의 관계를 중요하게 여기기 시작했다는 신호이다.

다양한 채널과 플랫폼을 통해 채용이 이루어지면서 채용 프로세스의 복잡성이 증가되고 있다. 조직이 인재를 더욱 효과적으로 유치, 관리 및 개발하는 도구로 TRM를 활용하고 있다. 이제는 CRM를 넘어서 TRM까지 해야 하는 시대가 될 전망이다.

성과가 나지 않은 사람들이 드러나기 시작하다

코로나19로 인한 팬데믹을 겪으면서 미래에 대한 불확실성이 기술 발전을 오히려 폭발적으로 이루어지게 했다. 뉴노멀(New Normal)에 적응한 사람들은 디지털화를 주저하지 않는다. 경영의 불확실성이 커지자 기업들이 공채로 인해 파생되는 시간과 비용을 투자가 아닌 부담으로 인식하기 시작한 것이다. 여기에 업무가 세분화, 전문화되는 분위기가 맞물리면서 직무에 특화된 인재에 대한 수요가 높아졌다.

'24시간 초연결 시대'가 되며 재택근무 형태가 늘어나면서 일을 하지 않는 관리자의 존재가 드러나기 시작했다. 게다가 중간관리자의 절반 이상은 커지는 업무 부담 속에 번아웃을 호소하고 있다. 조직의 허리에 비유되는 중간관리자는 구성원 몰입은 물론 성과와 생산성에 매우 큰 영향을 미친다. 현실은 구성원 사이에서 관리자 되길 꺼리는 '리더 포비아' 현상까지 퍼지고 있다. 애플, 마이크로소프트 등 해외 기업을 비롯해 삼성, SK, 아모레퍼시픽 등 국내 기업들도 최근 들어 조직 내 중간관리자를 없애고 직급에서 탈피한 의사결정 체계를 만드는 추세다.

조직 중심 문화는 사라지고 초개인화되면서 성과 위주 문화로 바뀌고 있다. 이런 상황에서 기업은 핵심인재 관리의 필요성을 깨닫게 되었다. 동시에 채용할 인재에 대한 검증에 높은 기준을 적용하고 있다. 위와 같은 트렌드를 가시적으로 보여 주는 것이 평판 조회 시장의 성장이다. 기업은 평판 조회를 통해 채용할 인재의 업무적 역량을 면밀히 검증하고자 한다. 비대면 업무 환경과 젊은 MZ세대의 역량을 보장하면서 함께 성장할 수 있는 새로운 리더십을 갖추고 있는지 확인하고 싶어 한다. 더불어 도덕성이 더욱 부각되는 환경에서 더 엄격한 기준의 검증이 요구되고 있다.

구분	CRM (Customer Relationship Management)	TRM (Talent Relationship Management)
사용부서	– 판매, 마케팅, 고객 서비스 부서	– 인사, 채용부서
주요 대상	– 고객(현재 및 잠재 고객)	– 인재(직원, 지원자, 잠재 인재)
중점 영역	– 고객 만족도 향상, 고객 충성도 증가, 판매 기회 극대화	– 인재 확보, 인재 개발, 직원 유지 및 참여
핵심 매트릭	– 고객 생애 가치(LTV), 고객 만족도(CSAT), 순추천지수(NPS)	– 직원 유지율, 직원 참여도
데이터 관리	– 고객 상호작용 기록, 구매 이력, 피드백, 서비스 기록 관리	– 인재 프로필, 지원 이력, 평가 기록, 피드백 관리
커뮤니케이션 방법	– 이메일, 전화, 채팅, 마케팅 캠페인	– 이메일, 인재 커뮤니티, 채용 캠페인
목표	– 판매 증대, 고객 유지 및 고객 충성도 향상	– 최고의 인재 유치 및 유지, 직원 만족도 및 생산성 향상
목적	– 고객과의 관계를 관리하고 강화	– 인재(직원 또는 후보자)와의 관계를 관리하고 강화
장점	– 고객 데이터를 기반으로 맞춤형 마케팅을 통해 충성도를 높임 – 다양한 채널에서 고객 경험 제공과 효율적인 고객 관리 가능 – 최적화를 통해 고객 만족도와 유지율 증가	– 적합한 인재를 신속하게 식별 및 확보 – 장기적인 인재 유지를 위해 체계적으로 관리 – 조직문화와의 적합성을 강화
단점	– 초기 도입 비용이 높을 수 있음 – 데이터 품질에 따라 결과가 달라질 수 있음 – 기술적 문제나 데이터 보안 이슈 발생 시 신뢰 손상 가능	– 적합한 시스템 구축에 높은 초기 비용 발생 – 채용 프로세스가 복잡해질 수 있음 – 인재 데이터를 잘못 관리하면 역효과
유의점	– 고객 데이터를 정확하고 안전하게 관리 – 「개인정보보호법」 및 규제 준수 필수 – 지나친 마케팅 자동화는 오히려 고객 불만 초래 가능	– 인재의 개인정보보호에 유의해야 함 – 너무 복잡한 시스템은 인재와의 관계 악화 가능 – 채용 브랜드 이미지 관리 필요

인재 파이프라인을 구축하는 TRM

TRM는 'Talent Relationship Management'의 약자로 내부 및 외부 인재와의 관계를 구축하고 유지하는 데 중점을 두는 전략이다. 이미 리크루팅이 고도화된 해외에서는 'Talent CRM' 등으로 불리며 확산된 개념이다. 빠른 충원을 위해 진행됐던 과거 소싱 방식과 달리 핵심인재를 영입하기 위해 진화된 소싱 방식이다. 기업이 단순히 TO를 채우는 수동적인 목표가 아닌, 먼저 적극적으로 후보자와의 장기적이고 지속가능한 관계를 구축하는 확장된 '아웃바운드 채용(Outbound Recruiting)' 전략에 해당한다.

채용공고를 게시하고 지원자를 받는 '인바운드 채용(Inbound Recruiting)'과 달리 많은 기업이 필요한 인재를 적시에 채용할 수 있다. 채용담당자가 채용 프로세스 전반에 걸쳐 후보자와의 관계를 관리하고 키우는 데 도움이 되도록 설계된 소프트웨어다. 이러한 중앙집중화된 시스템을 통해 채용담당자는 후보자 정보를 효율적으로 관리하고, 의사소통을 간소화하고, 더 나은 인재 확보 결과로 이어져 오래 지속되는 관계를 구축할 수 있다. 핵심인재를 선점하고 경쟁 우위를 확보하기 위해서는 전략적이고 장기적인 관점에서 접근하는 것이 필요하기 때문이다.

TRM의 목표는 조직의 현재와 미래의 비즈니스 요구사항을 충족할 수 있는 '인재 파이프라인(Talent Pipeline)'을 구축하는 것이다. 조직이 신입사원부터 임원직까지 인재 관리에 대해 체계적인 접근방식을 취해야 함을 의미한다. 이 여정은 많은 시간, 노력, 그리고 인내가 필요하지만 목표로 하는 인재와 긍정적인 관계를 구축함으로써 성공적인 채용으로 이어질 가능성이 높다. 특히 경쟁이 치열하거나 채용시장이 위축된 상황에서 TRM을 전략적으로 활용하면 매우 효과적이다.

기업에서 고객 경험을 중시하면서 CRM이 발전했다면 지원자 경험을 중시하면서 TRM으로 바뀌고 있다. CRM와 TRM은 분리되지 않는다. 고객 경험과 직원 경험도 마치 톱니바퀴처럼 변화한다. 다양한 사람이 어떤 때는 고객이었다가 어떤 때는 잠재고객이 되고, 어떤 때는 직원이 되고, 어떤 때는 인재가 된다. 기업은 인재 확보를 위해서 TRM이 중요한 트렌드가 될 전망이다.

02 | TRM 확산 시대 - 세계 동향

세계적 기업들은 이미 TRM으로 인재 밀도를 구축한다

채용팀은 회사에 가장 적합한 인재를 채용하는 업무를 담당한다. 회사의 채용 노력 뒤에는 많은 작업이 진행된다. TRM은 대규모 채용을 진행하는 기업에서 주로 사용되며 IBM, 딜로이트 등이 있다. 우수인재 확보를 위해 장기적인 관계 관리를 중시하는 기업인 구글, 마이크로소프트 등에서도 TRM를 활용하고 있다. 애플 창업자 스티브 잡스는 "재능이 뛰어난 'A급 인재'는 일반인보다 50~100배의 성과를 낸다."고 말했다. B급이나 C급 인재가 아닌 A급 인재를 찾아 모으는 전략을 통해 성과를 거둔다.

A급 인재들끼리 모이면 서로 좋아하고, A급 인재는 B급이나 C급 인재와 함께 일하고 싶어 하지 않는다. 일 처리가 미숙하고 프로답지 못하

거나 무책임한 사람들을 채용하지 않아야 한다. 인재 밀도가 높을수록 직원들에게 허용되는 자유는 더욱 커진다. 훌륭한 인재를 모으는 것이 중요하며, 타협하지 않고 최고의 인재를 고용하기 위해 노력해야 한다.

A급 인재는 다른 사람들과 협업할 때 강한 의견을 내지만 반론을 제시하면 즉시 의견을 바꿀 수 있는 유연한 사고방식을 가지고 있다. 옳은 일을 하는 것이 중요하며, 잘못됐다고 인정하고 틀리는 것을 두려워하지 않는다. 다른 사람들과 협력하여 좋은 결과를 얻는 것이 중요하다고 생각한다. 이러한 A급 인재들끼리 모여 성공을 이루면 더 많은 A급 인재를 채용하고 성장한다. A급 인재는 A급을 뽑고, B급 인재는 C급을 뽑는다.

요즘 채용의 비밀 : ATS로 거른다

인사담당자가 이메일로 지원서를 받다 보면 누락이 생길 수 있기 때문에 요즘은 소프트웨어를 사용한다. 지원서를 내면 ATS(Applicant Tracking System)를 통해서 관리하는 기업이 많다. '잡스캔(jobscan.co)'에 의하면 『포춘』500대 기업의 98%가 새로운 직원 채용 시 ATS 프로그램을 쓰는 것으로 조사됐다. 글로벌 시장조사기관 아이마크그룹에 따르면 2022년 25억 달러(약 3조 원) 규모였던 ATS 시장은 2028년 39억 달러(약 5조 원)에 이를 것으로 관측된다.

『하버드 비즈니스 리뷰(Harvard Business Review)』에 따르면 자격과 역량을 갖춘 지원자가 ATS 때문에 채용과정에서 배제됐다고 밝힌 기업이 88%에 이른다. 직무기술서에 따라 설정된 기준과 정확하게 일치하지 않는다는 이유였다. 직무기술서를 거의 업데이트하지 않거나 조금만 수정한다고 대답한 기업은 72%에 달하는 것으로 드러났다. 가령 직무기술서의 기준이 너무 높거나 또는 요구되는 스킬 및 경험이 너무 많아 지원자 풀을 좁힐 수 있다.

시간이 지나면서 직무기술서의 요건이 과도해지거나 시대에 뒤떨어질 수 있으며, 이로 인해 자격을 갖춘 지원자가 배제되는 문제가 발생할 수 있다. 적절한 자격과 경력을 가진 지원자가 직무기술서에 기재된 정확한 스킬을 갖추지 못해 ATS 프로그램에서 제외될 수도 있다. 이는 입사 지원자와 기업 모두에게 부정적인 영향을 미친다. 지원자는 간과되고, 기업도 인력 부족 문제를 초래할 수 있다.

ATS에 맞춰 지원서를 최적화하는 방법

지원서가 ATS를 통과하도록 하는 3가지 방법이 있다. 첫째, 가장 중요한 건 단순함이다. 머리말, 다양한 폰트, 시각 효과 등으로 이력서를 한껏 꾸며도 이는 ATS에 깊은 인상을 남기지 못한다. ATS를 위해 스캔하기 쉬운 일반 텍스트 형식의 이력서를 준비해야 한다. 기본 글꼴을 사용하는 게 좋다. 둘째, 시각적 요소는 오히려 혼란을 초래할 수 있다. 차트, 그래픽, 기타 시각적 요소 역시 사람의 눈에는 좋게 보이지만 ATS에서는 문제가 생길 수 있다는 점을 유념해야 한다. 셋째, 대부분의 ATS는 서식을 제거하고 일반 텍스트만 분석한다. 그래픽, 열, 머리글, 바닥글, 표 등을 삽입하지 않는 게 좋다. ATS는 위에서 아래로, 왼쪽에서 오른쪽으로 읽는다. 별도의 열이 있는 경우 ATS는 2개 범주의 정보를 하나로 읽을 수 있다. 범주의 표준 머리글은 굵은 이탤릭체 대문자로 한다.

그 밖에 대부분의 ATS가 PDF를 읽을 수는 있지만 워드 문서가 가장 안전하다. 지원하려는 직무와 기업에 맞춰 지원서를 조정해야 한다. 직무기술서에 맞는 스킬을 구체적으로 작성하는 것도 중요하다. 직무기술서에 시제를 통일해서 작성해야 한다. 업계에서 많이 사용되지 않는 약어도 피하는 게 좋다.

ATS가 지원자 데이터를 추적하고 채용 프로세스를 디지털 관리하고 후보자를 추적하는 시스템이라면, TRM은 인재와의 장기적인 관계를 효율적으로 관리하며 의사결정을 지원하는 데 사용되는 시스템이다.

ATS는 '지원자'의 채용과정을 추적하고 관리하는 데 중점을 둔다. 이는 채용공고와 이력서, 평가 내역 등의 지원자 정보를 관리하고, 지원자의 상태를 추적하며, 이러한 데이터베이스 역할을 통해 채용 관련 의사결정을 지원하기 위한 것이다.

TRM은 인재와의 관계를 구축하고 유지하는 데 중점을 둔다. TRM은 적극적으로 채용하지 않는 시기에도 잠재적 인재와 관계를 유지하고 발전시키는 데 사용된다. 이는 후보자의 상황이나 관계의 지속 기간 등에 따라 맞춤형 육성(Nurturing)을 수행할 수 있는 세분화된 작업을 용이하게 한다. 인재 풀 관리, 인재와의 소통 채널 관리, 관계 추적 및 발전, 인재 참여 기회 관리 등 인재와 장기적인 관계를 구축하는 데 필요한 다양한 기능을 제공한다.

ATS와 TRM은 서로 보완적인 역할을 할 수 있으며, 함께 사용될 때 채용팀이 더 전략적이고 효과적으로 인재를 관리하고 영입하는 데 도움을 줄 수 있다.

구분	ATS (Applicant Tracking System)	TRM (Talent Relationship Management)
차이점	- 채용 프로세스를 관리하고 후보자를 추적 하는 시스템 - 이력서 수집 및 선별에 중점	- 인재와의 장기적인 관계를 관리하는 시스템 - 후보자와의 관계 구축 및 유지에 중점
장점	- 채용절차의 자동화 및 효율성 향상 - 이력서 검색 및 필터링 기능 제공	- 인재 풀의 장기적 관리 가능 - 관계 중심 접근으로 우수인재 확보 및 유지
단점	- 적절한 키워드 설정으로 이력서 필터링 최 적화 - 시스템 업데이트 및 유지 관리 중요	- 초기 도입 및 관리 비용 부담 - 장기적인 전략 필요
유의점	- 적절한 키워드 설정으로 이력서 필터링 최 적화 - 시스템 업데이트 및 유지 관리 중요	- 개인화된 소통 전략 필요 - 지속적인 인재와의 소통 및 관계 유지 필수
전략	- 효율적인 후보자 선별 및 채용절차 간소화 - 데이터 기반 채용 의사결정	- 지속적인 인재 풀 관리와 관계 유지 - 개인화된 커뮤니케이션과 후보자 경험 개선

인재 풀의 관리, TRM이 중요해지는 이유

IBM은 'Always On'이라는 상시적인 채용 모델을 통해 사업 성장에 요구되는 다양한 유형의 우수인재를 적시에 효과적으로 확보하고 있다. 이를 뒷받침하는 것이 사업 전략을 지원하는 TRM 활동인데, 그중 대표적인 성공 사례로 평가되는 것이 IBM의 고용 브랜드를 제고하고 우수하고 유망한 신입직원을 선발하기 위한 'Extreme Blue'라는 프로그램이다.

이 프로그램은 미국, 중국, 일본, 브라질 등 일부 지역의 대학생들을 대상으로 하는 일종의 온·오프라인 인턴십 프로그램이다. 이 프로그램에 지원한 각 국가의 학생들에게 사회문제해결과 관련된 혁신 과제를 제공하고, 여러 국가의 지원자들을 한 팀으로 구성하여 문제를 해결토록 한다. 지원자들은 이러한 경험을 통해 IBM의 글로벌 역량을 실제로 체험할 수 있는 기회를 갖게 된다. 각 팀의 체험과 스토리를 공유하며, 다른 국가 팀원과의 토론과 협업을 촉진시키는 온라인 공간의 지원을 받으면서 글로벌 협업과 다양성을 경험하게 된다. 이 프로그램의 효과는 60~80%의 오퍼 제안율과 70~90% 이상의 오퍼 수락률을 거두고 있다.

링크드인에는 '투어 오브 듀티(Tour of Duty)'라는 독특한 인사 제도가 있다. 회사와 개인 간의 단기 고용 계약과 비슷하다. 다만 직원 스스로 스타트업을 운영하듯 많은 결정권을 갖고 일을 하도록 해 주는 것이 차이다. A급 인재를 채용할 때는 맡을 업무를 미리 정해 2~4년 단위로 계약을 맺고, 성과를 내면 그 직원이 원하는 최고의 경력을 쌓을 수 있게 도와주는 것이다.

민간우주항공업체 스페이스X는 창업자이자 최고경영자인 일론 머스크의 면접을 거쳐 최고 실력의 엔지니어만 채용하기로 유명하다. A급 인재로만 구성된 스페이스X의 엔지니어들은 재사용 가능한 우주 발사체 팰컨9호를 17억 달러도 안 되는 비용으로 개발해 발사하는 데 성공했다. 미국 항공우주국(NASA)은 2011년 보고서를 통해 "NASA가 다른 하도급 업체와 함께 이런 발사체를 제작했다면 약 40억 달러의 예산이 들어갔을 것"이라고 추산했다.

애플과 마이크로소프트의 운영체제(OS) 개발 사례도 A급 인재로만 구성한 '올스타팀'의 중요성을 잘 보여 준다. 애플은 자체 OS 가운데 가장 큰 변화를 이룬 것으로 꼽히는 'OS X' 개발에 단 600명의 엔지니어만 투입해 약 2년 만에 상용화에 성공했다. 반면 MS는 윈도 비스타 개발에 1만 명의 엔지니어를 투입했지만 상용화에 5년 이상이 걸렸다.

비즈니스에서 가장 중요한 자산은 바로 인재이다. 많은 조직에서는 채용으로 인재 관리가 시작되어 새로운 직원의 채용과 온보딩이 완료되면 그 지점에서 모든 것이 마무리된다. 하지만 진정한 인재 관리는 이 과정을 넘어 후보자를 육성하며 기업이 잠재력을 극대화할 수 있도록 지원한다.

최고의 인재를 활용하고 유지하려는 조직에는 TRM 사고방식이 필수적이다. 최고의 인재를 확보하기 위한 경쟁이 그 어느 때보다 치열하기 때문이다. 가장 큰 변화 중 하나는 후보자 중심 채용 접근방식의 필요성이다. 후보자의 신뢰를 얻고 거절을 당하더라도 이를 유지할 수 있는 조직은 앞으로 몇 년 동안 인재 확보에서 성공할 것이다.

TRM 전략을 통해 조직은 잠재적 후보자를 광범위하게 탐색할 수 있게 된다. 이는 과거에 지원한 사람들부터 아직 지원하지 않은 유망한 인재까지 다양한 후보자와의 관계를 형성할 기회를 제공한다. 결과적으로 조직은 더 넓은 인재 풀에 접근할 수 있게 된다. 이러한 인재 풀을 통해 기업은 다양한 잠재적 인재들과 지속적으로 의사소통을 하고 관계를 구축함으로써 그들에게 조직에 지속적인 관심을 가지게 하고 함께 하고자 하는 동기를 부여할 수 있다. 이는 장기적인 인재 관계 관리 전략으로 적합한 기회가 생겼을 때 즉시 연락할 수 있는 준비된 인재 목록을 유지하게 한다.

03 TRM 확산 - 국내 동향

기수문화가 사라지고 있다

과거 채용의 패러다임은 공개채용 중심이었다. 공개채용이란 특정기간 동안 전사적으로 필요한 인력을 한 번에 뽑는 채용방식이다. 공개채용 지원자들은 기업이 지정한 일정에 맞춰 서류, 인적성 시험, 면접 등의 일정을 소화해야 한다. 그동안 기업들은 매년 1~2회 공채를 통해 인력을 대규모로 뽑은 후 교육시켜서 현업에 투입했다. 하지만 이 방식은 인력이 업무에 적응하기까지 오랜 시간이 소요된다는 단점을 갖고 있다. 이직 등으로 인력이 이탈할 경우 기회비용도 적지 않다.

자연스레 기업의 인사담당자들은 직무 지식이나 경험이 있는 인재를 필요할 때 채용해서 바로 현업에 투입하는 수시채용으로 눈을 돌리기 시작했다. 한국경영자총협회가 100인 이상 기업 500사(응답기업)를 대상으로 '2023년 신규채용 실태조사'를 실시한 결과에 따르면 신규채용 계획이 있는 기업의 67.4%가 수시채용만 실시한다고 답변했다. 정기공채·수시채용 병행은 25.4%에 그쳤다. '수시채용은 IT 분야의 전유물'이라는 인식과 달리 대기업도 적극 도입하는 추세다.

앞서 현대차그룹은 2019년 대졸 공채를 폐지했고, LG그룹도 2020년 공채를 없앴다. SK그룹은 2022년 계열사별로 100% 수시채용하는 방식으로 전환했다. 삼성그룹은 공채를 유지 중이지만 안정적인 일자리 창출이라는 명목상의 이유로 유지하고 있다는 인식이 지배적이다. 코로나

19 이후 경영의 불확실성이 커지자 기업들이 점차 신입인재를 키우기보다 경력인재 채용으로 바뀌고 있다. 업무가 세분화되는 분위기가 맞물리면서 직무에 특화된 인재에 대한 수요가 높아졌다.

기업들이 수시채용으로 눈을 돌리면서 인사담당자들이 일하는 방식에도 변화가 생겼다. 공채의 경우 지원서를 한 번에 검토한 후 합격, 불합격여부를 한 번에 통보했기 때문에 채용 전 과정을 일괄처리할 수 있었다. 하지만 수시채용의 비중이 커지면서 일괄적인 일 처리가 불가능해졌다.

수시채용으로 채용 패러다임이 변화하자 ATS와 TRM이 각광받고 있다. 국내에는 생소한 단어였지만 최근 HR업계에서 일반화되고 있다. 현재 HR업계에서는 여러 채용 솔루션 기업이 ATS와 TRM을 선보이며 시장이 급상승하고 있다. 최근에는 채용 관리 솔루션 ATS와 인재 풀 관리솔루션 TRM을 활용해 기업의 채용 효율성을 높이고 지원자 경험을 높이는 데 힘쓰는 기업이 많이 늘고 있다. 앞으로는 단순히 채용공고를 열어 두고 지원자가 들어오기만을 기다리는 것만으로는 회사가 원하는 인재를 뽑기 더욱 어려워질 것이다.

국내 채용시장도 TRM이 대세이다

최근 두들린(대표 이태규, 2020년 창업)이 운영하는 기업용 채용관리 솔루션 그리팅 ATS와 인재 관리 솔루션 그리팅 TRM이 개인정보보호 국제표준인 ISO27017과 ISO27018을 받았다. 두들린은 60명 규모 스타트업으로는 이례적으로 최고정보보호책임자(Chief Information Security Officer : CISO)를 영입해 기술 보호 전담 조직을 구성했다.

두들린은 '그리팅(Greeting)'이란 서비스로 국내에서 채용관리 시장을 개척했다. 2021년 1월 첫선을 보인 그리팅은 다수의 채용 플랫폼으로 들어온 이력서를 한 번에 관리할 수 있도록 해 준다. 그리팅에서 작성한 채용공고 링크를 각 채용 플랫폼·사이트 등에 첨부하면 유입되는 이력서를 그리팅으로 볼 수 있는 식이다. 지원 서류를 취합하는 데 드는 인적·시간 자원을 효율화할 수 있어 LG디스플레이, 카카오게임즈, 넥슨 등 6,000여 사가 이를 채택해 쓰고 있다.

그리팅은 지원자를 평가할 때 채용단계별로 평가에 참여할 임직원을 초대하고 열람 권한을 부여한다. 지원자와의 면접 일정을 조율할 때도 구글 캘린더를 연동해 비어 있는 시간을 직접 선택할 수 있다. ATS 프로세스 도입 유무가 채용 브랜딩에 긍정적인 영향을 미치기도 한다.

두들린의 이태규 대표는 "채용공고를 수시로 업데이트하지 않으면 잘못된 정보가 전달될 우려가 있는데 ATS를 통해 공고를 수시로 업데이트하고, 내용을 자세히 기술하면 지원자에게 '이 기업은 지원자에게 신경을 쓴다.'는 인상을 줄 수 있다."고 설명했다.

최근 잡코리아와 합병한 나인하이어(대표 정승현, 2021년 창업)도 서비스를 확대하고 있다. 잡코리아 채용관리 솔루션 나인하이어는 채용사이트 제작, 채용공고와 지원서 취합, 면접 일정 조율, 지원자 다면평가, 채용 데이터 분석 등의 기능을 갖췄다. 나인하이어는 인재 소싱 전용 서비스인 '나인하이어 TRM 2.0'과 채용관리 솔루션의 주요 기능을 제공하는 '무료 요금제'를 출시했다.

나인하이어 TRM 2.0은 체계적인 시스템을 제공해 기업의 인재 소싱 및 관리 과정이 효율적으로 운영될 수 있도록 한다. 채용관리 솔루션의 기본 기능 중 하나로 함께 이용할 수 있어 편의성을 더했다. 후보자 소싱 과정 간소화(원클릭 소싱), 후보자 관리 풀 구축, 후보자 커뮤니케이션 강화, 순차적인 태스크 관리, ATS와의 데이터 연동 등 다양한 기능을 통해 최적의 인재 소싱을 위한 솔루션을 제공한다.

리버스는 사람인이 자체 개발한 ATS이다. 기존 공채 중심의 등용문 솔루션을 개선하고 고도화한 버전이다. 리버스를 활용하면 서로 다른 여러 채용 플랫폼에 게재한 공고와 후보자를 한곳에서 관리할 수 있다. 해당 솔루션은 사람인뿐 아니라 랠릿, 잡브레인 등 채용 플랫폼과도 연동된다.

인크루트는 2022년 4월 ATS&CRM 등 관련 기술을 통합한 SaaS(Software as a Service, 서비스형 소프트웨어) '인크루트웍스'를 출시했다. 반복적인 수시채용부터 대규모 공채까지 채용업무를 자동화했다. 서류 검토와 면접 일정 조율, 합불 여부 등 채용상황을 관계자들과 공유하는 자동 알림 기능을 추가해 서비스를 개선했다. 임직원 근태, 연차 관리, 급여 정산 등 HR 종합 서비스를 제공하는 '플렉스'도 채용업무를 적기에 처리할 수 있도록 체크리스트를 알려 주고, 후보자 역량을 객관적으로 평가할 수 있게 직군별 평가 항목, 결과 요약 등의 기능을 추가로 제공한다. ATS 소프트웨어가 시간·비용 낭비를 최소화하고 채용의 질을 끌어올리는 데 도움이 되고 있다.

조직을 망치는 사람 3가지 유형

뉴사우스웨일스 대학교의 윌 펠프스(Will Felps) 교수는 썩은 사과 실험을 기획했다. 우선 조직을 망치는 사람을 3가지 유형으로 선정하였다.

① 공격적이고 도전적인 훼방꾼 '저크(Jerk)'

② 노력을 전혀 기울이지 않는 '슬래커(Slacker)'

③ 무기력하고 풀 죽은 '다우너(Downer)'

윌 펠프스 교수는 3가지 유형의 캐릭터를 연기할 배우를 섭외했다. 이 실험의 대상은 스타트업의 마케팅 계획을 수립하는 40개 팀이었다. 이들에게 3가지 유형의 직원 중 한 명을 바이러스를 주입하듯 팀원으로 넣고 각 팀의 반응과 성과를 관찰했다. 예상대로 거의 모든 집단의 성과를 30~40% 정도 떨어뜨렸다.

처음에는 모두 활력에 넘쳐 회의에 참여했다. 그때 무기력하고 풀 죽은 다우너 역할의 배우가 피곤한 티를 내다가 책상 위에 엎드렸다. 어떻게 될까? 다른 팀원들도 말수가 줄어들었다. 시간이 지나면서 모두 피곤해하고 활력을 잃었다. 결국 전부 책상 위에 엎드려 있기까지 했다.

노력을 전혀 기울이지 않는 슬래커가 있을 때는 어땠을까? 이들은 금세 어떤 사람이 들어온 것인지 알아챘다. 긍정적이고 적극적인 나머지 팀원들이 서둘러 프로젝트를 진행시켰다. 무임승차자가 있다는 것이 거슬려서였을까? 그들은 프로젝트를 즐기면서 잘 수행했다고 대답했지만 실제로는 자신의 시간과 에너지를 투입할 가치가 없다는 듯 임했다.

그런데 예외가 있었다. 딱 한 팀만 실험 연기자의 방해 공작에도 불구하고 훌륭한 성과를 냈다. 팀원 중 한 사람 때문이었다. 아무리 훼방을 하려고 해도 무력화시키면서 사람들을 회의에 끌어들였고 모두가 목표를 향해 매진하게 만들었다.

코로나19 이후 기업들이 한꺼번에 인력을 뽑기보다 필요할 때마다 수시로 채용하는 방식으로 전환하면서 ATS의 수요가 증가하고 있다. 수시

채용은 일정 관리, 평가, 분석 등에서 일괄 처리가 어려운 경우가 많지만, ATS를 도입하면 이러한 채용과정을 하나의 툴로 손쉽게 관리할 수 있어 시간과 비용을 절약할 수 있다.

현대의 채용시장은 인재가 기업을 선택하는 형태이다. 따라서 인재를 사로잡을 수 있는 탁월한 지원자 경험을 제공하는 것이 중요하다. 채용과정에서 긍정적인 경험을 느끼지 못한 인재는 쉽게 이탈할 수 있다. ATS는 수시채용에 맞춰 지원자별로 데이터를 관리하고, 채용업무를 효율화할 수 있도록 돕는다. 이 시스템을 통해 사람이 일일이 지원서를 확인하지 않아도 인공지능이 이를 대신 처리해 기업이 원하는 이력을 갖추지 못한 지원자를 자동으로 걸러 낼 수 있다.

ATS는 실무자들이 편리한 시간에 지원자 이력서와 경력사항을 평가할 수 있게 하며, 자동으로 면접 일정을 조정해 준다. 더 나아가 데이터를 기반으로 채용절차를 평가하는 기능도 있어, 단계별로 시간이 지체된 부분을 확인하고 개선방안을 제시할 수 있다. 채용절차가 반복될수록 ATS는 점점 더 발전하게 된다.

한국에서도 일부 발 빠른 기업들이 ATS를 도입하고 있다. 특히 인구구조가 고령화되는 지금, 채용의 중요성은 더욱 커지고 있다. 중·장년 세대의 퇴직으로 인해 인력난이 가속화될 것이며, 대학 졸업생 수도 급격히 줄어들면서 10여 년 내로 인력난이 심화될 전망이다. 인원이 줄어드는 만큼 우수한 인재도 줄어들 것이기에 기업들은 더 빠르게 TRM으로 채용절차를 진행해 좋은 인재를 확보하고 있다. 체계적인 TRM 활동을 통해 기대하는 수준의 우수인재를 채용한 이후의 관리도 매우 중요하다.

아무리 업계에서 많은 경력과 업적을 쌓은 사람이 권한과 책임을 가진 고위 직책으로 입사하더라도 업무 수행 방식과 팀 동료, 기업문화가 다른 새로운 곳에서 좋은 성과를 실현하는 것은 쉽지 않은 일이다. 흔히 많은 기업이 인재는 "뽑아 놓으면 알아서 성과를 낼 것(Plug and Play)"으로 생각하여 방치하는데 이는 오산이며, 오히려 유능한 인재를 다시 잃을 가능성이 높다.

04 TRM 확산에서 유의해야 할 점 5가지

경쟁이 치열해지면서 우수인재를 확보하는 것이 기업 성공의 열쇠가 되고 있다. 기업들은 채용과정을 지속적으로 개선하여 더 효과적이고 효율적인 방식을 찾아가고 있다. CRM이 고객과의 관계를 강화하고 판매를 증진시키기 위한 전략과 기술을 활용하는 것과 유사하게, TRM은 잠재적 인재와의 관계를 구축하고 발전시키는 데에 사용된다.

CRM에서 TRM으로의 확산은 기업들이 인재와의 관계를 고객과의 관계 관리만큼 중요하게 여기기 시작했다는 신호다. 이러한 상황에서 TRM이 채용담당자들에게 인재 영입의 핵심도구로 자리매김했다. 최근에는 인재 경쟁이 더욱 치열해지면서 우수한 인재를 발견하고 그들을 유지하는 일이 중요해졌다.

1. 인재와 강력한 관계를 구축하려면 개인화된 경험을 제공하라

인재와 강력하고 긍정적인 관계를 구축하려면 개인화된 경험을 제공해야 한다. 개인화된 메시지를 보내 다른 채용담당자와 차별화해야 한다. 아무도 스팸 이메일을 읽는 것을 좋아하지 않는다.

지원자는 자신의 경력에 중요한 커뮤니케이션을 갈구한다. 긴 메시지일 필요는 없다. 예를 들어, 채용담당자는 지원자에게 자신의 기술과 경험과 관련된 현재 공석을 이메일로 보낼 수 있다. 지원자는 이러한 유형의 이메일을 열고 답장하는 것이 보장된다. 후보자와 직원의 개별 요구에 맞춘 커뮤니케이션과 지원을 통해 긍정적인 고용주 브랜드를 형성하고, 인재를 유치하고 유지하는 데 도움을 줄 수 있다.

2. 채용 프로세스의 복잡성이 증가할수록 투명성을 확보하라

채용담당자는 채용공고가 게시되는 순간부터 최종 후보자가 선정될 때까지 채용절차 전반에 걸쳐 살펴봐야 한다. 채용 프로세스가 복잡해질수록 투명성을 유지하는 것이 중요하다. 소싱에서 영입에 이르기까지 효율적인 후보자 관리를 위한 최적의 파이프라인을 설계해야 한다. 체계적인 인재 파이프라인을 구축하고, 후보자에게 명확한 정보와 피드백을 제공함으로써 신뢰를 구축하고 채용과정을 효율적으로 관리할 수 있다.

직원이 고용주 브랜드에서 약속한 대로 조직에서 일하면서 좋은 경험을 하면 직원 참여와 충성도가 높아진다. 그들은 회사에 더 오래 머물고 브랜드의 옹호자가 되어 친구와 가족에게 회사를 추천할 가능성이 높다.

3. 다양한 문화 조성을 위해 속이야기를 털어놓도록 격려하라

조직 내에 다양한 배경을 가진 인재들을 적극적으로 유치하고 그들의 목소리를 존중하는 문화를 조성해야 한다. TRM을 통해 지속적이고 일관된 커뮤니케이션을 유지하여 조직이 다양성과 포용성을 중시하는 환경임을 보여 주는 것이 중요하다. TRM을 통해 조직은 직원들의 역량과 직무 간에 최적의 매칭을 도모하여 전체적인 조직 효율성을 높일 수 있다.

4. 명확한 목표를 설정하고 성과를 지속적으로 측정하라

TRM은 일회성 활동이 아니라 지속적인 관계 구축을 목표로 한다. TRM 확산 과정에서 명확한 목표를 설정하고 이를 달성하기 위한 성과를 지속적으로 측정해야 한다. 예를 들어, 관계 구축의 효과성, 지원자 경험, 직원 유지율 등 다양한 지표를 통해 TRM의 성과를 분석하고 개선할 점을 찾아야 한다. 인재 풀의 전략적 관리는 조직이 인재 풀을 미리 구성하고 관리함으로써 필요할 때 즉시 접근할 수 있게 한다.

5. 변화 관리와 조직문화를 개선하는 노력을 하라

TRM 시스템의 성공적인 확산을 위해서는 조직 내에서의 변화 관리가 중요하다. 직원과 관리자가 새로운 시스템을 효과적으로 활용할 수 있도록 교육과 지원을 제공하고, 필요시 조직문화를 개선하는 노력이 필요하다. 옳은 일일 뿐만 아니라 지원자에게 회사에 대한 나쁜 인상을 없애 준다. 지원서 접수 확인 이메일을 보내거나 면접 일정에 대해 답장을 하는 것은 지원자에게 회사에 대한 긍정적인 인상을 만드는 데 큰 도움이 된다.

참고문헌

- 김민영, [재계뒷담] "번아웃 겪는 중간관리자 챙겨야"…LG 보고서 '이목', 국민일보, 2024. 4. 30.

- 백봉삼, 잡코리아 나인하이어, 인재 소싱 솔루션 TRM 2.0·무료 요금제 출시, ZDNET korea, 2024. 3. 12.

- 이선율, "수시채용 늘자 ATS 뜬다"…기업용 채용관리 솔루션 키우는 HR업계, IT조선, 2024. 4. 13.

- 이태규, ATS, TRM 도입 않으면 채용전쟁 必敗, 신동아, 2022. 6. 8.

- 장우정, 대기업 채용 시즌 개막…이력서 평가 돕는 ATS도 뜬다, 조선비즈, 2024. 3. 11.

- 정지택·안희재, [Premium : 베인앤드컴퍼니의 조직경영법] 'A급 인재' 모아 A급 팀 만들면 100배, 150배 성과 낸다, 조선비즈, 2018. 1. 3.

- 진은혜·박유연, 공채는 옛말, 요즘 삼성전자 현대차가 직원을 뽑는 방법, 조선일보, 2023. 11. 30.

- Terena Bell and Sarah K. White, "포춘 500대 기업 98%가 쓴다"…ATS 맞춤 이력서 작성 팁, CIO korea, 2021. 10. 25.

- 강승훈, 「강한 중간관리자가 조직의 미래를 결정한다」, LG경영연구원, 2024. 4.

- 신원무, 「Top Line에 기여하는 HR」, LG경영연구원, 2011. 6. 7.

- 박하늘·전민아, 『리크루터의 채용 실무 가이드』, 루비페이퍼, 2023.

- 대니얼 코일, 『최고의 팀은 무엇이 다른가』, 박지훈 역, 웅진지식하우스, 2018.

https://www.aihr.com/blog/talent-relationship-management/

https://thrivetrm.com/applicant-tracking-systems-vs-talent-relationship-management-tools-one/

https://blog.ninehire.com/what-is-trm

https://blog.roundhr.com/trm/

360도 레퍼런스 체크

형식적 추천에서
전방위 레퍼런스 체크가 뜬다

#레퍼런스체크 #평판조회
#360도레퍼런스체크 #비지정 #지정

평판이란 과거의 행동이 가져온 결과다.
앞으로의 행동으로는 미래의 평판을 만들 것이다.

– 헨리 포드

01 360도 레퍼런스 체크

채용 전 평판 조회가 뜬다

상호 연결된 기업에서는 평판(評判)이라는 꼬리표가 따라다닌다. 기업의 채용 형태가 기존 대규모 공개채용에서 수시채용으로 바뀌면서 평판 조회가 합격을 결정하는 주요 요인으로 부상했다. 흔히 '레퍼런스 체크 (Reference Check)'로 알려져 있다. 경력직 직원이 회사에 들어오기 전에 기존 직장에서 업무 능력이 어땠는지 확인하는 과정이다. '즉시 전력'을 선호하는 분위기에서 '중고 신입' 채용이 늘어나는 것도 한몫하고 있다. 평판 조회 방식도 과거에는 뒷조사처럼 알음알음 진행했는데 이제는 기업화된 전문 플랫폼 서비스까지 등장했다.

당사자가 아닌 주변 인물들에게 질문하는 까닭에 '소리 없는 면접'이라고 불리기도 한다. 회사에 들어올 직원 성향을 점검하는 중요한 작업이지만 주먹구구식으로 시행하는 사례가 많았다. 같이 일했던 직원 또는 상사에게 전화를 걸어 설명만 듣는 형태로 끝나고는 했다. 설령 평판이 '나쁘더라도' 결과를 바꾸지는 못했다. 이미 채용이 확정된 상태에서 뒤늦게 확인하는 경우가 대부분이었기 때문이다. 공채 출신 선호도가 높고, 경력 채용이 많지 않았던 국내 기업들은 소수 경력직 직원들의 평판 조회에 힘을 쏟지 않았다. 임원급의 직원을 채용할 때만 평판을 주로 조회했다.

360도 레퍼런스 체크의 방법도 진화한다

코로나19 유행 이후 채용 트렌드가 변하며 흐름이 바뀌었다. 신입 채용 대신 경력직 직원을 선호하는 풍토가 생기며 경력직 직원들이 조직 내 핵심인재로 급부상하기 시작했다. 자연스레 조직을 책임질 직원의 평판을 확인하는 게 중요한 작업이 됐다. 조직 내 평판은 채용에서 '결정적인 역할'을 하는 스펙으로 변신했다. 평판 조회 대상도 임원급에서 과장·대리 등 일반직급으로 확대됐다. "도대체 저 사람, 레퍼런스 체크 안 했나요?" 힘들게 하는 동료가 있을 때 흔히 하는 말이 되었다.

옛날에는 상사에게 물어보았다면 요즘은 동료나 부하직원을 통해 '360도 레퍼런스 체크'를 하고 있다. '360도 레퍼런스 체크(360-Degree Reference Check)'로 상사, 동료, 부하직원, 거래업체 직원 등 다양한 관점에서 팀 내 지원자의 행동과 역량을 깊이 확인할 수 있다. 채용에서 경쟁이 심하다 보니 다수의 평가자로부터 피드백을 받음으로써 채용과정에 투명성과 공정성을 획득할 수 있다. '360도 레퍼런스 체크'는 지원자에 대한 단일 관점보다 폭넓은 이해를 도모하고 조직 내에서의 성공적인 통합을 위한 중요한 정보를 제공한다. 형식적인 추천이 아닌 전방위 레퍼런스 체크가 유용한 평가도구로 자리 잡을 전망이다.

구분	전통적 레퍼런스 체크	360도 레퍼런스 체크
차이점	- 후보자의 과거 직장상사나 직무 관련자와의 인터뷰를 통해 신원 확인 - 주로 직속 상사에 초점 - 전화 또는 이메일로 직접 연락해서 시간이 많이 소요됨	- 후보자의 동료, 하위 직원, 상사, 고객 등 다양한 이해관계자의 피드백 수집 - 온라인 플랫폼을 통해 자동화된 프로세스 - 빠르고 효율적이며, 데이터 기반 분석 제공
장점	- 특정 직무 관련된 정보 수집 용이 - 신속하고 간단한 절차 가능	- 후보자의 다양한 역량을 심층적으로 평가 가능 - 직장 내 관계 및 행동양식 파악
단점	- 편향된 정보 제공 가능성 - 후보자의 전반적 역량 평가 어려움	- 디지털 의존도가 높아 기술 문제 발생 가능 - 인적 요소 부족으로 특정 세부 정보 누락 가능성
구체적 설명	- 직무 수행 능력과 성과에 대한 상사 중심의 평가 - 객관적 자료 수집이 제한적임 - 1인 평판 조회 90만 원 등 비용이 많이 소요됨	- 다양한 관점에서 후보자의 성격, 팀워크, 리더십 등 전반적 평가 - 편리한 데이터 관리 및 추적으로 종합적 평가 가능 - 비용은 사용 플랫폼과 서비스 수준에 따라 다양한 종량제 또는 구독형 요금제 존재

인재 검증이 강화되는 흐름에 맞춰 레퍼런스 체크의 방법도 진화하고 있다. 전통적 레퍼런스 체크 방법은 후보자의 과거 직장상사나 직무 관련자와의 인터뷰로 진행되었다. 주로 직속 상사에 초점을 맞춰 전화 또는 이메일로 직접 연락하다 보니 시간이 많이 소요되었다.

최근 등장한 360도 레퍼런스 체크 방법은 후보자의 동료, 하위 직원, 상사, 고객 등 다양한 이해관계자의 피드백을 수집한다. 전화 또는 이메일로 하기도 하지만, 온라인 플랫폼을 통해 자동화된 프로세스로 진행할 수 있어 빠르고 효율적이며 데이터 기반 분석을 제공한다.

전형 절차 중 필요시 지원자의 동의하에 평판 조회가 이루어질 수 있다. 「개인정보보호법」에 위반될 수 있기 때문이다. 이에 동의해 준 지원자에게는 가점을 주는 방식으로 진행된다.

마지막 모습을 잘 관리하는 사람이 평판이 좋아진다

코로나19 이후 신속하지만 신중하고 확고하면서도 유연한 새로운 시대의 채용전략이 필요하다. 최근 기업에서는 개발자, 엔지니어, 디자이너 등 직무만 보고 뽑았다가 낭패를 보고 있다. 한 번 사람을 잘못 뽑을 경우, 해당 인원을 퇴사시키고 다른 사람을 채용해서 다시 교육을 시켜야 하는 등 각종 비용이 엄청나게 든다.

도덕성과 윤리성 검증을 중시하는 공기업도 고위직급 승진 시 레퍼런스 체크를 포함시키고 있다. 옛날에는 상사에게만 물어보았는데, 요즘은 동료평가까지 추가되는 추세다. 해당 기업의 윤리강령 등을 인터뷰 질문에 반영하여 진행하는 등 차별화된 항목을 포함시키고 직무에 맞춰 필요한 검증 요소를 중점적으로 파악하고 있다.

점점 더 많은 고용주가 회사나 직위에 따라 레퍼런스 체크를 실시하도록 요청함에 따라 레퍼런스 체크의 역할, 누구에게 레퍼런스를 요청해야 하는지, 그리고 고용주가 레퍼리(Referee)에게 전화를 걸 때 무엇을 묻는지를 알아야 한다. 레퍼리는 기업으로부터 레퍼런스 체크 요청을 받고 후보자의 평판을 진술해 주는 사람을 말한다. 360도 레퍼런스 체크의 일상화 시대가 2025년에는 더욱더 확산될 전망이다.

직장을 옮길 때 레퍼런스 체크를 실시하는 기업이 늘고 있다. 다니던 회사를 그만두고 다른 회사로 이직하려는 이들은 필히 레퍼런스 체크를 알아 두어야 한다. 퇴사할 때 깔끔하게 마무리를 하는 것이 중요해지고 있다. 업계가 좁으면 공식적인 평판 조회를 실시하지 않더라도 입소문으로 퍼질 수 있기 때문이다. 퇴사 매너를 지키는 것이 중요하다. 아무런 언급도 없이 출근을 하지 않거나 직전 날에 퇴사 통보를 하는 등의 양상은 차후 부정적인 평판으로 나타날 수 있다.

02 360도 레퍼런스 체크 - 세계 동향

세계 기업에서도 360도 레퍼런스 체크가 대세가 된다

이미 구글은 채용과정에서 엄격한 레퍼런스 체크 절차를 거친다. 구글은 지원자의 직무 능력뿐만 아니라 팀워크, 리더십, 그리고 회사문화와의 적합성을 평가하기 위해 채용과정에서 지원자를 아는, 아니면 학교·회사 등을 바탕으로 지원자를 알 것 같은 구글러들에게 레퍼런스 체크를 적극 활용한다. 레퍼런스 체크는 채용과정에서 지원자의 과거 근무 성과와 행동을 확인하기 위해 이전 고용주나 동료에게 문의하는 절차이다. 그렇게 평판을 보고 뽑은 사람은 어렵게 들어온 만큼 기대 이상의 성과를 보여 준다.

'백도어 레퍼런스 체크'를 어떻게 사용하는가?

많은 회사는 채용과정에서 '백도어 레퍼런스 체크(Backdoor Reference Check)'라는 숨겨진 강력한 도구에 의존하는 경우가 많다. 도어 레퍼런스 체크(Door Reference Check)와 백도어 레퍼런스 체크가 어떻게 다른지, 회사에서 백도어 레퍼런스를 어떻게 사용하는지, 면접 과정에서 백도어 레퍼런스를 사용하고자 하는 경우 고려해야 할 사항을 알아야 한다.

구분	도어 레퍼런스 체크 (Door Reference Check)	백도어 레퍼런스 체크 (Backdoor Reference Check)
정의	– 후보자가 제공한 추천인에게 연락하여 정보를 수집하는 방식	– 후보자가 제공하지 않은, 고용주가 직접 선택한 추천인에게 연락하여 정보를 수집하는 방식
주요 특징	– 후보자가 신뢰하는 인물로 긍정적인 피드백을 받을 가능성이 높음	– 후보자가 예상하지 못한 인물로부터 객관적이고 다양한 피드백을 받을 수 있음
장점	– 후보자가 사전에 준비된 정보 제공 가능 – 신뢰할 수 있는 인물의 추천을 받을 수 있음	– 보다 객관적이고 실질적인 피드백 가능 – 후보자의 진정한 역량과 성격 파악에 유리
단점	– 편향된 정보 제공 가능성 – 후보자가 추천인을 조작할 가능성	– 후보자가 예상치 못한 질문에 대한 부정적인 피드백 가능 – 후보자와의 관계가 손상될 수 있음
사용 상황	– 전통적인 채용과정에서 일반적으로 사용 – 후보자가 명확한 추천인을 제시할 때 적합	– 고위직 채용이나 후보자에 대한 심층적인 이해가 필요할 때 사용 – 더욱 심층적인 평가가 필요할 때 유리

'도어 레퍼런스 체크'는 후보자가 제공한 추천인을 통해 하는 방식으로 일반적인 채용과정에 적합하다. 반면 '백도어 레퍼런스 체크'는 고용주가 선택한 인물로부터 객관적이고 현실적인 피드백을 받아 더 심층적인 평가를 할 수 있는 방법으로 고위직이나 중요한 채용에 적합하다. 레퍼런스 체크는 지원자의 이전 직장에서의 근무 실적이나 성과에 대해 잘못된 정보가 없는지 확인하는 것으로 일반적으로는 전화나 이메일을 통해 이루어진다. 전에 같이 일했던 동료와 전화 통화로 대략 40~50분

가량의 질문을 통해 진행된다.

평판 조회는 후보자 몰래 진행할 수 없다. 평판 조회 실시동의서를 필수로 받아야 하고 동의서 작성 시 안내도 동시에 이루어져야 한다. 비지정으로 이루어지는 경우도 있으나 이 또한 필히 동의서를 얻어야 한다. 이전 회사에서 후보자와 함께 일했지만 추천인으로 나열되지 않은 사람들을 대상으로 '백도어 레퍼런스 체크'를 하게 된다. 면접의 마지막 단계에서는 면접관이 고용 여부를 확정하거나 몇 가지 추가 질문을 할 수 있는 3~4명의 추천인 연락처를 요청받을 수도 있다.

일본에서는 청년 퇴직 대행 서비스가 뜬다

일본 청년들 사이에서 퇴직 대행 서비스가 유행한다고 한다. 일본에서는 새 회계연도를 개시하는 4월 1일부터 많은 신입직원이 일을 시작한다. 보도에 따르면 입사한 지 2주를 채우지 않았음에도 퇴직 대행 서비스 요청이 잇따르고 있다. 퇴직 대행업체는 회사 측에 사표를 건네며 '본인과 절대로 직접 연락 금지', '개인 물건은 우편 착불로 보내거나 버려 달라.'는 내용 등을 함께 고지하는 것으로 알려졌다.

해당 서비스를 이용하는 주된 이유는 '입사 전과 이야기가 다르다.'였다. 보도에 따르면 도쿄 오타구에 있는 한 업체는 '그런 회사와는 더 이상 이야기할 수 없습니다. 퇴직 대행을 부탁합니다.'라는 의뢰를 받았다. 해당 업체는 변호사의 감수를 받아 서비스를 제공하고 있다. 고용 형태가 정규직이나 계약사원인 경우 2만 2,000엔(약 19만 7,920원), 아르바이트인 경우 1만 2,000엔(약 10만 7,956원)의 대행료를 받는다.

2022년 3월에 사업을 개시한 이후 총 의뢰 건수는 2년 만에 8,000건을 넘었다. 특히 갓 입사한 신졸자들의 의뢰는 올해에만 입사한 지 12일 만에 80건으로 집계됐다. 2023년 4~5월 52건 대비 53.85% 늘었다. 퇴직 이유로 '취업 환경이 입사 전에 듣던 것과 다르다.'가 가장 많이 꼽혔다. '신졸'은 대학교 4학년 1학기에 취업할 회사에 내정을 받고 졸업 후 바로 입사하는 일본의 시스템이다.

얼마 전까지만 해도 일본은 '평생직장의 나라'로 통했다. 일본 샐러리맨들은 고용된 첫 회사를 평생직장으로 여기고, 직장 경력을 그 회사에서 마무리하는 것을 당연시했다. 하지만 이러한 깊은 충성심은 최근 몇 년간 균열을 일으키며, 분위기가 확 바뀐 양상이다. 퇴직대행 서비스를 받았던 청년이 레퍼런스 체크에서 어떤 평가를 받을지 고민해 봐야 할 문제다.

퇴직 대행 서비스는 그만둔다고 말할 용기가 없는 직장인들을 위한 것이다. 요금은 정규직 사표가 50만 원, 아르바이트의 경우 40만 원 정도로 알려졌다. 결코 싸다고는 할 수 없는 비용이지만, 그럼에도 불구하고 관련 업체가 성업 중이라고 한다.

평판 조회, 동종 업계에서 문제가 종종 발생한다. 특히 회사에서 문제를 일으켜 이직하게 된 경우도 마찬가지다. 무단결근이나 직장상사와의 불화로 회사를 그만두게 되고, 같은 동종 업계로 이직하는 경우 평판 조회에서 어려움을 겪을 수 있다. 직장상사, 동료, 후배 등 360도 다면 평가까지 진행하면서 심지어 유관 부서 사람들까지 명단을 제출하라고 하는 경우도 있다. 실제로 친하게 지냈다고 해서 레퍼런스 체크를 요청했는데, 분명 잘 도와준다고 해놓고 실제 평판 조회 때 험담을 하는 상사도 있다고 한다. 직장 생활을 성실히 해 왔다면 큰 문제가 없겠지만 불화가 많았다면 레퍼런스 체크를 통과하기 어려울 수도 있다.

기업이 백도어 레퍼런스 체크를 사용하는 방법

면접 과정 이후 회사가 결정을 내리기 직전에 레퍼런스 체크가 등장한다. 백도어 레퍼리도 마찬가지다. 이러한 추천인은 일반적으로 회사가 후보자를 고용하는 데 정말로 진지하지만 그들이 적합한 사람인지 100% 확인하고 싶어 할 때만 연락을 받는다. 후보자와 추천인 모두의 사생활을 존중해야 한다. 채용목적을 명확히 하고 대화가 후보자의 자격과 업무 관련 속성에 집중되도록 하며 개인적인 질문은 피해야 한다.

백도어 레퍼런스 체크는 후보자의 성격과 새로운 회사에 얼마나 잘 들어맞을지에 대한 적합성을 확인하는 통찰력을 얻는 것이다. 채용관리자는 종종 후보자와 함께 일한 직원에게 피드백을 요청하여 그들의 가치와 업무 스타일이 조직의 가치와 일치하는지 측정한다. 백도어 레퍼런스 체크에서 수집한 정보를 공식 참조, 면접 및 기타 평가와 함께 전체 평가 프로세스의 일부로 간주한다. 이러한 접근방식은 후보자에 대한 포괄적인 이해를 보장하고 회사가 정보에 입각한 채용결정을 내릴 수 있는 능력을 향상시킨다.

지원자의 이력서가 기술과 경험을 강조할 수 있지만, 백도어 참조는 이러한 주장을 독립적으로 검증할 수 있는 기회를 제공한다. 회사는 지원자의 작업을 직접 목격한 전직 동료나 동료에게 연락하여 필요한 자격을 갖추고 있는지 확인할 수 있다. 수집된 모든 정보가 채용결정에만 사용되고 조직 내에서 무차별적으로 공유되지 않도록 한다.

회사는 공식 면접 과정에서 드러나지 않은 잠재적 위험 신호를 발견하기 위해 백도어 레퍼런스 체크를 사용할 수 있다. 여기에는 채용결정에 중요할 수 있는 팀워크, 커뮤니케이션 기술 또는 신뢰성과 관련된 문제가 포함될 수 있다. 신중함과 신뢰성을 입증함으로써 회사는 잠재적인 추천인과 긍정적인 관계를 구축하고 유지하며 채용과정에서 윤리적 기준을 고수할 수 있다.

백도어 레퍼런스 체크는 전통적인 참조 확인에 비해 더 솔직하고 거르지 않은 피드백을 가져오는 경우가 있다. 지원자는 공식적인 참조를 선택할 때 더 조심하는 경향이 있어서 비공식적인 대화에서 공식적인 대화에서는 드러나지 않는 부분이 드러날 수 있다.

03 360도 레퍼런스 체크 – 국내 동향

국내에서도 퇴사 대행 서비스가 등장한다

오늘날 퇴사란 새로운 진로, 혹은 더 나은 근로여건을 찾고자 하는 이들의 선택으로 존중받는다. 그럼에도 퇴사가 쉽지만은 않다. 퇴사 의사를 회사에 통보하면 이를 말리려는 회사와 갈등이 시작된다. 그간 쌓인 정 탓에 많은 직장인이 사무실에 다시 주저앉는 일도 다반사다. 최근 국내에서도 퇴사 대행 서비스가 등장하고 있다. 예전보다 국내 고용시장이 유연해지면서 이직이 빈번해졌다.

평판 조회는 최근 이직이 잦아지고 경력 채용이 늘면서 채용시장의 필수 요건으로 자리 잡고 있다. 특히 과거 임원급 등 일부에 한정돼 진행됐던 평판 조회 대상이 사원급 등으로 낮아지는 추세다.

기업 10개사 중 6개사는 직원 채용 시 평판 조회를 하는 것으로 나타났다. 특히 채용이 거의 확정된 상태에서도 평판 조회 결과 때문에 채용을 진행하지 않았다는 기업도 절반 이상에 달했다. 잡코리아가 기업 채용담당자 165명을 대상으로 직원 채용 시 평판 조회에 대해 설문조사한 결과에 따르면 기업 60%가 평판 조회를 실시하고 있다. 평판 조회를 진행하는 기업 중에는 '경력직만 한다.'는 기업이 응답률 60.6%로 가장 많았으며, 다음으로 '채용하는 직원 모두 한다.'(30.3%), '임원급만 한다.'(26.3%), '신입직만 한다.'(14.1%) 순이었다.

채용 시 평판 조회를 하는 방법으로는(복수응답) '이전 직장 동료와의 전화통화'(42.4%)가 가장 많았으며, 이어 '이전 직장의 직속 상사(팀장)'(35.4%) '이전 직장의 인사담당자'(34.3%)와 전화통화를 통해 진행한다는 기업이 많았다. 그 밖에 '평판 조회 서비스 플랫폼을 통해'(22.2%), '개인 블로그 및 SNS를 통해'(12.1%) 한다는 기업도 있었다.

평판 조회를 통해 확인하려는 부분은(복수응답) '업무 능력 및 전문성'이 응답률 52.5%로 가장 높았으며, 다음으로 '이력서에 기재한 성과 및 경력사항 사실 확인을 위해서'(43.4%) 평판 조회를 한다는 기업도 비교적 많다. 그 밖에 '상사, 동료와의 대인 관계 확인'(33.3%), '지원자의 인성 확인'(26.3%), '이력서에 게재한 학력 사실 확인'(20.2%), '전 직장 퇴사 사유'(15.2%) 등도 평판 조회를 통해 확인하는 것으로 나타났다.

설문에 참여한 기업 중 54.5%는 '채용이 거의 확정된 상태에서 평판 조회 결과 때문에 채용하지 않은 지원자가 있다.'고 답했다. 채용하지 않은 이유는(복수응답) '직장상사 및 동료와의 불화가 잦거나 직장 내 괴롭힘을 조장한 경우'가 응답률 61.1%로 가장 높았으며, 다음으로 '전 직장 업무 성과(경력)를 과대 포장한 경우'(44.4%), '전 직장에서 비윤리적인 행위를 한 경우'(35.2%) 등도 탈락의 이유라고 응답했다.

또 기업 53.5%가 '채용을 결정하지 못한 상태에서 평판 조회 결과 때문에 합격시킨 지원자가 있다.'고 응답했다. 채용한 이유 1위는(복수응답) '전 직장의 성과 및 업무 능력이 이력서상의 내용보다 좋거나'(60.4%)였으며, '직장상사 및 동료들과 친화력 및 대인 관계가 좋아서'(50.9%), '헤드헌터 또는 평판 관리 서비스의 평가가 좋아서'(18.9%) 등도 합격시킨 이유라고 답했다.

평판 조회 서비스를 제공하는 회사가 늘고 있다

평판 조회 수요가 폭발하며 시장이 덩달아 커지고 있다. 레퍼런스 체크는 회사에서 경력직 채용 시 지원자의 업무 능력과 대인 관계 등을 이전이나 현재 직장 동료나 상사에게 확인하는 절차다. 회사 인사팀에서 직접 진행하기도 하고 대행업체에 맡기기도 한다. 기업들의 평판 조회 수요가 증가함에 따라 평판 조회 서비스를 제공하는 스타트업들이 빠르게 성장하고 있다.

대표적인 업체는 스펙터(specter.co.kr)이다. 2020년 설립된 이 업체는 평판 조회 서비스를 체계화했다는 평가를 받는다. 채용기업이 경력직으로 선발할 채용대상자의 수년 동안의 행적을 확인할 수 있는 서비스다. 과거에는 헤드헌터가 알음알음 수집한 정보를 토대로 보고서를 작성하던 형식이 주를 이뤘지만, 이 업체는 개인정보 수집에 동의를 받고 지원자의 동료들에게 설문을 받아 집계하는 방식으로 운영한다.

스펙터는 경력 입사지원자들에게 개인정보활용 등 동의를 받고, 자신의 평판을 말해 줄 레퍼리를 직접 찾아 평판을 부탁하도록 한다. 레퍼리들이 스펙터에 직접 등록한 평판은 의뢰를 요청한 회사에 넘어가 채용에 활용된다. 레퍼리들이 작성한 평판 중 '공개' 항목은 입사지원자 본인도 볼 수 있지만, '비공개' 항목은 지원자가 공개를 동의한 회사들만 볼 수 있다. 이를 통해 수백만 원 하던 서비스 가격을 1회 조회당 3만 원으로 낮췄다.

스펙터는 현재 10만 개 이상의 평판 데이터를 모았으며 기아, 카카오 등 주요 대기업을 포함한 1,800곳이 서비스를 이용하고 있다. 이런 배경에 힘입어 최근 65억 원의 시리즈A 투자 유치에 성공했다. 총 누적투자금은 83억 원에 이른다. 레퍼런스 체크가 '뒷조사'처럼 암암리에 이뤄지는 관행을 바꾸기 위해 서비스를 시작했다고 한다.

위크루트(wecruitcorp.com)의 '체커'는 평판 조회 과정에서 인공지능(AI)을 통한 정보 분석을 강점으로 내세운다. 위크루트는 체커를 크게 3등급으로 나눴다. 임원·리더급 채용을 위한 '체커 프리미엄', 일반·경력직 채용에 활용하는 '체커 오토', 그리고 신입·인턴·알바 채용을 위한 '체커 루키'다. 임원과 일반직원은 물론 인턴과 신입직원의 평판 확인도 원하는 수요가 많다는 점을 겨냥했다.

사람인 HR연구소는 '더 플랩 레퍼런스 체크(thepllab.com/)' 서비스를 개발·운영하고 있다. 특징은 '효율성'이다. 사용 방법이 간단하고, 평판 조회 작성과 확인까지 시간이 적게 소모된다고 한다. 온라인 플랫폼에서 후보자가 직접 본인의 전화번호와 함께 본인 정보와 평판을 요청할 조회자를 입력한다. 참여를 요청받은 평판 제공자는 본인 정보를 직접 입력한 후 평판을 입력한다. 후보자가 지정한 평판 제공자에게만 평판 요청이 들어간다. 후보자와 평판 제공자는 실명 인증을 거쳐야 한다.

이후 여러 제공자의 응답과 후보자 본인 응답 간 차이를 보는 갭(GAP) 분석, 후보자에 대한 역량 평가, 성향 분석 결과를 함께 반영해 입체적으로 후보자를 검증한다. 업체 측은 개인정보 침해를 비롯한 법률 리스크와 함께 비용 부담을 크게 줄인 것을 최대 장점으로 꼽는다. 현재 300곳의 기업 회원을 모은 것으로 알려졌다.

인크루트는 2021년 12월 평판 조회 솔루션인 '레퍼런스 체크(works.incruit.com)'를 공개했다. 후보자 셀프 평가를 새롭게 추가해 차별화를 꾀하고 있다. 헤드헌팅이 임원급 직원 채용시장에 강세를 보였다면, 채용 플랫폼은 일반직급 채용 분야에 강세를 띤다. 모바일을 통해 입사 후보자와 평판 제공자가 실시간으로 소통할 수 있다. 시간과 장소 구애 없이 간편하게 평판 조회에 참여 가능한 게 장점이다.

레퍼런스 체크 방식은 다음과 같다. 기업 인사 담당자가 설정한 질문지를 평판 제공자에게 링크로 공유한다. 제공자는 PC나 모바일을 통해 질문에 대한 답신을 전달한다. 이후 온라인 다면평가가 이어진다. 직전까지 근무했던 곳의 상급자, 동료, 하급자 등 모든 구성원에게 확인하는 절차다. 온라인으로 회수된 피드백은 인크루트 레퍼런스 체크를 통해 한눈에 확인할 수 있는 리포트로 제공된다.

인크루트 관계자는 "최근 연차 대비 업무 경험이 부족하거나 커리어 성장이 더딘 인재가 많다. 짧은 면접과 서류상의 숫자만으로는 인재의 능력을 다 검증하지 못한다. 최근 기업들이 평판 조회에 적극 나서는 이유다."라고 귀띔했다.

헤드헌팅 업체 커리어케어는 2021년 평판 조회 전문 서비스 '씨렌즈

(clens.careercare.co.kr)'를 선보였다. 씨렌즈의 특징은 '투 트랙'이다. 채용 예정자가 지목한 사람에게 평판을 의뢰하는 '지정 조회'와 채용예정자와 같이 일해 본 직원 중 무작위로 골라 질문을 던지는 '비지정 조회'로 평판을 평가한다. 이때 채용예정자로부터 비지정 조회를 할 것이라는 동의서를 받고 진행한다. 이후 두 조회처의 인터뷰 결과를 정리해 보고서로 정리한다. 사람들의 평가가 일치하면 '적합' 판정을 내린다. 컨설턴트들이 직접 심층 분석한 결과를 토대로 정량 점수까지 매긴다.

씨렌즈 관계자는 "다양한 의뢰인과의 심층 면담을 통해 업무 전문성, 인성, 커뮤니케이션 스킬, 리더십, 조직 융화도 등 항목을 평가한다. 직급이 높을수록 조회처 숫자가 많아진다. 임원급을 채용하는 경우 보고서 페이지 양이 상당하기 때문에 총평을 요약한 페이지를 별도로 제공한다."고 설명했다.

헤드헌팅 업체 유앤파트너스는 평판 조회 전문 법인 '하이어베스트(hirebest.co.kr)'를 운영한다. 하이어베스트는 평판을 3단계로 나눠 검증한다. 각종 학력과 경력, 범죄 사실 여부를 조회하는 '배경 확인 서비스(Background Check Service)'를 한 뒤 지명 평판 조회를 거친다. 지명 평판 조회는 앞서 말한 지정 조회와 마찬가지로 후보자가 지명한 사람들을 대상으로 평판을 조회하는 작업이다.

이후 비지명 평판 조회를 거친다. 비지명 평판 조회는 앞서 말한 커리어케어의 비지정 조회와 유사한 시스템이다. 하이어베스트가 자체적으로 발굴한 인원을 대상으로 후보자의 평판을 조회한다. 헤드헌팅 업체들은 오랫동안 인재 채용 서비스를 제공하면서 쌓아 온 네트워크가 탄탄하다. 후보자가 누구와 일했는지 비교적 쉽게 확인할 수 있다.

지정 조회는 후보자에게 우호적인 사람에게만 평판을 들을 가능성이 크다. 따라서 중립적인 시선을 가진 제3의 인물에게 듣는 평가가 중요하다. 헤드헌팅 업체는 가장 '객관적'인 정보를 기업 고객에게 제공 가능하다는 게 강점이다.

이미소 노무사는 "업무·조직과 지원자의 적합성을 보기 위해 레퍼런스 체크를 한다지만, 동료와 상사의 평가라는 정성적 자료를 어떻게 참조하는지 전혀 알 수 없다."며 "지원자가 레퍼런스 체크 내용에 대해 항변할 수 있는 방어권이 없는 것이 문제"라고 했다. 지원자가 레퍼런스 체크를 거부하는 것도 현실적으로 불가능하다. 이미소 노무사는 "레퍼런스 체크 과정을 거쳐야 채용한다는데, 구직자가 어떻게 거부할 수 있겠냐."며 "동의하지 않는다는 사실부터 탈락이라는 결과로 이어지기 쉬울 것"이라고 했다. 결국 직장인이 평소에 평판을 '관리'하는 것이 방법으로 제시되지만, 그 때문에 직장 내 괴롭힘 같은 일에 문제제기를 하지 못하는 경우도 있다.

이진아 직장갑질119 노무사는 "'이 사람이 나를 나쁘게 평가하면 어떡하지.'라며 직장 내 괴롭힘을 신고하지 않기도 한다."며 "가해자들이 주로 상사나 관리자이기 때문에 '괜히 문제 제기해서 나에 대한 그들의 평가를 깎기보다는 그냥 퇴사하자.'고 판단하는 것"이라고 했다.

레퍼런스 체크에 지나치게 의존하기보다는 직무 적합성 등 지원자를 잘 평가하기 위한 방법을 회사가 개발하는 것이 중요하다고 전문가들은 지적했다. 이진아 노무사는 "레퍼런스 체크는 지원자를 평가하기 쉬운 방법이지만, 문제가 있다면 다른 방법을 모색해 볼 필요가 있다."며 "직무 적합성 등을 적절히 파악할 수 있도록 채용절차를 고도화하는 것이 필요하다."고 했다.

레퍼런스 체크를 통해 직장 동료들에게 가장 많이 지적된 사항은 '실무 능력 부족'인 것으로 분석됐다. 반면 강점을 묻는 질문에는 '직무 분야에 대한 높은 전문성' 관련 답변이 가장 많았다. 특히 후보자 25명 중 1명은 허위 경력 및 학력 위조, 술자리 구설수, 폭언, 성희롱 등과 같은 치명적 결함도 가진 것으로 드러났다.

후보자들이 동료들에게 주로 지적받은 사항으로는 전체 19%를 차지한 실무 능력 부족(38명)과 함께 소통 및 협업 마인드 결여(23명), 잦은 지각이나 결근 등 불성실한 근무태도(22명) 등이 꼽혔다. 또한 강점으로는 직무 분야에 대한 높은 전문성(95명), 성실함과 책임감(71명), 꾸준한 자기계발 모습(68명) 순으로 조사됐다.

직급에 따라 나눠 보면 주니어급은 불성실한 근무태도, 느린 업무 처리속도, 수동적인 업무 성향, 사교성 부족과 같이 조직 적응과 업무자세와 관련된 문제가 많았으며 시니어급은 부하직원들의 의견을 포용하고 조직을 이끌 수 있는 리더십 부재, 남의 실적을 가로채는 하이에나 유형, 남의 의견은 무시하며 자기주장만 고집하는 독불장군 타입, 사사건건 모든 일에 간섭하는 마이크로매니징 등 리더십 내용이 중복으로 지적됐다. 또한 C레벨에서는 권위적이며 과거에 집착하는 꼰대 마인드, 신지식에 대한 업데이트 의지 부족, 수직적인 소통 강요, 사람과 산업에 대한 통찰력 부족 등이 개선점으로 거론됐다.

만약 임의로 지정된 사람이 비방의 목적으로 지원자의 실제 평판과 다르게 부정적인 내용을 이야기한다면, 그것이 진실인지 거짓인지 판단하기가 어렵다. 특히 레퍼런스 체크를 통해 지원자의 취업을 방해하는 행위는 「근로기준법」을 위반하는 것이기도 하고, 명예훼손이 될 수도 있다. 평균적으로 1인당 90만 원 정도(임원급은 평균 300만 원)가 소비되는 것으로 집계된다. 후보자 몰래 진행한다면 「개인정보보호법」 71조와 「근로기준법」 40조에 저촉되기 때문이다. 실제로 자신에 대한 평판 조회를 해 준 전 직장사람을 상대로 명예훼손, 「근로기준법」 위반, 「개인정보보호법」 위반으로 고소한 사례도 있다.

04 360도 레퍼런스 체크할 때 유의해야 할 5가지

360도 레퍼런스 체크는 채용과정에서 후보자의 역량과 성격을 다각도에서 평가하기 위해 사용되는 방법이다. 이 방법은 후보자와 함께 일했던 상사, 동료뿐만 아니라 부하직원의 의견도 포함하여 평가한다. 이처럼 360도 레퍼런스 체크는 후보자에 대한 폭넓은 이해를 도모하고, 조직 내에서의 성공적인 통합을 위해 중요한 정보를 제공한다. 360도 레퍼런스 체크는 현대의 다양하고 복잡한 업무 환경에서 매우 유용한 평가 도구로 자리 잡을 전망이다.

1. 한 명의 의견에 지나치게 의존하지 않도록 다면적인 관점에서 평가한다

한 명의 의견에 의존하지 않고 상사, 동료, 부하직원 등 다양한 관점에서 후보자를 평가해야 한다. 이를 통해 후보자의 행동과 역량을 보다 정확하고 깊이 있게 이해할 수 있다. 다양한 역할과 직급의 피드백을 균형 있게 수집하여 후보자의 전반적인 업무 성과를 폭넓게 파악하는 것이 중요하다. 레퍼런스 체크 콜 진행 시 주의사항을 알아본다. 지원자가 지원한 회사를 알리고 싶지 않은 경우가 많다.

(×) 안녕하세요. S기업회사의 홍길동입니다. 김철수님의 레퍼런스 체크 전화드렸어요.

(○) 안녕하세요. 김철수님의 이직과 관련해 레퍼런스 체크 전화드린 홍길동입니다.

2. 사전 동의 없이 진행하면 개인정보보호법 위배가 된다

레퍼런스 체크는 사전 동의 없이 진행되면 「개인정보보호법」에 위배될 수 있다. 체크 전에 후보자와의 충분한 사전 협의를 통해 동의를 얻고, 신뢰성 있는 정보를 수집해야 한다. 준비 과정에서 발생할 수 있는 문제를 미리 고려하고, 필요한 경우 추가적인 확인 절차를 통해 정보를 보완하는 것이 중요하다. 레퍼리에 대한 개인적인 질문은 하지 않는다.

(×) 평판에 응해 주신 분은 직장 생활을 한 지 얼마나 되셨나요?

(○) 평판에 응해 주신 분은 지원자와 함께 근무한 기간이 얼마나 되나요?

3. 표준화된 질문으로 응답의 질을 높이고 공정성을 유지한다

레퍼런스 체크에서 표준화된 질문을 사용해 공정성을 유지하고, 응답의 질을 높이는 것이 중요하다. 모든 레퍼리에게 동일한 질문을 사용해 비교 가능성을 높이며, 특정한 답변을 유도하지 않도록 주의해야 한다.

질문이 목적에 부합하는지 지속적으로 점검하여 정보 수집의 방향성을 유지해야 한다. 지원자의 경력 및 역량에 대해서만 질문한다.

(×) 지원자가 대출이나 금전적인 문제가 있지는 않나요?

(○) 지원자는 업무를 할 때 약속한 시간을 잘 지키는 편인가요?

4. 상사, 동료, 부하직원 등 360도 평가로 컬처핏이 맞는지 알아본다

360도 레퍼런스 체크를 통해 업무태도, 팀워크, 커뮤니케이션 능력 등 정성적인 측면을 평가하여 후보자가 조직문화에 잘 적응할 수 있는지를 확인해야 한다. 일반적으로 레퍼런스 체크에서는 지원자와의 관계, 입사지원서 기본 정보의 진위 여부, 업무 능력, 직무 성과, 성격적 장단점, 대인 관계, 지원자와 향후 다시 함께 일하고 싶은지 여부 등의 내용을 레퍼리에게 질문한다. 여러 부서와 업무 관련자들의 평가를 통해 후보자가 조직에 얼마나 적합한 인재인지를 판단할 수 있다.

(×) 지원자의 성격적 단점은 무엇인가요?

(○) 지원자의 성격적 장단점을 이야기해 줄 수 있나요?

5. 익명성을 보장해서 솔직한 피드백을 유도한다

여러 레퍼리를 통해 얻은 정보를 종합해야 한다. 응답자가 솔직하게 답변할 수 있도록 익명성을 보장하여 신뢰감을 형성하는 것이 필요하다. 피드백의 진위 여부를 다른 소스와 교차 확인하여 정확도를 높여서 평가해야 한다. 지원자가 제출한 서류나 구두로 이야기한 내용을 지원자의 상사, 동료, 부하직원 등 주변인을 통해서 재차 확인하는 과정이 360도 레퍼런스 체크이다.

참고문헌

- 강윤화, 초호황에 구인난 겪는 일본 '퇴직 대행서비스' 성업중, 일요신문, 2018. 10. 11.
- 곽용희, "그 직원 일 못해" 이 말 함부로 했다가…큰일 난다 '경고' [곽용희의 인사노무노트], 한국경제신문, 2022. 12. 18.
- 김경탁, '평판' 나쁘면 고스펙도 채용 탈락, The PR, 2024. 8. 8.
- 김대영, "김대리 어때?" 채용 전 평판 조회…기업들, 플랫폼에 묻는다, 한국경제신문, 2024. 7. 9.
- 김동호, 레퍼런스체크 후보자 지적사항 1위는 '실무능력 부족', 서울경제, 2023. 1. 16.
- 박채연, "팀장한테 이직준비 말하라고?"…직장인들 '시끌시끌', 경향신문, 2024. 1. 26.
- 반진욱, 신지안, 홍주연, 진욱, 대이직 시대, 최고의 스펙…소리 없는 면접 '평판 관리' [K직장인 이야기], 매경이코노미 제2190호, 2022. 12. 28.
- 윤소희, "한국에선 상상도 못할 일 일본서 퇴사 대행 유행하는 이유", 매거진한경, 2024. 4. 15.
- 이완기, "경력직 검증해달라"…평판 조회 시장 커진다, 서울경제, 2022. 9. 12.
- 조남호, 기업 절반, 채용 확정해도 '평판 조회' 나쁘면 최종 탈락, 이투데이, 2024. 4. 17.
- 리드 헤이스팅스·에린 메이어, 『규칙 없음 - 넷플릭스, 지구상 가장 빠르고 유연한 기업의 비밀』, 이경남 옮김, 알에이치코리아(RHK), 2020.
- 킴 스콧, 『실리콘밸리의 팀장들』, 박세연 옮김, 청림출판, 2019.

https://www.specter.co.kr/blog/referencecheck240725
https://www.linkedin.com/pulse/backdoor-reference-checking-you-being-naughty-ryan-delon/
https://www.recruitingfromscratch.com/blog/backdoor-references
https://www.robertwalters.co.kr/en/insights/career-advice/blog/reference-checks-for-job-changes.html
https://www.crosschq.com/blog/traditional-reference-checks-versus-digital-reference-checks

미닝풀라이프 시대

주체적인 삶을 지향하는
'미닝풀라이프 시대'가 온다

#의미있는삶 #워라엔 #워라밸
#삶의의미 #일의의미 #직업가치

삶 자체는 의미가 없다. 당신이 그 삶에 의미를 부여하는 것이다.
즉 삶의 의미는 당신이 정하기 나름이다.
그리고 살아 있다는 것 자체가 의미일 수도 있는 것이다.

- 조셉 캠벨

01 미닝풀라이프

-------------------------------------►

성공보다 의미를 찾는 삶

사람들은 여유가 생겨야 '생존'을 넘어 '생활'을 한다. 성공을 넘어 자신의 삶을 풍요롭고 의미 있게 만들려는 움직임을 보여 준다. 요즘은 젊은이들도 '내 인생의 의미는 무엇인가?'라는 물음을 던진다. 개인의 삶뿐만 아니라 끊임없이 경험하고 심리적 만족감과 행복을 추구하는 방향으로 '삶의 방식'이 바뀌고 있다. 그렇다면 의미 있는 삶이란 무엇일까?

이제 '성공한 삶'보다 자신의 삶에서 의미와 목적을 추구하는 '미닝풀라이프(Meaningful Life)' 시대다. 미닝풀라이프는 자신의 가치, 열정, 신념에 따라 사는 삶이며, 일과 삶의 풍요로움을 추구한다. 삶에 의미를 부여하는 요소는 사람마다 다르지만, 다른 사람과 긍정적인 관계를 맺고, 의미 있는 일을 찾아 추구하고, 사회와 세상에 기여하고, 기쁨과 성취감을 가져다주는 활동에 참여하고, 개인적인 성장과 발전에 대한 감각을 키우는 것이 공통적으로 포함된다.

아우슈비츠 수용소에 3년간 수감됐던 심리학자이자 정신의학자인 빅터 프랭클(Viktor Frankl)은 '의미 치료(Logotherapy)'의 창시자로서 인간의 가장 근본적인 동기는 삶의 의미를 찾는 것이라는 이론을 제시했다. 그는 저서 『죽음의 수용소에서(Man's Search for Meaning)』에서 "자기가 해야 할 일이 있다는 것을 알고 있는 사람들이 더 잘 살아남았다."라고 말했다. 그 역시 잃어버린 원고를 다시 쓰겠다는 강렬한 열망이 자신을 생존으로 이끌었다고 고백했다.

프리드리히 니체는 "왜 살아야 하는지를 아는 사람은 그 어떤 상황도 견딜 수 있다."라고 말했다. 결국 이들의 생존 비법은 인간으로서의 존엄성을 잃지 않는 것이다. '의미 있는 삶'이란 행복의 열쇠일 뿐만 아니라 삶의 의지를 되살릴 원동력일지도 모른다. 니체는 "왜 살아야 하는지를 아는 사람은 그 어떤 상황도 견딜 수 있다."라고 말했다.

프랭클은 의미를 찾는 방법으로 3가지를 제시한다.

첫째 방법은 '체험적 가치(Experiential Value)'를 통해서이다. 체험적 가치 중 가장 중요한 것은 사랑을 느끼는 것이다. 누군가를 사랑하면 그 사랑을 받는 사람이 삶에 의미를 가질 수 있고, 그렇게 함으로써 우리 스스로도 의미를 찾을 수 있게 된다. 그에 의하면 사랑은 "인간이 희구할 수 있는 최종, 최고의 목표이다."

둘째 방법은 '창조적 가치(Creative Value)'를 통해서이다. 무엇인가 의미 있는 행동을 하는 것이다. 미술, 음악, 저술, 발명 등 창조적인 활동을 통해 삶이 의미 있게 되는 것이다.

셋째 방법은 '태도적 가치(Attitudinal Value)'를 통해서이다. 자비, 용맹, 유머 감각 같은 태도를 견지하는 데서 삶이 의미 있게 된다는 뜻이다. 특히 고통에 대해 어떤 태도를 견지하는가가 중요하다. 고통을 당할 때 그 고통의 의미를 발견하므로 고통을 의연하게 견뎌낼 수 있는 힘을 얻게 된다.

프랭클은 이 3가지 가치 외에 더욱 근본적인 가치를 제시하고, 거기에서 궁극적인 의미를 찾아야 한다고 했다. 이런 의미를 그는 '초의미(Supra-meaning)'라 했다. 초의미는 일, 경험, 태도 같은 이 세상에서의 조건과 상관없이 발견될 수 있는 삶의 궁극적 의미라고 보았다. 그는 오늘을 사는 우리에게 "정말로 중요한 의미는 무엇일까?" 생각하며 스스로 돌아보라고 한다. 경제적 안정이나 사회적 지위도 물론 중요하지만, 결국은 내 속에 있는 '영적 가치(Spiritual Values)'에서 참된 의미를 찾으라고 촉구한다.

개인의 삶에서 사회적 연결감과 소속감을 느낄 수 있는 활동에 더 많은 가치를 두는 경향이 증가하고 있다. 기업들은 직원의 기술뿐만 아니라 그들의 가치와 신념을 중요하게 생각한다. 회사의 가치와 개인의 가치가 일치할 때 직원들은 더 큰 만족감과 의미를 느낄 수 있다.

일보다 삶의 의미를 찾아야 한다

"일만 잘하면 된다고 생각했는데, 이제 삶의 태도도 중요해지고 있어요."

코로나19 이후 일과 삶의 관계가 달라졌다. 요즘 사람들은 더 이상 자신이 노동자로만 여겨지기를 원하지 않는다. 공장의 기계부품처럼 여겨졌던 휴먼 리소스(Human Resource)가 아니라고 외치며 영혼이 있는 사람으로서 대우해 주기를 원한다. 과거 '워크-라이프 밸런스(Work-Life Balance)'가 일과 삶의 영역을 구분하는 데 중점을 두었다면, 요즘 '워크-라이프 엔리치먼트(Work-Life Enrichment)'는 일과 삶의 풍요로움을 갖고 있는 인사관리 트렌드이다.

직장인들이 일을 넘어 풍요롭고 충만한 삶을 누리는 '워라엔(Work-Life Enrichment)' 트렌드가 등장했다. 100세 시대로 가면서 직장과 일의 정의도 달라질 전망이다. 코로나19 이후로는 삶의 질이 높이는 리프레시(Refresh)

줄임말	일과 삶의 관계	일과 삶의 관계 내용
워크밸	Work-Life Balance	일과 삶 사이의 균형을 뜻한다. 주 52시간 근무제 시행으로 워라밸이 익숙해졌다. 일에만 치우치지 않고 일과 삶의 엄격한 구분과 균형을 이루기 위한 가치로서 가족 친화 개념으로 인식된다.
워라하	Work-Life Harmony	일과 삶 사이의 조화로움을 뜻한다. 가정에서 행복한 시간을 보낼 수 있다면 그 행복한 에너지가 충만한 상태로 출근할 수 있다. 일과 사생활은 조화롭게 가꾸는 정원사처럼 시너지를 추구한다.
워라인	Work-Life Integration	일과 삶 사이의 통합을 뜻한다. 의미 있는 일을 하기 위해서는 개인 삶의 모든 영역을 조화롭게 통합하는 게 중요하다. 일을 단순히 생계로 보지 않고 자신의 삶과 통합적으로 보는 관점을 포함한다.
워러밸	Work-Learning Balance	일과 학습 사이의 균형을 뜻한다. 원격 근무, 화상 강의 등 조직문화에서 워러밸이 중요해지고 있다. 학습의 주체는 조직이 아니라 개인이며, 조직은 학습하는 개인을 통해서만 학습할 수 있다.
워라블	Work-Life Blending	일과 삶 사이의 섞음을 뜻한다. 일과 삶을 별도로 구분해서 잘 섞인 칵테일처럼 일을 통해 삶의 가치를 구현하려는 라이프스타일이다. 밀레니얼 세대가 워라밸을 선호한다면 Z세대는 워라블을 추구한다.
워라엔	Work-Life Enrichment	일과 삶 사이의 풍요로움을 뜻한다. 자신이 하는 일을 넘어 풍요롭고 충만한 삶을 누린다. 지금 하는 일에서 의미를 찾고 실제로 삶을 즐기는 것이다. 아는 지(知), 좋아하는 호(好), 즐기는 락(樂)이 풍요롭게 한다.

제도를 도입한 곳이 크게 늘었다. 최근 '삶의 질'에 대한 관심이 많아지면서 급여만큼이나 기업의 휴가 제도, 복지 제도, 주 4일 근무제 등이 좋은 기업을 평가하는 새로운 잣대가 되고 있다. 일보다 삶의 의미를 찾으면서 자신이 하는 일을 넘어 풍요롭고 충만한 삶을 누리고 싶어 한다.

주 52시간 제도(법정근로 40시간 + 연장근로 12시간)가 정착하면서 노동시장에

서는 '워라밸'이 유행이다. 퇴근 후에는 업무 전화를 받지 않고, 일이 개인의 삶을 방해할 때는 일을 그만두기도 한다. 가정과 자신에게 소홀하고 오로지 회사에만 매달리는 사람이 많아지면서 나온 사회현상이다. 일과 사생활을 저울에 올려놓고 견주어서는 안 된다.

긍정심리학의 창시자 중 한 명인 마틴 셀리그만(Martin Seligman)은 '행복의 3가지 요소'로서 즐거운 삶(Pleasant Life), 좋은 삶(Good Life), 의미 있는 삶(Meaningful Life)을 강조했다. 그는 이 3가지로 연결되는 거대한 삶의 흐름이 행복한 사람의 시그니처(Signature)라고 설명했다. '즐거운 삶'은 현재, 과거, 미래에 대한 긍정적인 감정을 성공적으로 추구하는 삶을 의미한다. '좋은 삶'은 우리가 좋아하는 활동을 통해 풍부한 만족을 얻어 가는 삶이다. 마지막으로 '의미 있는 삶'은 즐거움 너머 의미 있는 것을 향해 나의 강점과 미덕을 활용하여 나아가는 삶을 가리킨다. 그의 연구는 의미 있는 삶이 개인에게 얼마나 중요한지를 탐구한다.

최근에는 워라밸을 넘어선 풍요로운 삶을 추구하는 워라엔을 중시하는 사람이 늘고 있다. 워라엔은 일과 삶 두 영역이 상호 영향을 주며 서로를 풍요롭게 한다는 관점이다. 심리치료사인 롤프 메르클레 박사는 "천재는 노력하는 사람을 이길 수 없고, 노력하는 사람은 즐기는 사람을 이길 수 없다."고 말했다. 공자도 『논어』, 「옹야편」에서 "아는 자는 좋아하는 자만 못하고, 좋아하는 자는 즐기는 자만 못하다.(知之者 不如好知者, 好之者 不如樂知者 지지자 불여호지자, 호지자 불여락지자)"라고 했다.

풍요로운 삶은 앎을 즐기는 맥락에서 이루어진다. 이제는 나(I), 너(You), 우리(We)로 일도 잘하지만 다른 동료와 협동도 잘하며 사회공헌 활동으로 보람도 느끼며 자아실현을 해야 한다. 일과 삶이 서로 영향을 주는 워라엔 트렌드는 직원과 가족을 풍요롭게 한다.

한국인은 삶의 질에서 세계와의 격차가 더욱 심화되고 있다

한국인은 스스로 얼마나 행복한가? 최근 발표된 갤럽세계여론조사(GWP)의 「2024 세계행복보고서(WHR)」에 따르면 한국인 스스로 삶의 전반적인 질을 평가해 매긴 행복 점수는 전 세계 143개국 중 52위였다. 보고서는 행복을 규정하는 지표로 1인당 국내총생산(GDP), 건강기대수명, 사회적 지원, 삶의 선택권을 가질 자유, 관용(최근 수개월 간 기부 여부), 부정부패 지수 6가지에 대해 설문조사하였다.

7년 연속 행복도 1위인 핀란드 등 북유럽 국가들이 수위를 차지한 가운데 한국은 일본(51위), 필리핀(53위), 베트남(54위) 등과 비슷한 수준을 보였다. 한국은 경제력이나 건강기대수명 점수는 좋았지만 사회적 지원, 삶의 선택권을 가질 자유 등의 항목은 점수가 낮았다. 한국은 사회적 지원(83위), 삶의 선택권을 가질 자유(99위) 등이 전체 행복도(52위)보다 훨씬 낮았다.

한국은 핀란드와의 차이가 극명했다. 핀란드의 건강기대수명(71세, 19위)과 1인당 국내총생산(4만 9,244달러, 19위)은 한국보다 순위가 낮거나 비슷했다. 하지만 사회적 지원(2위), 삶의 선택권을 가질 자유(2위)는 최상위였다. 한국은 경제적 수준을 떠나 아직 사회·정치적으로 선진국이 아니기 때문이다. 1인 가구가 증가하면서 사회 양극화와 빈부 격차의 심화로 선택의 자유도 제한받고 있다.

물질적 풍요로움보다 정신적 풍요로움이 중요해지고 있다. 행복감은 오래 건강하게 살고 경제적으로 윤택하다고 해서 오는 게 아니다. 오히려 내가 힘들 때 기댈 수 있는 사람이나 기관, 남의 눈치를 보지 않고 결정할 수 있는 선택의 자유가 일과 삶의 풍요함을 가져오기 때문이다. 행복은 '강도(Intensity)'가 아니라 '빈도(Frequency)'에 좌우된다. 행복한 사람은 일상생활에서 상대적으로 작지만 빈번하게 경험하는 행복도 소중하다.

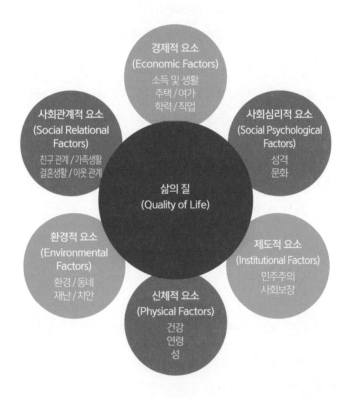

'삶의 질(Quality of Life)'이란 경제적 요소(Economic Factors), 사회관계적 요소(Social Relational Factors), 사회심리적 요소(Social Psychological Factors), 환경적 요소(Environmental Factors), 제도적 요소(Institutional Factors), 신체적 요소(Physical Factors) 등을 의미하는 매우 포괄적인 개념을 가지고 있다. 좋은 삶을 사는 사람은 한 가지가 아닌 여러 측면에서 좋은 삶을 영

위하는 경향을 보인다. 소유가 아니라 경험을 통해서 좋은 삶을 사는 사람이 일도 잘할 수 있다.

직업(Job)과 삶(Life)이 별개가 아니다. '잡 엔리치먼트(Job Enrichment)'는 기존 역할에 동기부여 요소를 추가하여 직원의 만족도와 동기를 높이고, 업무의 질을 개선하고, 직무에 대한 매력을 높이는 과정이다. 자신이 맡은 일을 풍부하게 만들어 책임을 늘리고 도덕적이고 보람 있는 삶을 살아가게 된다. 예를 들어, 책상 생산공정에서 조립만 담당하는 근로자에게 원재료 구매와 품질 검사까지 수행하게 하는 것은 직무 충실에 적용된 것이다.

오늘날 리더를 위한 최고의 '개인 가치 제안(Individual Value Proposition, IVP)' 중 하나는 근로자 역할을 넘어서 사람들이 자신이 누구인지 아는 것이다. 리더는 엄마, 아내, 딸, 언니, 친구, 이웃 등 다양한 역할을 가지고 있다. 직장에서 개인과 직장 밖의 삶을 중시할 때 근로자의 직무 만족도도 증가한다.

'워라엔(Work-Life Enrichment)'은 도대체 무엇인가?

일과 삶의 풍요로움이란 무엇인가? 일과 삶 중에 어느 것을 먼저 생각하는가? 우리는 '삶'을 먼저 생각한다. 경험의 질이 삶을 바꾼다. 삶을 잘 살기 위해서는 앎이 있어야 하고, 좋아하는 것이 있어야 즐거움이 있고, 그때부터 풍요로움이 온다. 그래서 잘 살아야 일을 잘할 수 있다. 일본에서는 신국민생활지표를 '풍요로움의 지표'라는 별칭으로 부른다. 일과 삶의 질이 향상되면 직무 만족도, 헌신, 업무 참여, 업무 성과, 개인 건강 및 가족 만족도가 향상되는 이점을 누릴 수 있다.

미국 버지니아대 오이시 시게히로 교수와 플로리다대 에린 웨스트게이트 교수가 좋은 삶의 새로운 프리즘으로 '마음이 풍요로운 삶'을 제안했다. 연구진이 최근 미국심리학회가 발행하는 『심리학 리뷰(Psychological Review)』에 발표한 논문에 따르면 마음이 풍요로운 삶이란 '관점의 변화를 동반하는 참신하고 다채로운 경험'으로 가득 찬 삶을 말한다.

예컨대 해외 유학은 대학생들이 자신의 삶에서 심리적 풍요를 경험하는 하나의 방법이다. 유학을 통해 낯선 나라의 관습과 역사에 대해 더 많이 알게 되면서 유학생들은 모국 사회와 문화를 다시 생각해 보게 된다. 새로운 경력을 시작하고 도전적인 예술에 몰입하는 것, 학습, 창작, 돌봄 등도 심리적 풍요를 더해 주는 경험들이다. 새로운 경험들이 꼭 재밌는 것은 아니다. 오히려 실업, 자연재해처럼 견디기 힘들고 불편한 것일 수도 있다. 하지만 그런 경험들조차도 자신과 주변 세계를 이해하는 데 도움을 준다고 연구진은 주장했다.

웨스트게이트 교수는 "삶에 도전과 고난을 위한 공간을 만들어 준다는 점에서 심리적 풍요를 '좋은 삶'에 추가할 필요가 있다."고 말했다. 불편한 경험이라도 경험을 하는 것 자체에 가치가 있다는 것이다.

마크 네포는 『고요함이 들려주는 것들』에서 아주 뼈저린 고통도 곧 지나가리라는 깨달음을 얻는다고 한다. 만약 좋은 삶의 개념을 기존의 쾌락이나 가치 있는 삶에 한정한다면, 그 기준에 맞지 않는 삶을 사는 사람들은 나쁜 삶을 사는 것으로 치부하게 된다. 이는 사람들의 다양한 경험과 그 가치를 폄하하는 것이다.

고통이 느껴질 때 우리가 할 수 있는 일은 넓은 마음으로 상황을 인식하는 것뿐이다. 우리의 마음이 유리잔 말고 호수가 되어야 한다. 매일같이 진실해야 함을 잊지 않으려 노력하면서 타협하고픈 충동을 물리치고 버텨야 한다. 일과 삶의 밀도를 높여서 풍요로움으로 나아가야 한다.

02 미닝풀라이프 – 세계 동향

일의 의미를 찾아야 정체성이 분명해진다

최근 유연근무제와 원격근무의 도입으로 직원들이 자신의 삶과 일을 더 잘 조율할 수 있게 되었다. 미닝풀라이프를 추구하는 개인들에게 삶의 질을 높이고, 일과 개인적 목표 사이의 균형을 맞출 수 있는 기회를 제공한다.

하버드대 중년 전문가 윌리엄 새들러(William A. Sadler)는 저서 『서드 에이지, 마흔 이후 30년』에서 우리 생애를 4단계로 나눴다. 첫 번째 단계인 '퍼스트 에이지(First Age, 0~20대 중반)'는 '배움(Learning)의 단계'로 학습을 통해 인생의 1차 성장을 이루는 시기이며, '세컨드 에이지(Second Age, 20대 중반~30대)'는 일과 가정을 이루면서(Doing) '사회적 정착을 하는 단계'이며, '서드 에이지(Third Age, 40세~70대)'는 인생에서 가장 긴 시기로 마흔 이후 30년 동안 '인생의 2차 성장'을 통해 자아실현을 추구해 가는(Becoming) 시기이다. 마지막으로 '포스 에이지(Fourth Age, 70세 이후)'는 그야말로 '노화'의 시기로 성공적인 나이 듦을 실현해 가면서 젊게 살다가 삶을 마감하는 시기를 뜻한다.

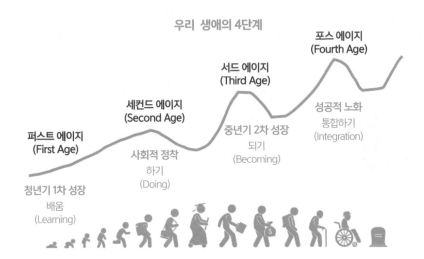

우리 생애의 4단계

포스 에이지
(Fourth Age)

서드 에이지
(Third Age)

세컨드 에이지
(Second Age)

퍼스트 에이지
(First Age)

성공적 노화
통합하기
(Integration)

중년기 2차 성장
되기
(Becoming)

사회적 정착
하기
(Doing)

청년기 1차 성장
배움
(Learning)

새들러는 중년의 우리들에게 5개의 치명적인 D를 버리고 활력적인 R 와 함께 미래를 설계해야 한다고 충고한다. 쇠퇴(Decline), 질병(Disease), 의존(Dependency), 우울(Depression), 노망(Decrepitude)은 우리의 삶에서 경계해야 할 5가지 D이다. 이는 곧 죽음(Death)에 이르는 지름길에 스스로를 빠져들게 하는 것이다. 반면 우리에게 주어진 인생의 보너스를 완벽하게 누리기 위해서는 갱신(Renewal), 갱생(Rebirth), 쇄신(Regeneration), 원기회복(Revitalization), 회춘(Rejuvenation) 같은 R에 적극적인 노력을 기울여야 한다.

그는 "마흔 이후 인생의 새로운 성장을 통합(Integration)하면서 자기 자신에 대한 진단과 이를 토대로 한 자신의 경력을 재설계해야 한다."고 조언했다. 중년기를 길어진 노년기를 미리 준비해야 하는 시기로 봤다. 역할에 충실한 삶에서 자아실현의 삶으로 변화하고 있다. 삶은 육체의 성장과 달리 정신적 성숙과 쇄신을 통해 계속 성장한다. 배움(Learning),

하기(Doing), 되기(Becoming), 통합하기(Integration)로 중심과제를 옮겨 가면서 삶의 성장은 멈추지 않음을 말해 준다. '서드 에이지'는 유럽에서 처음 사용한 용어로 미국, 호주, 캐나다 등지에서 선풍적인 인기를 끌면서 중년기를 대체할 새로운 단어로 급부상하고 있다.

'수퍼 에이지' 시대가 온다

최근 '수퍼 에이지(Super Age)'의 시대가 뜬다. 미국에서 정부·기업에 고령화 트렌드와 관련한 조언을 하는 연구·컨설팅 회사 '더 수퍼 에이지(The Super Age)'의 창립자 브래들리 셔먼(Bradley Schurman)은 고령사회가 몰고 올 수 있는 부정적인 통념에 당당하게 반기를 든 인구 전문가이다. 셔먼은 고령층을 '힘없고 무기력하며 부양받아야 할 집단'으로 보지 않는다. 그는 "고령자가 노동·소비 시장의 주요 참여자가 되면 고령화는 위기가 아닌 오히려 기회가 될 수 있다."고 주장한다. 고령화에 대한 역발상을 주창하는 셈이다.

셔먼은 "우리는 은퇴를 자연스러운 과정이라고 믿지만 나이가 들면 일터를 떠난다는 생각이 오히려 비정상"이라고 했다. 그는 '출생률 감소'와 '급속한 수명 증가'라는 2가지 메가트렌드가 충돌하면서 생기는 인구통계학적 충격은 필연적이며 앞으로 닥쳐올 변화를 인류가 제대로 대비하지 못한다면 경제가 침체되고, 고위험 노령인구의 고립이 증가하며, 농촌공동체가 소멸하는 등 심각한 위협이 닥칠 거라고 경고한다. 대부분의 인류 역사에서 사람들은 더는 일할 수 없을 때까지 일했고, 은퇴라는 개념이 오히려 짧은 역사를 지닌 현대의 개념이라는 것이다.

20세기 서구에서 연금제도가 확립되면서 은퇴라는 '새로운 개념'이퍼져 나갔다. '수퍼 에이지'는 65세 이상 인구가 전체의 20%를 넘는 초고령사회를 뜻한다. 세계 65세 이상 인구는 지난해 7억 8,000만 명에서 2050년 16억 명으로 2배 이상으로 증가할 전망이다. 같은 기간 전체 인구에서 차지하는 비율도 10%에서 17%로 늘어난다. 이미 일본(29%)·이탈리아(24%)·독일(22%)·프랑스(21%)는 고령 인구 비율이 20%를 넘었고, 한국(18%)은 2025년, 미국(17%)은 2030년 초고령사회로 진입할 것으로 예상된다.

현재 고령층이 앞선 세대보다 젊고 건강하다는 연구 결과가 속속 나오고 있다. 2020년 핀란드 유바스쿨라대 연구진이 1910~14년 태어난 75~80세와 1938~43년 태어난 75~80세의 신체 능력을 비교했더니, 후자가 악력·폐활량 등에서 5~47% 좋은 결과를 냈다. 또 노스웨스턴대 연구에 따르면 50세 창업가가 성공할 확률은 30세 창업가보다 1.8배 높았다. 미국에서는 75세 이상 인구의 경제활동 참여율이 2000년 5.3%에서 2020년 8.9%까지 증가했다.

일본 재계 관계자들이 정부회의에서 고령자 기준을 현행 65세에서 70세로 올리는 방안을 검토할 것을 제안했다. 도쿠라 마사카즈 일본경제단체연합회 회장과 니나미 다케시 경제동우회 대표간사는 경제재정자문회의에서 "고령자의 건강수명이 늘어나는 가운데 고령자 정의를 5세 늘리는 것을 검토해야 한다."고 제언했다.

이들은 일본 생산가능인구(15~64세) 감소 속도가 2030년대에 더욱 빨라질 것을 염두에 두고 모든 세대의 생산성을 향상할 필요성이 있다고 언급하는 과정에서 이같은 의견을 냈다. 일본 정부는 통상적으로 65세 이상을 고령자로 간주해 고령화율을 산출한다. 노령기초연금 수령, 병

간호보험 서비스 이용, 대중교통 운임 할인의 하한 연령도 65세여서 실질적으로는 65세가 넘으면 고령자로 인식된다.

일본 노화연구자들은 "60~75세가 인생에서 가장 빛나는 골든 에이지(Golden Age, 황금기)"라고 평가한다. 은퇴 직후의 이 시기를 시간으로 환산하면 14만 시간이 넘는다. 20세부터 40년간 8시간씩 하루도 쉬지 않고 일한 노동시간(11만 6,000여 시간)보다 훨씬 길다.

최근 스탠퍼드대 신경과학자 토니 와이스 레이 교수는 "이 연구를 시작했을 때 나이는 점진적으로 먹는 것이기 때문에 노화도 상대적으로 서서히 진행될 것이라고 가정했다."고 말했다. 그런데 결과는 딴판이었다. 단백질 수치로 본 노화 그래프는 선형 곡선이 아닌 3개의 뚜렷한 꼭짓점을 형성했다.

과학자들이 알아낸 노화 촉진 시기는 34살, 60살, 78살이다. 나이가 들면서 몸 안에서 노화 기어가 세 번 작동하는 셈이다. 연구진은 18~95세에 이르는 4,263명의 혈액에서 액체 성분인 혈장을 분리한 뒤, 여기에서 3,000가지의 혈장 단백질을 분석했다. 그 결과 이 가운데 1,379가지 단백질이 나이가 들어감에 따라 수치가 달라지는 것을 발견했다.

단백질 수치의 급변은 생체 활동 프로그램의 변화를 초래할 가능성이 크다. 연구진은 특히 30대 중반인 34살 무렵에 노화 관련 단백질 수치가 급등하는 것을 보고 매우 놀랐다고 한다. 나이가 들면서 몸 안에 노화가 빨라지지 않기 위해서 건강한 삶을 추구해야 한다.

일의 의미를 바꾸는 잡 크래프팅

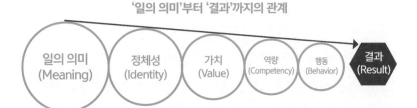

'일의 의미'부터 '결과'까지의 관계

일의 의미
(Meaning)　정체성
(Identity)　가치
(Value)　역량
(Competency)　행동
(Behavior)　결과
(Result)

일의 의미는 정체성과 관련이 깊다. 덴마크계 독일인 발달심리학자인 에릭 에릭슨(Erik Erikson)은 '정체감 위기(Identity Crisis)'라는 말을 처음 사용했다. 그의 주요 업적은 인간의 전 생애에 걸친 발달심리학을 다룬 것이다. 그는 발달심리학에서 인간의 사회심리학적 단계를 나이별로 보았을 때 생애 발달 단계에서 '생산성 대 침체(Generativity vs. Stagnation)' 단계를 제시했다.

이 단계에서 중년의 사람들은 자신이 하는 일이 의미(Meaning)가 있고, 다음 세대에 긍정적인 영향을 미친다는 것을 느끼고자 한다. 중년은 개인이 삶의 의미와 목적에 대해 진지하게 고민하고 재평가하는 시기다. 과거의 선택과 결정들에 대해 회상하며, 미래에 대한 방향성과 목표를 다시 설정하고자 하는 때로 중년 위기는 자아 정체성(Identity)의 혼란과 연결될 수 있다. 개인은 자신의 역할과 위치를 다시 평가하고, 과거의 업적과 실수를 돌아보는 동안 자아 정체성에 대한 불안과 혼란을 경험할 수 있다.

중년 위기는 공허감과 불만족감이 늘어날 수 있는 시기이다. 과거의 성취에 대한 만족감이 사라지거나, 예상했던 성공과 만족을 찾지 못할 경우에 개인은 불만족과 우울감을 느낀다. 중년은 신체적인 변화와 건강 문제가 나타나기 시작하는 시기다. 이러한 신체적인 변화는 개인의 자아상에 영향을 주고, 중년 위기의 정체성 탐색과 연결될 수 있다.

중년 위기는 어떤 사람들에게는 성장과 변화를 위한 기회로 받아들여질 수도 있지만, 다른 사람들에게는 스트레스와 어려움을 초래할 수도 있다. 중년 위기를 잘 극복하려면 자기에 대한 깊은 이해와 목표 설정, 지지를 받을 수 있는 사회적인 관계 등이 중요하다.

업무에 몰입하기 위해 필요한 것이 잡 크래프팅(Job Crafting)이다. 잡 크래프팅은 스스로 주도적으로 '업무 재설계(Business Process Reengineering, BPR)'를 하는 행동으로, 새로운 과업과 관계를 만들어 일의 진정한 의미와 목적을 찾음으로써 업무에 몰입하고 성과를 창출하도록 하는 데 목적이 있다. 잡 크래프팅은 구성원들이 자율적으로 과업을 자신의 흥미, 강점, 가치에 맞게 재설계해 일의 의미를 느끼게 하고 업무 몰입도를 높여 준다.

잡 크래프팅을 위해서는 행동전략이 필요하다. 첫째, 인지적 변화 만들기(Cognitive Crafting)이다. 현재 하고 있는 일의 의미를 재인식하는 작업을 통해 일에 대한 관점을 변화시키는 활동이다. 둘째, 과업 만들기(Task Crafting)이다. 인지적 변화 만들기 결과에 따라 과업의 내용과 접근방식을 새롭게 만들거나 조정하는 것이다. 셋째, 관계 만들기(Relational Crafting)이다. 과업 수행에 필요한 관계 자원을 효과적으로 구축하는 행동전략이다.

잡 크래프팅 행동전략 실행에 정해진 순서는 없다. 개인의 과업 자율성이 높다면 과업 만들기부터 진행하면 된다. 반면 직원이 자신의 과업을 스스로 선택하기 어려운 곳에서는 인지적 변화 만들기만 진행해도 좋다. 인지적 변화 만들기는 바꿔 말하면 일의 의미 만들기이다. 풀어서 말하면 일에 대한 관점을 바꿔 주는 작업 과정이다. 예를 들어, 한 병원 청소부는 자신의 일을 단순히 병실을 청소하고 쓰레기를 치우는 것으로 여기는 대신, 환자와 가족들에게 더 나은 환경을 제공함으로써 그들의 회복에 기여한다고 생각하기로 했다. 그는 자신의 일이 병원의 위생 상태를 유지하는 것을 넘어, 환자들의 회복에 직접적으로 기여하고 있다는 것을 깨달았다.

반려견과 동반 출근하는 세계적인 기업들

코로나19 팬데믹 이후 기업들이 직원 유지와 인재 유치를 위해 복지 개선에도 열을 올리고 있다. 미국은 세계적인 글로벌 대기업들이 포진해 있는 만큼 기업 복지로 유명한 기업이 많다. 구글의 매력은 세계 최고의 기술력을 가진 회사라는 점과 높은 연봉을 들 수 있지만 또 하나 빼놓을 수 없는 것이 바로 '복지 혜택'이다. 먼저 전 세계 70여 국가에 캠퍼스를 두고 있어 영어가 부족한 사람 또는 영어 외 제2외국어를 배우고 싶은 이들에게 100% 교육 지원을 해 주고, 언어 이외의 취미나 특기를 위한 비용도 30% 지원해 주고 있다. 또한 입사 1년 차에 15일의 휴가를 보장해 주고, 2년을 주기로 5일씩 유급휴가가 늘어난다.

구글에는 눈치 보지 않고 낮잠을 잘 수 있는 '슬립팟'이라고 하는 낮잠을 잘 수 있는 장비도 설치되어 있다. 육아휴직에 대한 복지도 남녀 구분 없이 육아에 필요한 기저귀, 분유까지 모두 지원해 준다. 사내 전문 마사지사는 물론 집안일에 신경 쓸 필요가 없도록 심부름센터 서비스를 통해 저녁식사 준비, 빨래, 청소 등 도우미 이용권도 제공한다. 본사에는 의료진이 상시대기 중이고, 출퇴근 시간도 자신이 정할 수 있다.

그리고 기업 운영 정책에 직원들의 개를 사무실로 데려와도 된다는 '도그 폴리시' 항목을 기재하여 반려견 동반 출근이 가능하다.

주 4일 근무로 근무시간 줄어도 생산성은 같아야 한다

북유럽을 시작으로 이미 주 4일 근무제가 일반화되어 있다. 프랑스는 매주 35시간, 노르웨이와 덴마크는 각각 매주 37시간 근무한다. 최대 허용치도 있다. 프랑스는 주당 48시간 근무를 넘지 못하도록 규정했다. 유럽의 주 4일 근무는 반드시 '금요일 휴무'를 의미하지는 않는다. 월~금요일 가운데 근로자가 원하는 날 하루를 쉬는 방식이 보편화되었다.

효율적인 주 4일 근무제 정착을 위해 노동계와 경제계 모두 절충안도 찾았다. 영국 『타임』의 보도를 보면 유럽은 주 4일 근무제 도입을 위해 노동계와 경제계가 '100-80-100 원칙'에 합의했다. 급여 100%를 받고 80% 시간에 근무하되 생산성은 100%를 달성한다는 게 골자다. 하루 더 쉴 수 있다는 것에 집중한 나머지 역기능을 간과할 수도 있다. 2022년 갤럽에서 실시한 유럽 여론조사를 보면 주 4일 근무제 이후 근로자는 '주중 피로'를 더 느끼는 것으로 나타났다. 5일 근무 때와 같은 업무를 4일 만에 마치다 보니 발생한 역기능이다. 『타임』은 "4일 동안 과도한 업무 탓에 5일째(금요일)에 더 피로할 수 있다."고 분석했다.

세계적 트렌드는 주 4일 근무제로 향하고 있다. 유럽에 이어 미국도 본격적으로 이것이 확대될 전망이다. 미국 파나소닉과 스레드업 등 전자와 IT 기업은 이미 주 4일 근무를 시행 중이다. 이밖에 많은 기업이 월~목요일 근무를 마치고 금요일은 단축 근무를 시행 중이다. CNN 설문조사를 보면 미국 대기업의 약 32%가 주 4일 또는 4.5일 근무와 같은 새로운 근무 일정 교대를 모색하고 있는 것으로 나타났다. 버니 샌더스(Bernie Sanders) 미국 상원의원은 2024년 3월 주 4일 근무제 전면 도입을 위한 법안을 발의하기도 했다.

주 4일 근무제 도입의 성공 여부는 얼마나 효율적이고 빠르게 과도기를 거치느냐에 달려 있다. 제도 도입 초기에 기업은 성장률 및 영업 이익의 하락, 원가 구조에서 인건비가 차지하는 비율 상승 등을 겪어야 한다. 동시에 노동계는 근무 시간의 단축에도 생산성을 얼마만큼 유지할 수 있느냐에 집중해야 한다. KPMG US의 폴 노프(Paul Knopp) CEO는 CNN과의 인터뷰에서 "주 4일 근무가 금융과 마케팅 및 기타 사무직에서는 타당할 수 있다."면서도 "다만 노동력이 부족한 건설과 의료 산업에서 주 4일 근무제 전면 도입은 해가 될 수 있다. 효율적인 접근이 필요한 이유"라고 말했다.

삶의 질을 올리면 일도 잘된다

덴마크는 광범위한 복지정책을 펼치고 있는 복지국가로 잘 알려져 있다. 이러한 복지 정책을 펼치는 것은 국민의 삶의 질을 높이고 사회적 안정을 증진하기 위해서다. 다른 북유럽 국가들과 달리 노동시장이 유연한 덴마크는 회사가 원하면 아무 때나 노동자를 해고할 수 있다. 하지만 실업수당을 2년씩 지급하고 액수도 상당하기 때문에 해고되어도 먹고살 걱정은 적은 편이다.

복지가 남다른 덴마크의 기업문화를 살펴보자. 먼저 코펜하겐 외곽에 있는 글로벌 제약회사 로슈 덴마크는 일주일에 두 번씩 직원들과 그 가족들을 위해 저녁식사 도시락을 준비한다. 급한 세탁과 우편 업무도 회사에서 모두 대신 처리해 준다. 직원들의 건강을 신경 쓰는 로슈는 원하는 직원들을 대상으로 주중 오후에 자전거 타기, 에어로빅, 달리기를 한다.

'세상을 다시 조립하다.'라는 슬로건으로 매번 놀라운 장난감을 선보이는 레고그룹은 사옥을 집과 마을의 개념으로 계획하여 독립적인 직원 개인 공간과 커뮤니티 공간, 호텔, 스포츠 관련 액티비티 공간이 아우러지게 설립하였다. 세계 각국에 레고 자회사와 지점을 두어 130여 국가에서 어린이들에게 장난감, 학습 자료를 제공하며, 여성의 출산휴가가 끝나는 시점에 남성도 1년 동안 유급휴직을 사용할 수 있도록 복지 제도를 펼치고 있다.

욜로 경제가 사라지고 요노 경제로 바뀐다

최근 '요노족'이 자주 언급된다. 요노(YONO)는 'You Only Need One(필요한 건 하나뿐)'의 약자다. 인플레이션의 영향으로 꼭 필요한 것만 사고 불필요한 소비를 줄이는 소비 행태를 일컫는다. 고물가, 고금리, 고환율의 '3고'가 지속하면서 소비 방식을 달리하는 2030세대를 상징하는 용어가 됐다. 지난 10년간은 '욜로족'이 대세였다. 욜로(YOLO)는 'You Only Live Once(인생은 한 번뿐)'의 약자다. 불확실한 미래에 투자하기보다는 현재의 행복을 추구하는 소비 행태다.

2011년 미국의 유명 래퍼인 드레이크의 곡 「더 모토(The Motto)」에 처음 등장한 이 표현은 가수 싸이의 히트곡 「강남스타일」과 함께 2012년 『뉴욕타임스』가 선정한 10대 유행어에 올랐다. 2016년 버락 오바마 당시 미국 대통령이 건강보험 개혁안인 '오바마 케어' 홍보영상에서 "욜로 맨(Yolo, Man)"이라고 외쳐 화제가 되기도 했다. 특히 이들은 코로나

19 팬데믹 이후 보복 소비(Revenge Spending)라 불리는 소비 행태를 유지했다. 멋진 새 TV, 트렌디한 디자인으로 업그레이드한 욕실과 주방, 펠로톤 자전거, 좋은 술에 기꺼이 지갑을 열었다.

미국의 2024년 1분기 신용카드 연체율은 6.9%로 1년 전 4.6%보다 크게 올랐다. 신용카드 및 자동차 대출이 연체로 전환되는 비율이 모든 연령대에서 계속 상승하고 있는 상황이다. 상황이 이렇게 되니 상품 소비가 많이 줄었고 서비스 지출도 약해졌다. 미국 실질 가처분소득 증가율(전년 동월 대비)은 2023년 6월 5.3%였는데 2024년 4월 기준으로 1.0%까지 내려갔다. 가처분소득 증가율 1%는 1년 4개월 만에 최저 수준을 기록했다. 2024년 4월 미국인의 저축률은 3.6%를 기록했다. 저축률도 1년 4개월 만에 가장 낮은 수치이다. 코로나19 팬데믹 기간에 대량 살포된 현금이 바닥났기 때문이다. 신용카드 연체율도 치솟고 있다.

애널리스트 사미르 사마나는 "새로운 일상이 어떤 모습인지 파악해야 한다. 고용주는 직원들이 더 자주 사무실로 돌아오기를 원하고 있다. 더 이상 어디에서나 일할 수 없게 되면서 사고방식도 바뀌고 있다. 과거 일하던 모습으로의 회귀라는 느낌이 든다."고 했다.

'요노족'의 탄생은 자연스러운 현상이다. 월마트가 2024년 1분기 실적 발표에서 기록적 분기 실적을 보인 것도 요노족의 탄생을 뒷받침한다. 월마트는 2024년 1분기 매출이 전년 동기보다 6% 증가한 1,615억 1,000만 달러(약 219조 4,113억 원)를 기록했고, 순이익도 전년 동기(16억 7,000만 달러)에서 급증한 51억 달러를 기록하여 어닝 서프라이즈를 보였다. 월마트는 연간 순매출 증가율이 당초 가이던스인 3~4%를 상회할 것으로 예상하면서 주가가 폭등했다.

인생은 한 번뿐인 욜로에서 필요한 것은 하나뿐인 요노로 변하는 것은 어려워진 현실 경제에서 '줄일 수 있는 건 최대한 줄이는' 작업을 하면서도 포기하지 못하는 단 하나를 찾고자 하는 욕망 때문이다. 더 중요한 우선순위로 일과 삶의 풍요로움을 찾아가는 여정이다.

03 미닝풀라이프 – 국내 동향

미닝풀라이프 시대가 온다

"인생에서 제일 좋은 나이가 60~75세다. 계란 노른자 나이다. 그때가 제일 행복했다." 올해로 104세가 된 한국 최고령 철학자인 김형석 연세대학교 철학과 명예교수는 늙지 않는 비법으로 '지속적인 공부'와 '젊은 감정 유지'를 꼽았다. 지속적인 공부를 통해 배움의 끈을 놓지 말고, 늘 다양한 사람과 소통하면서 젊은 감정을 유지하는 것이 최고의 장수 비결이라는 것이다.

김 교수는 "학생들과 노는 게 즐겁다. 그게 참 좋다. 그래서 나도, 여러분도 늙지 않고, 오래 일했으면 하는 생각이 있다."고 말했다. 이어 "나이 들수록 욕심은 줄이고 지혜가 앞서야 한다."고 강조했다. "나의 세대에는 예순을 노년기의 출발이라고 생각했다. 그런데 나도 여든까지는 정신적으로 늙었다는 생각은 하지 않았다. 장년기가 길어졌다는 것은 젊게 성장하고 일할 수 있는 세상이 되었다는 뜻이다. 우리가 더 좋은 세상을 자율적으로 창조해 가는 것이 주어진 과제이고 희망이다." 김 교수는 최근에 『김형석, 백 년의 지혜』라는 책을 냈다.

이제 평생 현역의 시대다. 평생 현역이란 하던 일자리에서 퇴직하고 다른 업체로 이직해 경력을 유지하거나 직무를 바꿔 재취업을 한 뒤 나이와 관계없이 계속 일하는 상태를 뜻한다. 이를 위해서는 현재 나의 경력 상태를 진단하고 직업 역량을 점검하며, 더 나아가 직업 생애를 재설계할 수 있어야 한다.

한국인의 평균 수명은 현재 83.2세(남성 80.5세, 여성 86.5세)이다. 평균 수명이 30년 전보다 20년이 늘어났다. 평균 수명이 늘어났다는 또 다른 의미는 노인들의 체력도 30년 전보다 20년이 젊어졌고 중·장년기가 20년 늘어났다는 것이다. '60대는 새로운 40대'이고, '70대는 새로운 50대'이다. 그래서 요즘 노인들은 자신들을 노인이라 부르지 말고 '청장년'이라고 불러 달라고 요구한다.

디지털 전환, 건강 관리 등 기술 변화는 개인적으로도 여러 가지 전략이 필요하다. 40~50대 중년기는 바로 그 기술 변화에 대응하기 위한 골든 타임이다. 60대나 70대에 갑자기 운동을 시작하면 뼈에 무리가 갈 수 있다. 세계보건기구(WHO)에 따르면 중간 강도(옆 사람과 대화 가능)로 하루 30분 이상, 주 5회 이상 걷기나 근력 운동을 하는 게 좋다. 헬스클럽에서 1시간 운동했다고 잠 잘 때까지 누워 있으면 운동 효과가 떨어진다. 귀찮더라도 소파에서 1시간 앉아 있었다면 잠시 일어나서 거실을 어슬렁거리는 게 좋다.

규칙적인 신체 활동은 면역 기능 강화, 체내 염증 감소를 통해 심장·뇌혈관 질환, 암 예방에 효과적이다. 거동이 가능하면 동네 산책을 나가고 몸을 자주 움직여야 한다. 손가락을 움직여 일기를 쓰면 치매 예방에도 좋다. 하루 있었던 일을 기억하는 메모도 뇌 건강에 도움이 된다.

삶의 질이 높이는 리프레시 제도

코로나19 이후로 유연근무제가 보편화됐다. 업무효율을 높이기 위해 리프레시(Refresh) 제도를 도입한 곳도 크게 늘었다. 최근 '삶의 질'에 대한 관심이 많아지면서 급여만큼이나 기업의 휴가제도, 복지제도 등이 좋은 기업을 평가하는 새로운 잣대가 되고 있다. 기업의 각종 복지제도는 임직원의 만족도를 높이는 또 다른 요소다. 기존의 휴가 개념에서 벗어나 임직원의 재충전을 위한 장기휴가 개념을 속속 도입하고 있다. 리프레시 휴가 기간이 최대 한 달에 달하는 회사도 있다.

넥슨은 '3·6·9 재충전 휴가 제도'를 운영하고 있다. 3년, 6년, 9년 근속마다 15일의 휴가를 주는데 500만 원의 휴가비까지 준다. 오랜 기간 근무한 직원들에게 재충전의 시간을 주는 것이다. 2020년부터는 20년 근속자에게 특별 트로피와 1,000만 원의 공로포상금도 지급한다. 세금까지 회사가 납부해서 딱 1,000만 원을 받을 수 있도록 배려했다. 게임업계는 통상적으로 이직이 많고 근속 연수가 짧은데 도입 첫해에 14명의 직원이 혜택을 받았다.

넥슨은 매년 복지포인트로 연간 250만 원을 지급한다. 연극, 콘서트 등 문화생활은 물론 학원비, 병원비, 자녀양육비에도 쓸 수 있다. 가족이 아플 땐 '가족돌봄휴직'을 낼 수 있다. 최대 450만 원의 생활안정지원금도 지급한다. 만약 업무나 경제적 이유로 휴직을 하기 어려운 직원에게는 본인의 상황에 맞게 주 20시간 이상 근로 범위 내에서 근로시간을 선택적으로 사용할 수 있는 '가족돌봄 단축근무제'를 운영한다.

카카오는 직원들의 재충전을 위해 매 3년 근속 시마다 한 달의 안식휴가를 부여한다. 이 기간 동안 급여와 함께 휴가비 200만 원이 별도 지급된다. 월말 리프레시 데이는 매월 마지막 주에 주 4일만 근무한다. 가족돌봄 휴가는 자녀양육(교육기관 방문 등 포함), 질병 돌봄, 노령 돌봄, 사고 돌봄 등 다양한 사유로 가족을 돌봐야 하는 경우 사용할 수 있는 휴가다. 매년 10일의 유급휴가가 주어진다.

대웅제약은 5년마다 최장 1개월에 달하는 리프레시 휴가를 유급으로 제공한다. HK이노엔은 'Jump-Up'이라는 이름의 프로그램을 운영하고 있다. 5년마다 2주간 자기계발을 위한 유급 휴가를 제공한다. 여기에 개인 연차 2주를 포함해 최대 4주간 리프레시 휴가를 떠날 수 있다. 이밖에 데브시스터즈는 반려동물 실비보험을 지원하고 펫프렌즈는 반려동물 동반 출근, 반려동물 입양 및 생일, 장례 등 경조사를 지원한다.

해가 갈수록 복지제도가 풍성해지고 있다. 유한양행은 저출산 위기를 극복하기 위해 출산축하금 1,000만 원을 지원한다. CJ그룹은 임직원들이 일과 가정 두 마리 토끼를 모두 잡을 수 있도록 다양한 지원책을 마련하고 있다. 여성 직원의 임신·출산, 육아 등 생애 주기별 지원도 아끼지 않고 있다. 임신 초기부터 출산 이후 만 1년까지 출퇴근 시간을 조정할 수 있는 모성보호 플렉서블 타임 제도를 운영하고 있다. 난임 부부에게는 시술 비용을 지원해 주고 유산 시 휴가 보장 제도도 운영 중이다. 직원들이 마음 편히 가정과 직장 생활을 병행할 수 있도록 지속적으로 도울 예정이다.

주 4일 근무제가 도입되고 있다

2003년 은행이 과감하게 토요일 업무를 중단했다. 공공기관도 2004년부터 토요일에 문을 닫았다. 그렇게 주 5일제가 본격화한 지 20년 가까이 지났다. 이제 주 4일 근무제가 도입되고 있다. 몇몇 역기능을 잘 견뎌내면 순기능이 그만큼 많다. 현대경제연구원 분석에 따르면 임시공휴일을 하루 더 지정하면 경제 파급 효과가 5조 1,600억 원에 달한다.

주 4일 근무제를 도입해 주목받는 중소·중견 기업이 있다. 한일시멘트는 2003년 7월부터 매주 금요일 오전까지 근무하는 주 4.5일제와 격주 주 4일제를 시범 운영했다. 임직원 설문조사 결과 격주 주 4일제에 대한 선호도가 높아 정식 도입했다. 향후 한일현대시멘트 등 계열사에도 격주 주 4일 근무제를 확대 시행할 예정이다.

그 밖에도 휴넷과 금성출판사가 주 4일 근무제를 시행하고 있다. 유한킴벌리는 격주 주 4일 근무제를 시행 중이다. 이들은 대기업보다 복지나 처우가 열악할 것이란 구직자의 인식을 깨고, 유능한 인재를 모집하기 위해 다양한 복지 혜택을 확대하고 있다. 이를 통해 경쟁력이 오르며 기업의 실적도 증가하고 있다. 실제로 휴넷의 경우 최근 3년간 평균 매출 성장률이 22%를 기록하고 있으며, 주 4일 근무제 도입 이전과 비교해 채용 경쟁률도 3배나 증가했다. 이와 관련해 문주희 휴넷 인재경영실 실장은 "주 4일 근무제는 생산성 향상의 도구이자 직원들의 일하는 방식을 바꾸는 계기가 됐다."고 설명했다.

자동문 제조기업 코아드는 2022년 주 4일 근무제를 도입했다. 제조업계 내 첫 주 4일 근무제 도입이었다. 공장이 쉼 없이 돌아가야 하는 제조업 특성상 주 4일 근무제는 대부분 불가능할 것이라고 생각했으나, 코아드는 3년째 이어 가고 있다. 그것이 가능할 수 있었던 것은 스마트 공장을 도입해 생산 효율성을 극대화한 덕분이다. 대면 보고나 회의도 모두 없애 업무 효율성을 높였다. 그뿐만 아니라 월 20만 원 복지카드를 제공하고, 2년마다 리프레시 휴가 16일 등 직원들에게 다양한 복지 혜택을 주고 있어, 채용 때마다 100~200대 1의 경쟁률을 기록하고 있다. 주 4일 근무제로 일과 삶의 풍요로움을 추구하는 사람이 많아지고 있다.

과소비 '욜로'에서 실용적 '요노'로 바뀌다

『한국경제신문』과 농협은행이 2023년과 2024년 상반기 농협은행 개인 고객 3,200만 명의 금융거래 이력과 카드 결제 내역을 분석한 결과 2030세대의 올해 상반기 외식 소비 건수는 2023년 같은 기간보다 9% 감소했다. 다른 연령대에서 각각 3%, 11% 증가한 것과는 차이가 있다. 같은 기간 2030세대의 수입차 구매 건수도 2023년 같은 기간보다 11%나 감소했다. 다른 연령대에서는 3%만 감소했다. '욜로(YOLO)'는 가고, '요노(YONO)'가 왔다.

요노형 소비는 수입차 구매에서도 확인된다. 2024년 상반기 2030세대의 수입차 판매점 소비 건수는 전년 동기 대비 11% 줄었다. 반면 다른 연령대에서는 3% 감소하는 데 그쳤다. 2030세대는 수입차 대신 중고차(29%)와 국산차(34%) 구매를 늘렸다. 다른 연령대의 중고차 구매 증가율은 이 기간 0%로 정체됐으며 국산차 구입은 11% 늘어나 2030세대보다 증가율이 낮았다. 2030세대의 택시 이용 건수도 21% 줄어 다른 연령대(-3%)보다 감소폭이 컸다.

손으로 쥐는 힘이 약해지면 삶의 질도 떨어진다

흔히 노인들의 근력평가를 위해 사용하는 방법인 손으로 쥐는 힘(악력)이 일상생활의 움직임이나 스스로 옷을 갈아입고 씻을 수 있는 것과 같은 '삶의 질'과도 관련이 있는 것으로 분석됐다. 삶의 질을 높이기 위해서는 전 연령층에서 꾸준한 근력운동이 필요한 것으로 연구팀은 분석했다. 서울아산병원 가정의학과 박혜순 교수, 강서영 임상강사 연구팀은 20세 이상의 한국 성인 남녀 4,620명(남성 2,070명, 여성 2,550명)을 대상으로 손으로 쥐는 힘과 건강 관련한 삶의 질의 연관성을 분석했다.

손으로 쥐는 힘이 전체 인구집단의 하위 4분의 1로 매우 낮을 때 남성의 경우 움직일 수 있는 정도를 평가하는 '운동 능력의 문제'가 1.93배 증가하였으며, '통증 등의 신체 불편감'도 1.53배 증가했다. 여성의 경우 손으로 쥐는 힘이 약할 때 '운동 능력의 문제'가 2.12배 증가하였으며, 늘 통상적으로 하는 행동 등의 '일상활동 문제'가 2.04배 많은 것으로 나타났고, '통증 등의 신체 불편감'이 1.48배 증가하는 것으로 나타났다. 손으로 쥐는 힘은 쉽고 빠르게 근육의 강도를 측정할 수 있는 방법으로, 주로 노인의 건강평가에 사용되어 왔지만 이번 연구로 20대까지 포함한 전 연령층에서 손으로 쥐는 힘과 삶의 질의 연관성이 확인되었다.

박혜순 서울아산병원 가정의학과 교수는 "남녀 모두에서 연령이 증가할수록 근감소증으로 인하여 근력이 약해지면서 '손으로 쥐는 힘'이 감소했다. 특히 남성의 경우 체질량지수가 감소할수록 손으로 쥐는 힘이 감소하는 것으로 나타나, 보다 나은 삶의 질을 유지하기 위해서는 적당한 체중을 유지하면서 근감소증을 예방하고 근육의 힘을 향상시킬 수 있는 근력운동이 필요하다."고 말했다.

손은 제2의 뇌로 손이 움직이는 것만큼 뇌도 바쁘게 활동한다. 뇌가 퇴행하면 손을 이용하는 범위가 좁아지고 반응 속도도 느려진다. 손글씨 쓰기, 컬러링북 색칠하기, 뜨개질하기, 퀼트 만들기, 피아노 연주하기, 종이 접기, 목공예 만들기, 화초 가꾸기 등 손을 이용한 활동을 권하는 이유다. 정교하게 손을 쓰면서 뇌에 활기를 채워 줘야 한다. 팝콘처럼 튀어오르는 강한 자극에만 반응해 감각이 무뎌지는 팝콘 브레인, 스마트폰과 같은 디지털 기기에 의존해 기억력이 떨어지는 디지털 치매 등으로 정체된 뇌 자극에도 긍정적이다. 손은 움직일수록 노화가 적어지고 삶의 질을 높일 것이다.

04 미닝풀라이프 시대에서 유의해야 할 5가지

코로나19 팬데믹 이후 사람들의 일과 삶이 송두리째 바뀌었다. 재택 근무를 하면서 일과 삶, 개인 생활과 직장 생활, 일과 쉼 간의 경계가 불분명해졌다. 일이 우리 삶을 파고들어 친구들이나 사회생활로부터 단절되는 현상도 나타났다. 일과 삶은 떼어 놓을 수 없는 것이라는 것을 몸소 체험했다. 주체적인 삶을 지향하는 '미닝풀라이프 시대'가 온다. 행복한 삶을 위해서는 '의미 있는 삶(Meaningful Life)'을 살아야 한다.

1. 작은 목표 설정과 명확한 방향성을 찾아라

소소한 것에 감사한다. 작은 목표를 성취하면 삶의 만족도가 높아진다. 자신의 삶에서 진정으로 중요한 것이 무엇인지 명확히 이해하고, 그에 따라 목표를 설정하는 것이 중요하다. 목표가 분명할수록 일과 삶의 균형을 유지하기가 쉬워지고, 불확실성 속에서도 흔들리지 않고 나아갈 수 있다. 단기적인 목표와 장기적인 비전을 모두 고려하여 계획을 세우고, 그 과정에서 작은 성취를 통해 동기를 유지하는 것이 좋다. 동기와 목표는 의미 있는 삶을 향해 가는 징검다리 역할을 해 준다.

2. 일과 삶의 풍요로움을 유지하라

코로나19 팬데믹 이후 많은 사람이 재택근무를 하면서 일과 개인 생활의 경계가 불분명해졌다. 이러한 상황에서 일에 너무 몰입하거나, 반대로 개인 생활에만 집중하여 균형을 잃는 경우가 발생할 수 있다. 따라서 명확한 경계 설정과 시간 관리가 필요하다. 일정한 시간에 일을 시작하고 끝내는 습관을 들이며, 업무 시간 이후에는 철저히 개인 시간을 보장하는 것이 중요하다.

워라엔(Work-Life Enrichment)을 중요시하는 사회적 트렌드가 강화되면서 개인의 행복과 삶에 더 많은 가치를 두게 되었다. 사람들이 단순한 물질적 성공을 넘어 자신의 잠재력을 최대한 발휘하고자 하는 욕구가 증가하고 있다. 일정한 시간에 일을 시작하고 끝내는 습관을 들이며, 업무 시간 이후에는 철저히 개인 시간을 보장하는 것이 중요하다. 의미는 이미 우리의 내면에 존재한다. '만약에'가 유용하다. 만약에 지금 당장 나의 묘비명을 정해야 한다면? 사망하기 1시간 전, 유언장을 작성해야 한다면? 우리 삶이 어떤 방향으로 나아가야 하는지는 생각보다 쉽게 결정할 수 있을 것이다.

3. 자기 성찰과 지속적인 성장을 추구하라

의미 있는 일은 자기 효능감을 높인다. 의미 있는 삶을 살기 위해서는 자신에 대한 깊은 이해와 성찰이 필요하다. 자신의 가치를 지속적으로 성찰하고, 현재의 삶이 그 가치에 부합하는지 점검해야 한다. 이를 통해 삶의 방향성을 확인하고, 필요한 변화나 성장을 도모할 수 있다. 자기계발을 위한 독서, 명상, 혹은 새로운 기술 습득 등도 자기 성찰의 중요한 도구가 될 수 있다. 정신 건강의 중요성이 강조됨에 따라 의미 있는 활동이 정신 건강에 미치는 긍정적인 영향에 대한 인식이 커졌다. 밀레니얼 세대와 Z세대를 중심으로 자신의 가치관과 일치하는 삶을 추구하는 경향이 강해지고 있다.

4. 사회적 관계와 연결을 꾸준히 하라

개인의 삶에서 사회적 연결감과 소속감을 느낄 수 있는 활동에 더 많은 가치를 두는 경향이 증가하고 있다. 코로나19 팬데믹은 많은 사람을 사회적으로 고립시켰고, 이는 심리적 스트레스로 이어질 수 있다. 의미 있는 삶을 위해서는 주변 사람들과의 건강한 사회적 관계가 필수적이다. 가족, 친구, 동료와의 소통을 유지하고, 필요할 때는 도움을 요청하는 것도 중요하다. 새로운 사람들과의 교류를 통해 자신의 세계를 확장하고, 다양한 관점을 받아들이는 것도 도움이 된다. 관계를 우선시함으로써 사회적 연결에 기반을 둔 만족스럽고 보람 있는 생활을 만들 수 있다. 경력을 단선적으로 쌓는 대신 다양한 분야에서 경험을 쌓으려는 경향이 증가하고 있다. 이는 더 풍부하고 다층적인 삶을 추구하는 방식이다.

5. 신체적 건강을 위해 휴식으로 자기 회복을 유지하라

바쁜 현대인의 하루를 보내다 보면 몸이 망가지는 것은 한순간이다. 의미 있는 삶을 위해서는 자신의 신체적, 정신적 건강을 유지하는 것이 필수적이다. 과도한 업무와 스트레스는 삶의 질을 떨어뜨릴 수 있으므로 적절한 휴식과 회복 시간이 필요하다. 바쁜 하루를 보내다가 문득 계절의 변화를 실감했을 때 벅찬 감정이 밀려오곤 한다. 삶에서 의미를 찾는 것도 마찬가지이다. 일과 후에는 충분한 휴식을 취하고, 주말이나 휴가 기간을 활용해 자신을 돌보는 시간을 가져야 한다. 마음의 여유를 가지고 바쁜 일에서 한 발짝 떨어져서 운동, 취미 활동, 자연 속에서의 시간을 가지면 자기 회복에 큰 도움이 될 수 있다. 편하다고 늘 앉아 있거나 누워 있으면 근력이 빠지는 것을 느낄 수 있다. 체력은 일상생활을 무리 없이 할 수 있는 능력이다. 이런 체력조차 없다면 삶의 질이 뚝 떨어진다. 지금 바로 일어나서 몸을 챙기자.

참고문헌

- 곽노필, 34·60·78살…인간은 세 번 늙는다, 한겨레, 2024. 6. 29.
- 곽노필, 행복과 의미도 좋지만…제3의 '좋은 삶', '심리적 풍요'서 온다, 한겨레, 2024. 6. 29.
- 권선미, 깜빡하는 일 늘어난다면 빨리 손을 쓰세요, 중앙일보헬스미디어, 2022. 2. 23.
- 김기림, 욜로족 가고 '요노'가 온다…미국 소비 유통 대격변, 더 밀크, 2024. 6. 7.
- 김소연, 성공 콘텐츠에 열광할 수밖에 없는 사회 [편집장 레터], 매일경제, 2024. 2. 29.
- 김용, "60세에 운동 시작해도 효과 있나?"…가장 좋은 습관은?, 코메디닷컴, 2024. 6. 3.
- 김용하·윤강재·김계연, 『OECD 국가 행복지수 산정에 관한 연구』, 한국보건사회연구원, 2009.
- 김준형, 주 4일제 도입한 선진국…어떻게 사나 봤더니, 이투데이, 2024. 4. 27.
- 김진구, 안식휴가 한 달, 출산축하 1천만 원…이런 회사가 있다고?, 데일리팜, 2024. 4. 29.
- 노정용, 세계 '풍요'지수, 격차 심화…한국은 19위, 글로벌 이코노믹, 2024. 3. 14.
- 박상현, 日재계 "고령자 기준 65세→70세 올리자" 제안…반응은 엇갈려, 연합뉴스, 2024. 5. 28.
- 반기웅, 삶의 질 올랐다지만…지갑 얇아지고 상대적 빈곤 늘었다, 경향신문, 2024. 2. 22.
- 백수진, 잡 크래프팅으로 몰입하게 하라, HR insight, 2023. 1. 25.
- 서유진, 오래 살고 윤택한데, 한국인 왜 덜 행복할까…핀란드와 다른 점 둘, 중앙일보, 2024. 3. 26.
- 성유진, '수퍼 에이지' 시대… "일할 수 있는데 은퇴하는 게 비정상", 조선일보 위클리비즈, 2023. 10. 5.
- 손엄지, "휴가 떠나면 500만 원" 넥슨, 일보다 중요한 건 잘 쉬기, 뉴스1, 2024. 1. 22.
- 송석주, 104세 철학자 김형석 교수 "인생에서 제일 좋은 나이 60~75세", 이투데이, 2024. 5. 9.

- 오강남, '의미요법'의 창시자 빅터 프랭클, IPKU Magazine, 2023. 11. 15.

- 이승진, "삼성 주6일 근무? 우린 주 4일!"…워라밸로 주목받는 중견기업, 아시아경제, 2024. 5. 14.

- 이창권, [한경에세이] 속(續) 워라밸, 한국경제신문, 2024. 3. 27.

- 이호선, 행복 웰빙의 조건–삶의 의미를 못 느낄 땐, 정신의학신문, 2022. 9. 30.

- 천현우, [2030 플라자] 성공팔이들의 몰락이 시작됐다, 조선일보, 2024. 2. 29.

- 최호경, [뉴스 속 용어] '욜로(YOLO)' 가고 '요노(YONO)' 왔다, 아시아경제, 2024. 7. 31.

- 한경리쿠르트, 복지의 클라스가 글로벌한 기업들!, 월간 리쿠르트, 2023. 11. 29.

- 윤석철, 『삶의 정도』, 위즈덤하우스, 2011.

- 이어령, 『젊음의 탄생』, 생각의 나무, 2008.

- 마크 네포, 『고요함이 들려주는 것들』, 흐름출판, 2012.

- 브라이언 딕·라이언 더피, 『나의 일을 의미있게 만드는 방법』, 박정민·지승희 공역, 박영스토리, 2016.

- 빅터 프랭클, 『빅터 프랭클의 죽음의 수용소에서–죽음조차 희망으로 승화시킨 인간 존엄성의 승리』, 이시형 역, 청아출판사, 2020.

- 윌리엄 새들러·제임스 크레프트, 『핫 에이지, 마흔 이후 30년』, 역자 김경숙 옮김, 출판사 사이, 2008.

https://www.linkedin.com/pulse/what-meaningful-life-dr-denise-taylor/

https://www.transitioningwell.com.au/work-life-enrichment/

https://www.aihr.com/blog/job-enrichment/

◎

PART 3

HOW
지금 당장
어떻게 할 것인가?

01 대한민국의 업종 경계가 무너진다

대한민국의 업종 경계가 무너지고 융합되는 현실이 주목할 만하다. 생성 AI 등장으로 산업 시스템의 근간이 AI로 뿌리째 바뀌는 대전환이 본격화된 가운데 통신부터 클라우드, SI, 플랫폼까지 'IT 산업'이란 이름표를 떼고 전면전을 벌이고 있다. AI 등장 이후 인간의 일자리가 줄어들 것이란 우려는 커지고 있다. 골드만삭스는 챗GPT와 같은 생성 AI가 전 세계적으로 3억 개에 달하는 정규직 일자리를 대체할 것이라는 전망을 내놓은 바 있다. 골드만삭스는 "미국과 유럽에선 전체 직업의 3분의 2 정도는 AI 자동화에 노출돼 있다."고 분석했다. 세계 주요 테크기업의 해고 현황을 추적하는 웹사이트(Layoffs)에 따르면 2024년 들어 지금까지 약 204개의 기술 기업이 약 5만 개의 일자리를 줄였다.

2024년 1월은 알파벳, 아마존, 유니티 등이 감원을 발표하면서 감원 규모가 2023년 3월 이후 최대폭을 기록했다. IBM은 2023년 1월 실적 발표에서 일자리 3,900개를 줄일 것이라고 발표했으며, 8월에는 8,000개의 일자리를 AI 기술로 대체하겠다는 계획을 공개했다. IBM은 AI로 대체할 수 있는 직무는 향후 몇 년간 채용을 중단한다는 방침이다.

아르빈드 크리슈나 IBM 최고경영자(CEO)는 "5년간 업무지원 부서에 종사하는 직원 2만 6,000명 중 30%가 AI와 자동화로 대체되는 것으로 쉽게 예상할 수 있다."고 말했다. IBM은 엔터프라이즈 AI 영역에서 마이크로소프트, 구글, 아마존 등과의 경쟁에서 다소 뒤처져 있다는 평가를 받는다. IBM은 과거 AI 왓슨을 통해 전 세계 병원에서 의사를 도울 수 있는 AI를 개발했지만 성공하지 못했다.

반면 마이크로소프트는 구글 딥마인드를 공동 창업한 무스타파 술레이만을 영입하기 위해 그가 세운 AI 스타트업 인플렉션AI를 인수했다. 구체적인 인수 비용은 밝혀지지 않았지만 10억 달러 이상일 것으로 알려졌다. 독일은 정부 차원에서 대만으로 반도체 유학을 보내고 있다.

AI 가속기(반도체의 일종) 시장을 독점하고 있는 엔비디아는 반도체 인재를 블랙홀처럼 빨아들이고 있다. 글로벌 채용 플랫폼 링크드인의 자료를 분석해 보면, 엔비디아가 삼성전자에서 데려간 반도체 인재는 515명, 그 반대는 절반인 278명이다. SK하이닉스에서 엔비디아로 간 인원은 38명이지만, 그 반대는 1명도 없다. 이들이 인재를 빨아들이면 그 후폭풍은 우리나라에 영향을 줄 수밖에 없다. 우리나라의 AI와 반도체 인력 부족 현상은 앞으로 더 심화될 가능성이 크다.

빅테크 기업은 디지털 전환의 가속화를 통해 업종 간 경계를 허물고 있다

디지털 전환의 가속화로 전통적인 오프라인 기반 업종들이 경쟁에서 밀릴 위험이 커지고 있으며, 기업들은 생존을 위해 디지털 전환을 적극 추진하고 있다. 이 과정에서 새로운 비즈니스 모델이 등장하면서 업종 간 경계가 모호해지고 있다. 기술 혁신의 속도가 빨라지면서 기존 업종들이 적응하지 못하면 도태될 가능성이 높아지고 있으며, 이로 인해 전통적인 업종이 사라지고 있다.

급격한 변화와 함께 경계가 사라진 산업에 통신, 플랫폼, SI, 반도체까지 무한 협력과 경쟁 시대가 도래할 전망이다. 아마존웹서비스(AWS), 마이크로소프트, 구글 클라우드 플랫폼(GCP) 등 글로벌 빅테크 기업들은 반도체부터 인프라, 소프트웨어, AI까지 모든 영역을 커버하며 규모를 키우고 있다. 특히 모바일 시대 도래 후 애플에 밀렸던 MS발 지각변동이 산업계를 놀라게 했다. 2011년 세계 1위 시가 총액 기업으로 올라선 이후 꾸준히 자리를 유지해 온 애플은 MS에 자리를 넘겨줬다.

MS는 '챗GPT'로 2023년 생성형 AI 돌풍을 일으킨 개발사 오픈AI에 빠르게 투자했으며, 자사 제품군에도 AI를 접목시키고 있다. AI를 접목한 웹브라우저 '빙'을 포함해 OS(운영체제)에 오픈AI 모델 기반 생성 AI '코파일럿'을 탑재했다. 특히 AI 흐름을 탄 클라우드 부문의 성장은 MS를 한 단계 끌어올렸다. AI 학습과 추론을 위해 2023년 11월에 자체 설계한 칩 '마이아(Maia) 100'을 공개하고, 애저 AI 인프라에 최적화되도록 실리콘, 소프트웨어, 네트워크, 랙, 냉각 기능 전반을 혁신했다고 밝혔다.

생성형 AI로 인해 산업 간 경계가 사라진 '빅블러' 현상이 가속화되고 있다

생성형 AI는 완전자율주행차, 메타버스, 로봇 기술 등 미래 첨단기술을 기반으로 2023~30년에 연평균 24.4% 성장하여 2030년 2,070억 달러 규모에 이를 전망이다. 자동화와 AI의 발전으로 전통 제조업과 단순 반복 작업이 줄어들고 있으며, AI가 복잡한 문제해결에도 활용되면서 기존 업종의 필요성이 감소하고 있다. 기업들은 자동화 기술을 채택함으로써 비용 절감과 효율성을 극대화하지만, 그 결과로 기존 업종이 사라지거나 재편되고 있다.

글로벌화와 함께 경쟁이 심화되면서 국내 시장에 의존하던 업종들은 큰 도전에 직면하고 있다. 국내 클라우드 기업들도 AI에 투자를 집중하고 있다. 네이버 클라우드는 자체 AI 모델 '하이퍼클로바X'를 적용했고, KT클라우드는 기업용 생성형AI 플랫폼 서비스를 제공하고 있다. 경쟁력이 부족한 중소기업들의 도태 위험이 높아졌고, 글로벌 시장에서 생존하기 위해서는 새로운 전략이 필요하다. 이러한 상황은 업종 간 경계를 허물고 있으며, 전통적인 업종의 종말을 가속화하는 요인이 되고 있다.

통신사들은 AI 반도체뿐 아니라 IDC(인터넷데이터센터), MEC(모바일엣지컴퓨팅), 서비스 등 AI 밸류체인 전반으로 사업 영역 확장을 꾀하고 있다. 최근에는 AI 분야 스타트업 투자에도 힘쓰고 있다. AI로 인해 경계가 사라진 IT 산업에서 통신과 플랫폼, SI·반도체의 협력과 무한경쟁이 시작됐다는 지적이 나온다. AI 주도권을 둘러싼 글로벌 각축전이 벌어지는 가운데 글로벌 AI 무한경쟁에서 살아남으려면 원천기술과 기초체력을 다져야 한다는 지적이 나온다. 산업 간 경계가 허물어지는 '빅블러' 현상이 가속하는 시대에 생성형 AI를 키워드로 혁신적 시나리오를 개발하는 발상의 전환이 필요하다.

유통업계가 업종 경계를 허물고 있다

코로나19 팬데믹은 비대면 서비스의 확산을 가속화시켰으며, 오프라인 소매업과 전통적인 서비스업은 큰 타격을 입었다. 이에 따라 온라인 플랫폼과 비대면 서비스가 급성장했고, 업종의 경계는 사라지고 다양한 산업이 디지털 플랫폼 중심으로 융합되고 있다. 무한경쟁 속에서 유통업계가 업종 경계를 허물고 있다. 오프라인 업체 간 경쟁, 온라인 플랫폼 간, 패션·뷰티 간에 경쟁했던 구도가 뒤집히고 있다. 이는 새로운 사업에 진출해 동종 업계 간 경쟁에서 우위를 점하기 위한 복안으로 보인다. C-커머스(중국 이커머스 플랫폼)의 한국시장 진출 공습이라는 또 다른 국면을 맞아 대응 차원으로도 풀이된다.

공유경제의 확산은 전통적인 자산 소유 기반 산업에 큰 변화를 가져왔으며, 기존 비즈니스 모델이 재편되고 있다. 온라인과 오프라인, 가상과 현실이 융합되는 산업이 늘어나고 있다. 인구 감소와 고령화로 전통적인 노동시장 구조도 급격히 변화하고 있다. 젊은 인구의 감소로 특정 업종에서 노동력 부족이 발생하고, 고령화된 인구는 새로운 서비스와 제품을 요구한다. 이러한 변화는 전통적인 소비 패턴의 붕괴와 함께 업종 간 경계를 허물고 있으며, 기업들은 이에 맞춰 새로운 전략을 추구하고 있다.

AI가 사람처럼 글을 쓰고 이미지를 생성하면서 인간의 창작과 인공지능의 작업을 구분하기 어려워졌고, 미래에는 인간과 인조인간의 경계도 무너질 가능성이 있다. 코로나19 이후 산업 전반에서 비대면문화가 확산되고 빠른 디지털 전환이 이루어지면서, 업종 생태계의 변동은 더욱 가속화되고 있다. 기업들은 인재를 고용하기보다는 임대하는 방식을 선호하게 되었고, 핵심업무조차 아웃소싱하는 추세가 강화되며 전통적인 고용 구조와 산업 생태계는 큰 변화를 겪고 있다.

코로나19 전후로 배달서비스, 피트니스, 커피전문점 업종에 큰 변화가 생기다

코로나19 전후로 업종에 큰 변화가 있었다. 코로나19 전후로 배달서비스, 피트니스, 커피전문점의 매출은 크게 증가했고 면세점, 여행사, 영화·공연 업종의 매출은 감소한 것으로 나타났다. KB국민카드가 2019~23

년 신용카드·체크카드 고객 약 1,900만 명을 대상으로 주요 5개 소비 업종(음식, 쇼핑, 여행, 엔터·스포츠, 건강·미용)을 세분화한 23개 세부 소비업종에서 발생한 약 93억 건의 매출을 분석한 결과에 따르면, 2023년 이들 업종 매출액은 코로나19 이전인 2019년 대비 16% 증가했다. 23개 세부 업종의 매출액 증감을 보면, 16개 세부 업종에서 매출이 증가했다. 배달 서비스가 164%로 가장 크게 증가했다. 이어 피트니스(+58%), 커피전문점(+53%), 디저트전문점(+48%), 스포츠(+45%) 순으로 매출이 증가했다. 반면 면세점(-42%), 여행사(-22%), 영화·공연(-20%), 건강식품(-12%), 화장품(-6%), 대형마트·할인점(-5%)의 매출은 감소한 것으로 나타났다.

이 기간 연령대별 업종별 매출액을 비교해 보면 20대는 피트니스(+2%p), 30대는 화장품(+2%p), 40대는 배달서비스(+9%p), 50대는 편의점(+4%p), 60세 이상은 건강식품(+15%p) 업종의 비중이 늘었다. 2022년 대비 2023년의 주요 5개 소비업종 매출은 8% 증가했다. 이 기간에는 여행 업종이 41%로 가장 크게 증가했다. 그 밖에도 음식 8%, 건강·미용 8%, 엔터·스포츠 6%, 쇼핑·마트 업종이 2% 증가했다. 코로나19 팬데믹 전후 소비 데이터 분석을 통해 회복된 일상과 뉴노멀 시대의 트렌드를 확인할 수 있다.

대이직 시대의 종말이 왔다

대(大)이직 시대의 종말이 왔다. 사표를 던지는 직장인이 넘쳐나던 현상에서 오히려 직장에 매달리는 회사원이 늘고 있다. 이글 힐 컨설팅(Eagle Hill Consulting)의 새 보고서인 「직원 유지 지수(Employee Retention Index)」에 따르면 직원 유지율이 계속해서 상승하고 있다. 이글 힐은 향후 6개월 전망이 18개월 만에 가장 강세를 보이며 2023년 초의 이전 기록을 넘어섰다고 밝혔다. 이는 연말까지 근로자들이 현 직장에 머물 것임을 시사한다.

멜리사 제지어(Melissa Jezior) 이글 힐의 최고경영자(CEO)는 지난 몇 년간 이직률과의 힘든 싸움을 토로해 온 고용주들에게 반가운 소식이 될 것이라고 말했다. 실제로 미국 노동통계국의 2024년 7월 업데이트에 따르면 자발적 퇴사는 전년 대비 55만 건 감소해 2.2%를 유지하고 있다. 다만 호텔 및 요식업 등 임금이 낮은 업종들은 여전히 직원 유지에 큰 어려움을 겪고 있다.

화이트칼라 업계에서는 사람들이 회사와 리더에 대한 신뢰가 더 높아졌기 때문에 현 직장에 머물고 있다. 이글 힐은 이를 '조직에 대한 확신'이라고 표현했다. 또한 근로자들은 직장문화(전년 대비 7% 상승)와 자신의 보수(6% 상승)에 대해 그 어느 때보다 낙관적인 태도를 보이고 있다. 구직자들에게 충분한 기회가 있다는 보고와, 이직이 종종 임금 인상을 확실히 보장하는 방법이라는 오래된 인식에도 불구하고, 대부분의 근로자에게 직업 안정성은 너무나 중요해서 다른 선택지를 고려할 수 없는 상황으로 분석된다. 특히 유연성과 일-삶의 균형을 최우선으로 여기는 기업에서 이러한 경향이 두드러진다.

유연성이 해답이다. 조나단 고브(Jonathan Gove) 이글 힐의 수석 인적자본 이사는 "직원들이 현 직장에 머무르고 있는 만큼, 조직들은 이 조용한 시기를 최대한 활용하여 인재를 개발하고, 혁신을 추진하며, 인재 시장의 치열한 경쟁에서 성공해야 한다."고 말했다. 그는 "지금이 바로 리더들이 전략적으로 인력 문제를 해결할 이상적인 시기"라고 덧붙였다. 지금까지 직원 유지에 어려움을 겪었던 많은 기업이 근로자의 선호와 요구를 우선시하는 모습을 보여 주고 있다.

소매업계도 비슷한 상황이다. 이케아(Ikea)의 모기업 인터 이케아 그룹(Inter Ikea Group) 최고경영자(CEO)인 욘 아브라함손 링(Jon Abrahamsson Ring)은 최근 "갑자기 직원들이 매우 부족해졌다."고 회상했다. 그의 팀은 더 나은 임금과 더 많은 유연성이라는 큰 그림에 초점을 맞췄다. 이러한 노력으로 2023년 말까지 자발적 이직률이 25%라는 새로운 최저치를 기록했다. 1년 전에는 직원의 3분의 1이 자발적으로 퇴사했다.

한 걸음 더 나아가, 영국에서 진행된 주 4일 근무제 시범사업은 14개월 동안 이직률을 거의 40% 감소시켰고, 구직 지원은 53% 증가시키는 성과를 거뒀다. 일부 관리자들은 주 4일 근무제 시범사업을 설계하고 실행하는 과정이 추가적인 창의성, 변화, 혁신의 촉매제 역할을 했다는 것을 발견했다. 동료들은 팀 내 업무 관행의 효율성을 개선하고, 의사소통 도구를 다르게 사용했으며, 시범사업에 대한 주인의식을 가지면서 자신들이 가치 있게 여겨지고 있다고 느끼며 자신감이 높아졌다.

인크루트 설문조사 결과 2024년 경기침체 영향으로 2023년에 이어 신입 채용이 감소될 것으로 전망된다. 또한 구직 포기자도 두드러지게 증가할 것으로 보인다. 회사는 최근 인사담당자 768명을 대상으로 올해 주목해야 할 HR 이슈에 대한 설문조사를 진행했다. 응답자 중 약 29%는 올해 신입 채용이 더 위축될 것으로 내다봤다. 약 23%는 경기침체가 계속되면서 신입 취업뿐만 아니라 경력직 이직도 어려워져 재직 중인 회사에 오래 다니려는 '리텐션 현상'이 유지될 것으로 예상했다.

중소→중견→대기업으로의 '계단형 이직 시대'

채용시장이 공개채용 중심에서 수시채용 중심으로 바뀌면서 중소→중견→대기업 간 계단식 노동인력 이동이 활발해지고 있다. 대기업의 채용문화 변화가 청년과 중견기업의 구직·채용 트렌드에도 영향을 미치고 있다. 한국노동연구원이 2023년 말에 발간한 연구보고서 「공채의 종말과 노동시장의 변화」에 따르면 2023년 기업들의 전체 채용공고 중 공채 비중은 35.8%, 수시채용과 상시채용은 각각 48.3%, 15.9%였다. 공채 비중은 2019년 39.9%에서 2022년 37.9%, 2023년 35.8%로 감소세를 보이고 있다. 특히 2023년에 공채를 진행했다고 응답한 기업의 20.0%는 "올해까지만 공개채용을 할 계획"이라고 밝혀 앞으로 감소폭이 더 커질 전망이다.

대기업이 수시·상시 채용을 적극적으로 활용하면서 중소기업 근로자가 중견기업으로, 중견기업 근로자가 대기업으로 이동하는 '연쇄 이동'도 활발해지고 있다. 2024년 6월 통계청이 발표한 '2022년 일자리 이동 통계 결과'에 따르면 2022년 12월 기준으로 기업체 간 이직자는 415만 9,000명으로 전체 근로자의 16.0%에 달했다. 이직자의 71.3%는 중소기업 소속이었으며 그중 12.0%는 대기업으로 이동했다.

수시채용 확산은 기업의 채용문화도 바꿔 놓고 있다. 정기 공채가 범용 인재를 선발해 회사 적합형 인재로 키워 내는 방식이라면 수시채용은 직무에 이미 전문성이 있는 인재를 선발해 조직 효율을 끌어올리는 게 목표다. 수시채용은 예전처럼 그룹 차원에서 관할하지 않고 개별 부서에 맡기는 회사도 있다. '범용 인재' 몰락으로 기수문화도 무너지고 있다. 공채 감소에 코로나19까지 겪으면서 신입사원 집단 교육이나 연수

개념도 점차 사라지고 있다. 그룹 연수원 축소와 기능 전환을 고민하고 있으며, 직원들의 회사에 대한 소속감도 많이 떨어지고 있다.

한국경제인협회의 '500대 기업 채용인식 조사'에 따르면 2023년 대졸 신규 입사자 4명 중 1명은 '중고신입'이었다. 중고신입 바람이 불면서 '무경력 생짜' 신입들이 설 자리는 점점 좁아지고 있다. 노동연구원 보고서에 따르면 경력 없는 신입 채용 비중은 2019년 47.0%에서 2022년 42.5%, 2023년 40.3%로 낮아졌다. 대기업을 가려고 해도 결국 중견기업을 징검다리 삼아 '경력 점프'를 할 수밖에 없다는 얘기다. 정부는 기업의 수시 경력직 채용 트렌드 확산에 대응하기 위해 청년들이 직무, 실무 역량을 키울 수 있도록 양질의 일 경험과 실무 프로젝트 중심의 직업훈련 기회를 확대하고 있다.

2, 3차 회식문화가 사라진다

기획재정부는 2024년 5월 28일 '주류를 술잔 등 빈 용기에 나누어 담아 판매하는 경우'를 주류 판매업 면허 취소의 예외 사유로 명시한 「주류 면허 등에 관한 법률 시행령」 개정안을 시행했다. 그동안은 소주나 막걸리 등을 잔에 나눠 팔았다가 적발되면 주류 판매 면허가 취소될 수 있었다. 이에 따라 주류업계에서는 정부의 잔술 판매 허용 방안에 대해 MZ세대의 술 소비량이 높아질 것이란 전망을 내놓았다. 잔술 판매는 '부어라 마셔라' 하지 않는 MZ세대 술문화에 잘 맞기 때문에 MZ세대 사이에 주류를 '적게 자주' 소비하는 문화가 생길 거라는 것이다.

실제로 잔술 판매와 이에 따른 회식문화 변화에 대한 MZ세대의 만족도가 높다. 식당에서 잔술 판매가 본격화된 이후, 동료들과 회식을 하더라도 원하는 사람만 한잔씩 술을 마시고 헤어질 수 있어 부담이 없다. 주량이 약한 동료들도 잔술을 시킬 수 있어 눈치 보지 않는 회식문화가 생겼다. 잔술문화가 국내 술문화를 한 번에 폭음하지 않는 선진국형 술문화로 바꿔 놓을 것이란 기대도 나온다.

업계에서는 저도수·소량을 마시는 MZ세대 '라이트 드링커'를 잡으려는 경쟁이 치열하다. 일례로 청하에 탄산을 담은 롯데칠성음료의 '별빛 청하'(7도)는 출시 1년 10개월 만인 2024년 2월까지 3,300만 병이 팔려 나갔다. 잔술문화는 고물가의 대안이 될 수 있다는 분석도 있다. 잔술문화는 MZ세대가 다양한 술을 입맛에 맞게 조금씩 즐길 수 있는 방법으로도 떠오르고 있다. 잔술문화는 다양한 술을 저렴하게 마실 수 있다는 것이 가장 좋은 점이다.

이제 구인기업은 채용에서 퇴직까지 구직자에게 어떤 가치를 제안할 것인가를 고민해야 한다. 차별화된 채용전략이 필요하다. 구직자는 업종별 채용 트렌드 전략을 파악하고 실제로 기업에서 적응하기 위한 사전 준비 작업을 철저히 해야 한다. 2025년 기업들의 채용 트렌드를 면밀하게 살펴봐야 한다. 이제 하나의 업종에서 여러 업종으로 통합되고 있다. 산업 동향, 기업 정보, 직무별 수행 능력에 대한 이해도를 높여야 한다. 업종이 변하는 이유는 업(業)을 둘러싸고 있는 환경 요인들이 변하기 때문이다. 따라서 어떠한 환경 요인들이 업에 직·간접적으로 영향을 미치는지 알아야 한다. 경제 환경, 기술, 소비 니즈, 산업 구조, 정부 정책 등이 업종 변화를 견인하고 있다. 자신이 지원하는 회사가 어떤 사업을 하는지 알아야 하는 것이다.

조직문화가 확산되고 있다

회사에서 직급이 사라지고 있다. 대기업을 중심으로 기업 내 소통을 강조하는 수평적 조직문화가 확산되고 있기 때문이다. 몇몇 대기업은 수평적 조직문화를 안착하기 위해 직급을 간소화하고 직급 대신 '○○님'이라는 호칭을 사용하게 하는 사례가 늘고 있다. 실제로 임원을 제외한 실무 단계에서 직급이 사라지고 단순해지면서 분위기도 유연해지고 있다.

최근 대우건설이 전통적인 인사제도인 5단계(사원-대리-과장-차장-부장) 직급을 3단계(전임-선임-책임)로 단순화했다. 직급이나 승진, 연공이 아닌 성과 중심으로 인사제도를 개편한 것이다. 의사결정도 빨라지고 자율적으로 자신의 의견도 낼 수 있는 열린 소통 환경이 형성되고 있다.

삼성전자는 DX 부문을 중심으로 '상호 존댓말 쓰기' 캠페인을 실시했다. 직원들은 서로를 '○○님', '프로님'이라고 부른다. 삼성전자의 계열사인 삼성전기는 사내 메신저와 인트라넷, 이메일 등 사내 시스템에서 직원들의 직급 표기를 없애고, 통일된 호칭인 '프로'로 표기하고 있다. 이외 다른 계열사들도 도입 시기는 다소 다르지만, 호칭을 '프로'로 통일해서 운영하고 있다. 이재용 회장의 경우 영어이름인 'Jay' 혹은 이니셜인 'JY', 아니면 한글이름에 '님'자만 붙인 '재용님'으로 부르도록 당부했다. 그러면서 팀장님, 그룹장님, 파트장님과 같은 직책명도 앞으로는 쓰지 말 것을 당부했다.

네이버는 중간 관리자급 임원인 '책임리더'를 기존 '리더'와 동일한 호칭으로 일원화하고, 대규모 조직 개편을 통해 만들어진 12개 전문조직을 책임질 새 리더 직급으로 '부문장'을 신설했다. 이에 따라 네이버의 직급 체계는 최고경영자(CEO) 등 대표급인 C레벨 아래 12개 부문장(임원)과 리더로 재편된다. 기존 사내독립기업(Company in Company, CIC) 5곳을 재편해 본사 중심의 12개 전문 조직으로 리모델링되는 만큼 책임리더라는 자리가 불필요하다고 본 것이다.

최수연 네이버 대표는 "기술, 사업, 서비스, 콘텐츠 등 전 영역을 모두 나눠 각 영역의 전문성을 기반으로 더욱 다양한 인사이트가 터져 나올 수 있도록 위계를 최소화하고 평평하게 펼친 조직 구성으로 개편한 만큼, 조직 간 활발한 토론과 다양한 협업이 어느 때보다 더 중요해졌다."면서 "이를 위해 투명한 정보 공유, 활발한 협업이 전사 및 팀네이버 차원에서 더 속도감 있게 이뤄질 수 있도록 일하는 문화를 발전시켜 나가겠다."고 했다.

네이버는 CIC 제도를 전면 폐지하면서도 크게 '프로덕트 앤 플랫폼'과 '비즈니스 앤 서비스', '콘텐츠' 3개 영역으로 구분되는 12개 전문 조직으로 세분화한다는 내용을 담은 조직개편안을 임직원들에게 공유했다. 다만 책임리더라는 호칭은 사라졌지만 직무상의 위치인 직위는 기존과 동일하게 유지된다. 이에 대해 네이버 측은 "임원인 책임리더가 리더로 통일되더라도 향후 리더는 크게 임원인 리더와 그렇지 않은 리더고 구분된다."면서 "단지 호칭만 통일되는 것"이라고 설명했다. 그 대신 12개 전문 조직을 맡을 책임리더들은 '부문장'이라는 호칭을 얻게 된다. 종전 CIC 대표를 맡았던 책임리더 가운데 상당수가 부문장을 맡을 것으로 파악된다.

영어 호칭 없앤 카카오게임즈

카카오도 최근 대표급인 C레벨 아래 부문장·실장·팀장·파트장·셀장

5단계로 돼 있던 관리자 직급 체계를 성과리더·리더 2단계로 간소화했다. 또 소규모 조직을 통합하는 등 파편화돼 있던 사업 파트들을 단순화하고, 중첩되는 업무가 많은 주요 파트에 한해서는 매트릭스 조직 체계를 적용하기도 했다.

카카오게임즈는 본사 카카오의 상징인 영어 호칭 사용을 중단했다. 수평적 기업문화를 조성하기 위해 도입됐지만 업무 효율성이 떨어진다는 문제 때문이다. 한상우 대표는 카카오 계열사 최초로 영어이름 사용을 선제적으로 폐지하고 업무 효율성 강화에 만전을 기할 예정이다. 부진한 실적으로 침체된 분위기를 되살린다는 각오다. 대신 한글 본명에 님자를 붙여 부를 예정이다.

그간 카카오는 수평적 문화 확립 차원에서 상호 간 호칭 시 영어이름을 사용해 왔다. 직원들이 상급자를 부를 때도 '브라이언'(김범수 카카오 창업주), '시나'(정신아 카카오 대표), '마이클'(한상우 대표)로 호칭했다. 그런데 영어이름 사용이 업무에 혼선을 준다는 지적에 이를 중단하기로 한 것이다. 업무 효율성을 제고해 조직문화를 개선하겠다는 취지다.

이러한 결정은 본사 차원이 아닌 카카오게임즈 내부에서 자체적으로 내린 사안이다. 한 대표는 다소 비대한 조직 형태와 업무 등도 축소할 예정이다. 그는 회사에 팀장 이상 직급이 110명을 넘어서는 등 규모에 비해 팀이 너무 많다고 판단해 팀장 직급을 없애겠다고 밝혔다. 네이버와 카카오 모두 직급 체계를 간소화하면서도 대표 중심의 탑다운(Top-Down) 방식을 적용해 빠르게 흘러가는 인터넷 환경에 대응하겠다는 전략을 쓰고 있다.

전자 업종 트렌드

전자 업종은 글로벌 IT 수요 확대, 주요 수출국 경기 및 단가 상승 영향으로 IT신산업군 수출 실적이 상반기 대비 개선됨에 따라 산업군 전체 19.6%, 연간으로는 전년 대비 23.7% 증가가 예상된다. 2024년 정보통신기기는 하반기 수출이 16.6% 증가할 전망이며, 연간 기준 수출은 전년 대비 12.5% 증가가 예상되며, 가전은 하반기 1.6%, 연간으로는 2.6% 증가가 예상된다. 2024년 스마트폰 시장은 11억 9,500만 대로 전년 대비 3.8% 증가하면서 2021년 이후 3년 만에 오름세를 달성하는 등 성장 가도에 진입할 것으로 기대된다. 재고 안정화와 더불어 신흥시장을 중심으로 수요 증가, 5G 스마트폰 전환, 온디바이스 AI 등 신기술 혁신에 힘입어 성장세로 반등이 전망된다.

AI 서버용 SSD 수요 급증 등으로 글로벌 SSD 출하량·매출액 모두 반등이 전망된다. 소비자용 온디바이스 AI 노트북 신제품 출시, 전방 PC 시장 회복 등으로 출하량(3.7%), 매출액(84.9%) 상승이 예상된다. (기업용) 2024년 AI 서버 확대와 더불어 HDD → SSD의 수요 이동, 낸드 가격 회복, QLC(4bit) eSSD 수요 급증 등으로 출하량(9.2%), 매출액(87.1%)의 반등이 예측된다. AI PC 시대의 본격 개막에 따라 그간 침체됐던 시장은 AI PC 신제품 출시 등으로 활력을 되찾으며 시장 안정화 기대감이 고조되고 있다.

글로벌 고물가 기조로 소비자용(8,897만 대, 0.7%↑)의 수요 회복은 다소 지연되고 있으며, 윈도우11 업데이트에 따른 비즈니스용(1억 5,918만 대, 3.4%↑) 교체 수요 발생, AI PC 신제품 출시 등으로 시장은 반등될 것으로 전망된다. 태블릿PC 수요 동인 약화 등으로 내림세는 지속되지만 하락폭은 둔화되고 있다.

2024년 하반기 전자 업종의 고용 규모는 전년 동기 대비 0.8%(7,000명) 증가할 것으로 예상된다. 사업체 규모별로 보면 5인 미만, 5인 이상 10인 미만 규모 사업체에서 고용이 감소하지만 300인 이상 규모 사업체를 중심으로 고용이 증가할 것으로 전망된다. 지역별로는 경기, 경남 등의 지역에서는 고용이 증가할 것으로 예상된다.

#온디바이스 AI

'온디바이스(On-Device) AI'란 휴대폰 또는 노트북과 같은 전자기기에 NPU(신경망 칩)를 설치하여 인터넷 연결을 하지 않아도 생성형 AI를 구동할 수 있게 만드는 기술을 말한다. 인터넷 연결 없이, 비행기 안에서도 사용할 수 있는 온디바이스 AI 개발 경쟁이 치열하다.

오픈AI의 챗GPT나 구글의 바드(Bard)처럼 인터넷에 연결되어 클라우드 기반으로 사용되는 인공지능(AI)과 달리 온디바이스 AI는 데이터를 외부 서버로 전송하지 않고, 기기 내에서 실시간으로 처리한다. 데이터의 수가 적은 대신 개인정보보호, 속도, 오프라인 접근성 등의 강점을 갖춰 스마트폰, 웨어러블 기기, 가정용 스마트 기기 등 다양한 분야에서 활용 가능해질 것으로 보인다.

삼성전자는 갤럭시 S24 시리즈에 자사의 AI '삼성 가우스(Samsung

Gauss)' 외에 다른 회사 AI 모델을 나란히 온디바이스로 내장하는 방안을 추진하는 것으로 전해졌다. 삼성 가우스는 정규분포 이론을 정립한 천재 수학자 칼 프리드리히 가우스(Carl Friedrich Gauss)로부터 영감을 얻은 생성형 AI 모델로, 삼성이 추구하는 생성형 AI의 무한한 가능성을 의미한다.

금융 및 보험 업종 트렌드

금융 및 보험 업종은 국민경제 내에서 필요한 자금의 조달과 공급, 즉 예금의 수입, 유가증권 및 기타 채무증서의 발행 등 조달한 자금에 대한 금융중개 업무, 자금 수요자에게 자금조달을 위한 다양한 솔루션을 제공하고 투자자에게는 투자 기회를 제공하여 자본의 효율적 배분에 기여하고 금융정책의 수행 등 경제 발전의 중요한 기능을 담당하는 산업이다.

2024년 하반기 금융 및 보험 업종의 고용 규모는 전년 동기와 비슷한 수준을 유지할 것으로 전망된다. 금융 및 보험 업종 고용 규모는 2023년 하반기 대비 0.3%(3,000명) 감소할 것으로 예상된다. 사업체 규모별로 보면 30인 이상 100인 미만 규모 사업체에서 고용이 감소하지만, 5인 이상 10인 미만, 300인 이상 규모 사업체에서 고용이 증가할 것으로 전망된다. 2022년 금리 상승으로 높아진 금리가 2024년에도 유지되어 은행업 수익성 개선이 지속될 것으로 예상되고, 2024년 하반기에도 은행권 가계 대출은 증가하지만 부동산 PF 부실로 인한 영향이 은행권의 불확실성을 확대시킬 우려가 상존한다.

고령화·저출산 등 인구 구조 변화로 생명보험 산업은 신규 판매가 감소하고 보장성 보험에 대한 수요도 축소되면서 성장세가 위축될 것으로 예상된다. 손해보험 산업은 경제규모 증가에 따라 성장세가 이어지지만 경기둔화로 인해 성장폭은 제한적일 것으로 전망된다. 신용카드 산업은 금리 상승, 조달 비용 상승의 영향으로 수익성이 하락할 것으로 예상되지만, 증권 산업은 증권시장이 회복되면서 수익성이 개선될 것으로 전망된다. 금융 및 보험업은 수익성이 개선되지만 성장세가 약화되면서 전년 동기와 비슷한 고용 수준을 유지할 것으로 예상된다. 2024년 하반기 고용 규모는 전년 동기 대비 0.3%(3,000명) 감소할 것으로 전망된다.

#자이낸스 #Zinance

최근 은행권이 자이낸스(Zinance) 시장을 공략한 서비스를 속속 내놓고 있다. 자이낸스는 디지털 기기 사용에 익숙한 Z세대(1990년대 중반에서 2000년대 초반에 태어난 세대)와 금융(Finance)을 합성한 신조어다. 작은 사치를 즐기는 Z세대는 짠테크를 추구한다. 아울러 은행들은 2010년 이후 출생한 알파세대까지 사로잡고자 한다. 지난 몇 년간 주류 트렌드가 MZ세대를 중심으로 이루어졌지만, 앞으로 주목할 세대는 잘파세대(Z세대와 알파세대의 합성어)이기 때문이다. 잘파세대는 태어날 때부터 디지털 환경 속에서 자란 것이 특징이다. 금융을 넘어서 잘파세대의 라이프스타일에 맞는 다양하고 흥미로운 콘텐츠를 선보이며 잘파세대를 위한 금융 놀이터를 만들 전망이다.

반도체 업종 트렌드

반도체 업종은 세계시장 점유율 2위, 국내 수출 1위의 대표적인 국가 주력 산업으로 반도체 제조 기업 외에도 반도체 장비, 재료, 설계 기업 등의 후방산업을 포괄하는 미래 신산업 핵심부품 산업이다. 글로벌 경기회복 기대로 인한 수요 개선과 AI 시장 성장에 따른 고부가 메모리 시장 호황 등으로 수출이 증가하면서 반도체 업종의 고용은 전년 동기 대비 증가할 것으로 전망된다.

2024년 반도체 수출은 2023년(986억 달러) 대비 약 36.9% 증가한 1,350억 달러 내외가 될 것으로 전망된다. 지속적인 AI 수요와 메모리 가격 회복 등을 바탕으로 반도체 생산이 증가할 것으로 예측된다. 2024년 반도체 설비 투자는 업황 개선 등으로 인한 점진적 투자 확대가 기대되며 전년 대비 1.9% 증가할 것으로 전망된다.

설비투자 지속에 따라 반도체 업종의 고용은 전년 동기 대비 증가할 것으로 전망된다. 2024년 하반기 고용 규모는 전년 동기 대비 1.8%(3,000명) 증가할 것으로 전망된다. 사업체 규모별로 보면 100인 이상 300인 미만 중소규모 사업체와 300인 이상 대규모 사업체를 중심으로 고용이 증가할 것으로 전망된다. 지역별로는 경기, 충남 등의 지역에서 고용이 증가할 것으로 예상된다.

#HBM(High Bandwidth Memory)

정부가 반도체 분야 국가전략기술로 선정한 고대역폭메모리(High Bandwidth Memory, HBM)는 D램 여러 개를 수직으로 연결해 데이터 처리 속도를 혁신적으로 끌어올린 차세대 반도체다. 반도체에서 대역폭은 초당 데이터 전송속도를 의미한다. 고대역폭메모리는 말 그대로 초당 데이터 전송 속도를 기존 제품보다 획기적으로 개선시킨 제품이다. 쉽게 말해 만약 기존 대역폭에서 1초에 영화 1편을 전송했다면 데이터가 오고 가는 통로를 넓힌 고대역폭에서는 1초에 50편 이상을 처리할 수 있다는 의미다.

HBM을 만들기 위해서는 실리콘관통전극(TSV) 공정이 필수다. 이는 기존 D램과 달리 층층이 쌓아 올린 반도체에 미세한 구멍을 뚫은 후 구멍 내부에 전도성 물질을 채워 상단과 하단 칩을 전기적으로 연결하는 공정이다. TSV 공정은 수직 형태로 직접 칩을 연결할 수 있기 때문에 공간 확보에 유리하고 빠르게 신호를 전달할 수 있다는 이점이 있다. 메모리를 소형화하고자 하는 시장 트렌드에도 적합하다. 기존 D램과 대비해 데이터 처리 속도가 압도적인 데다 크기도 크지 않다 보니 방대한 양의 데이터를 빠르게 학습, 처리해야 하는 인공지능(AI) 산업과 맞물려 수요가 폭발하고 있다.

시장조사기관 가트너에 따르면 HBM 시장 규모는 2023년 20억 달러에서 2027년에는 51억 달러까지 2.5배가량 성장할 전망이다. 트렌드포스도 2023년부터 2025년까지 HBM 시장 규모가 연평균 45% 급성장할 것으로 내다봤다. 글로벌 시장은 삼성전자와 SK하이닉스가 양분하며 초격차 기술 경쟁을 벌이고 있다.

디스플레이 업종 트렌드

디스플레이 업종은 세계 디스플레이 패널 시장을 선도 중인 국가 주력 산업이자 IT산업 성장의 근간을 이루는 산업이다. 디스플레이 및 관련 부품소재, 장비 생산에 필요한 모든 활동을 포함하며, 패널·모듈, 장비, 부품·소재 등의 품목으로 구성된다. 2024년 하반기 디스플레이 시장은 글로벌 경기회복, 대형 스포츠 이벤트(유로24, 파리올림픽 등) 개최, AI 적용 제품으로의 교체 수요 등 여러 호재로 인하여 전년 동기 대비 10.3%

증가한 706억 달러로 예상된다.

유로24 및 파리올림픽 등의 이벤트 특수에 따라 유럽 등 선진국 중심으로 TV 수요 회복세가 예상된다. AI 기능이 추가된 아이폰의 출시로 신기능 적용에 따른 교체 수요도 기대된다. 노트북 등 IT 제품의 OLED 탑재 확대 및 자동차·투명 등 신시장 수요 창출로 글로벌 IT 분야 시장은 전년 대비 25.7% 증가한 171억 9,000만 달러로 전망된다. 글로벌 경기 회복, IT 제품의 OLED 채용 확대, OLED TV의 가격 경쟁력 향상 등 업황 개선이 기대되며 전년 대비 5.7% 증가한 115억 5,000만 달러로 전망된다.

국내 TV 세트업체의 OLED TV 출하량 목표 확대(2023년 400만 대→2024년 550만 대) 계획, OLED TV 가격 경쟁력 향상 등의 영향으로 TV용 패널 시장의 전년 대비 업황 개선이 전망된다. 아이폰 교체 수요 대응 출하량 증가 및 공급과잉률 해소로 2024년 하반기에 긍정적인 수출 여건이 예상된다. 노트북 등 IT 제품의 OLED 탑재 확대, 자동차용 디스플레이의 프리미엄 패널 선호도 증가 및 대면적화 등의 영향으로 전년 대비 25.7% 증가한 171.9억 달러 달성이 전망된다.

2024년 하반기 디스플레이 업종의 고용 규모는 전년 동기 수준을 유지할 것으로 전망된다. 디스플레이 업종의 고용 규모는 2023년 하반기 대비 0.7%(1,000명) 증가할 것으로 예상된다. 사업체 규모별로는 300인 이상 규모 사업체에서는 고용이 감소하지만 10인 이상 30인 미만, 30인 이상 100인 미만 규모 사업체에서는 고용이 증가할 것으로 전망된다. 지역별로는 충북, 충남 등에서 고용이 감소할 것으로 예상된다.

#QNED

QNED(Quantum dot Light Emitting Diodes)는 무엇일까? 우선 퀀텀닷(QD, 양자점)이라는 개념을 알아야 한다. QD는 전기·광학적 성질을 띤 nm(나노미터) 크기의 반도체 입자로 빛에너지를 받으면 스스로 색을 낸다. 기술적으로 QLED는 퀀텀닷 하나하나가 스스로 빛과 색을 내는 디스플레이를 뜻한다. QNED는 '퀀텀닷 나노셀 LED'를 뜻하는데 나노셀 기술에 RGB 각각의 색을 강화하는 퀀텀닷 기술을 더한 디스플레이라고 생각하면 된다.

퀀텀닷은 전류를 받으면 발광하는 양자(퀀텀)를 주입한 초미세 반도체이고, 퀀텀닷 디스플레이는 퀀덤닷 물질을 필름에 도포한 것이다. QNED TV는 초대형·프리미엄 액정표시장치(LCD) TV를 원하는 고객 니즈를 반영한 98형 제품을 더했다. 이에 중소형부터 초대형에 이르는 라인업(43·50·55·65·75·86·96형)을 선보인다. 올해 LG TV 혁신의 핵심요소는 AI 성능을 대폭 강화한 신규 프로세서다.

자동차 업종 트렌드

자동차 업종은 최근 안정성 및 성능과 환경 규제가 강화되면서 자율주행, 커넥티드카, 친환경자동차 등 미래자동차로 패러다임이 변화되고 있는 산업이다. 기계, 전기, 전자, 통신, 화학, 섬유 등 5,000여 종류가 넘는 다양한 공업제품이 융합되어 제품을 생산한다. 2024년 하반기 자동차 업종은 전년 동기 수준으로 고용이 유지될 것으로 전망된다.

자동차 업종의 고용 규모는 2023년 하반기 대비 0.6%(2,000명) 증가할 것으로 예상된다. 사업체 규모별로 보면 5인 미만, 300인 이상 1,000인 미만 규모 사업체에서 고용이 감소하지만 10인 이상 30인 미만, 30인 이상 100인 미만, 1,000인 이상 대규모 사업체에서는 고용이 증가할 것으로 전망된다. 지역별로는 서울, 경남, 경기 등에서 고용이 증가할 것으로 예상된다. 2024년 하반기 자동차 업종은 전년 동기 수준으로 고용이 유지될 것으로 전망된다.

#SDV(Software-Defined Vehicle)

2025년 자동차 산업의 트렌드로는 소프트웨어가 정의하는 자동차(Software Defined Vehicle, SDV), 전동화, 승객 안전 최우선, AI 기술 탑재, 스스로 디자인하는 자동차, 모델 기반 시스템 엔지니어링(Model-Based Systems Engineering, MBSE), 경량 설계, 디지털 혁신 등이 있다. 2024년 자동차 업계의 최대 트렌드는 바로 SDV(Software Defined Vehicle)다.

테슬라는 자동차 SDV 시장에서 선두주자로 발돋움하고 있지만 이대로 만족할 수 없다고 판단한 것으로 분석된다. 테슬라는 우선 순차적인 소프트웨어 업데이트로 애플 뮤직과 팟캐스트 서비스를 차량 내에 구현한 데 이어 삼성전자의 '스마트 싱스' 관련 협업을 이끌어 내 CES 2024 현장에서 주목받았다. 자체 소프트웨어를 키우는 동시에 IT업계에서 인정받는 업체와 협약을 강화하는 '다다익선' 방식을 채택한 것이다.

기계 업종 트렌드

기계 업종은 철강, 자동차, 조선, 반도체 등 주력 산업에 설비 및 부품을 공급하는 핵심 기반산업으로 냉동공조기계, 건설기계, 공작기계, 운반하역기계, 농기계, 로봇 등으로 구성된다. 2024년 하반기 기계 업종의 고용 규모는 전년 동기와 비슷한 수준을 유지할 것으로 전망된다. 기계 업종의 고용 규모는 2023년 하반기 대비 1.3%(1만 1,000명) 증가할 것으로 예상된다. 외국인 근로자 유입으로 공급제약이 일부 해소되면서 고용이 증가할 것으로 예상된다. 사업체 규모별로 보면 5인 미만 규모 사업체에서 고용이 감소하지만, 10이상 30인 미만, 30인 이상 100인 미만, 300인 이상 1,000인 미만 규모 사업체에서는 고용이 증가할 것으로 전망된다. 지역별로는 경기, 경남 등에서 고용이 증가할 것으로 예상된다.

#XaaS

XaaS(자스)는 'Anything as a Service' 의미로 쓰인다. 'X'에 대체되는 용어에 따라 인터넷을 통해 사용자에게 서비스로 제공되는 제품, 툴, 기술 등을 뜻한다. 기본 개념으로 IaaS(Infra as a Service), PaaS(Platform as a Service), SaaS(Software as a Service) 외에도 MaaS(Mobility as a Service), CaaS(Construct as a Service), PaaS(Produce as a Service)가 등장하고 있다. XaaS는 물건에서 서비스로, 소유에서 이용으로 움직이는 디지털 세상에서 모든 것이 서비스화되는 새로운 비즈니스 모델이다.

사물인터넷(IoT) 시대에는 사람만 인터넷에 연결된 게 아니다. 각종 공업제품, 제품군을 생산해 내는 제조 설비, 설비를 품고 있는 건축물, 도시 인프라 등 모든 사물이 인터넷과 늘 접속돼 있다. 여러 트렌드가 연결된다. 모든 것의 서비스화(XaaS) 트렌드와 모빌리티의 미래도 마찬가지이다.

XaaS는 물건에서 서비스로, 소유에서 이용으로 움직이는 디지털 세상에서 모든 것이 서비스화되는 새로운 비즈니스 모델이다. 도시 인프라는 그 동안 도심지와 외곽 지역을 이동하는 차량 위주로 만들어졌다.

그런데 갈수록 많은 사람이 도시로 이주하면서 이런 인프라는 더 이상 적합하지 않다. 분명 미래에는 새로운 콘셉트와 디지털 기술로 편리하고 안전하며 지속가능한 모빌리티를 보장할 것으로 확신한다. 이미 통합 모빌리티를 향한 전환을 목격할 수 있다. 개인 운송수단이 사용량 기준으로 결제하는 대중 운송 솔루션과 통합되고 있다.

조선 업종 트렌드

조선 업종은 크게 구분하여 상선(벌크선, 컨테이너선, 유조선, LNG 운반선 등)과 해양구조물(심해저에 매장된 원유, 가스 등 해양자원을 추출 및 생산하는 데 필요한 각종 구조물)로 구성되는 국가 주력 산업이다. 2024년 하반기 조선 업종은 전년 동기 대비 고용이 증가할 것으로 전망된다. 지속적인 외국인 인력 유입으로 공급제약이 일부 해소되어 고용이 증가할 것으로 전망된다. 조선 업종의 고용 규모는 2023년 하반기 대비 6.3%(7,000명) 증가할 것으로 예상된다. 사업체 규모별로 보면 30인 이상 100인 미만, 100인 이상 300인 미만, 1,000인 이상 규모 사업체에서는 고용이 증가할 것으로 예상된다. 지역별로는 경남, 울산, 전남 등에서 고용이 증가할 것으로 전망된다.

#CGT #표준화물선 환산톤수

표준화물선 환산톤수(Compensated Gross Tonnage, CGT)는 조선소들의 남은 일감(수주잔량)을 소개하는 기사에 자주 나오는 단위다. 부피를 의미하는 용적톤수는 다시 총 톤수(Gross Tonnage, GT)와 순톤수(Net Tonnage, NT)로 나눌 수 있다. GT는 선체의 총 용적에서 상갑판 상부에 있는 추진, 항해, 안전, 위생에 관계되는 공간을 뺀 단위다. NT는 GT에서 선원실, 해도실, 기관실 등을 빼고 실제 화물과 여객의 수송에 제공되는 공간을 표시한 톤수다. 선박의 크기가 엄청나기 때문에 공간을 세부적으로 나눠 표시한 셈이다. 13세기 유럽에서는 술을 운반하던 배에 대해 항구세를 부과할 때 그 배가 실을 수 있는 술통의 개수로 배의 크기를 쟀다. 선박에서 쓰이는 톤(ton)은 당시 나무항아리 술통을 의미하는 툰(tun)에서 유래했다. 선박에 사용되는 톤은 중량 단위로서만 아니라 용적의 개념으로도 사용되고 있다.

섬유 업종 트렌드

섬유 업종은 천연섬유, 인조섬유, 합성섬유 등을 가공하거나 가공된 섬유를 원료로 하는 제품을 생산하는 산업으로 원료, 실, 직물, 염색, 가공, 의류, 산업용 섬유 등 다단계의 공정으로 구성된다. 2024년 하반기 섬유 업종의 고용 규모는 2023년 동기 대비 2.1%(3,000명) 감소할 것으로 예상된다. 사업체 규모별로 보면 5인 미만, 5인 이상 10인 미만, 30인 이상 100인 미만의 소규모 사업체와 1,000인 이상 규모 사업체에서는 고용이 감소하고 300인 이상 1,000인 미만 규모 사업체에서는 고용이 소폭 증가할 것으로 전망된다. 지역별로는 대구, 경북 등에서 고용이 감소하고 서울에서 고용이 증가할 것으로 예상된다.

#리사이클 트렌드

거부할 수 없는 시대적 흐름인 리사이클 트렌드는 우리 삶에 깊숙이 자리 잡고 있다. 리사이클(Recycle)은 말 그대로 특정 물품을 다시 사용하는 것으로 원자재에서 가공한 1차 생산물을 한 번 사용하고 난 뒤 재

처리 과정을 거쳐 본래의 용도, 혹은 다른 용도로 다시 사용할 수 있도록 만드는 것이다. 일반적으로는 더 이상 사용할 데가 없는 쓰레기를 재활용하는데, 쓰레기 중에서 병과 종이, 플라스틱 등 재가공 및 재사용이 가능한 물건들을 재활용 가능 물품의 범주로 취급한다.

리사이클 트렌드는 주거, 식품, 생활 등 다양한 산업에 영향을 미치고 있다. 공정이 다소 까다롭더라도 지속가능한 건축방식을 선호하고, 버려지는 식재료를 재활용하며, 리사이클 상품에 시장성을 부여하는 것이다. 이 같은 리사이클 트렌드는 단순한 유행을 넘어서 메가트렌드가 된 지 오래이다. '리사이클'과 '패션', 어쩌면 가장 안 어울릴 것 같은 두 개념은 이제 '리사이클 의류'라는 하나의 장르가 되어 친숙하게 다가오고 있다. 리사이클 트렌드는 어느덧 소비자 의식에 영향을 미치는 변화를 만들어 낼 전망이다.

철강 업종 트렌드

철강 업종은 철을 함유하고 있는 철광석, 철스크랩 등을 녹여 쇳물을 만들고 불순물을 줄인 후 연주 및 압연과정을 거쳐 열연강판, 냉연강판, 후판, 철근, 강관 등 최종 철강제품을 만들어 내는 산업이다. 세계 철강 수요는 코로나19 이후의 소비 증가 및 중국 정부의 경기부양 기대에도 불구하고 고금리·고물가에 따른 주요국의 투자 위축과 중국의 부동산 경기침체 장기화로 인해 전년 대비 1.8% 증가한 18억 1,450만 톤 수준에 머무를 것으로 예상된다.

다만 EU의 경우, 러시아-우크라이나 전쟁 등에 따른 에너지가격 상승 및 인플레로 경기회복에 대한 불확실성이 존재하지만 자국 내 재고

소진 및 기저 영향으로 2024년 철강 수요는 5% 내외의 증가가 예상된다. 2024년 하반기 철강 업종은 전년 동기 수준으로 고용을 유지할 것으로 전망된다.

철강 업종의 고용 규모는 2023년 하반기 대비 0.5%(1,000명) 증가할 것으로 예상된다. 사업체 규모별로 보면 300인 이상 1,000인 미만, 30인 이상 100인 미만, 1,000인 이상 규모 사업체를 중심으로 고용이 증가할 것으로 전망된다. 지역별로는 충남, 전남, 울산 등에서 고용이 증가할 것으로 예상된다.

#수소 기반 철강

수소 기반 철강 생산 기술의 상용화가 더욱 가속화되는 시기가 될 것이다. 여러 글로벌 철강 기업이 수소를 이용한 철강 생산 공정을 확대하며, 탄소 중립 목표 달성을 위한 중요한 이정표로 삼을 것이다. 인류가 철을 발견한 지 3,000년이 지났다. 철은 사회 구조, 경제 활동, 문화 등 다양한 측면에서 인류 문명 발전에 기여해 왔다. 그러나 탄소 기반 제철 공정이 발목을 잡는 시대가 도래했다. 현재 철 1톤을 얻기 위해 이산화탄소 약 2톤이 배출된다. 전 산업군이 2050년 탄소중립 달성에 사활을 거는 시대 흐름과 배치된다. 이에 철강업계가 저탄소철강 생산을 위한 판을 짜고 있다.

국내 철강산업을 이끌어 온 포스코는 '하이렉스(Hydrogen + Reduction, HyREX)'를 앞세워 철강 생산 과정에서 탄소를 감축하려고 한다. 하이렉스는 파이넥스(FINEX) 유동환원로를 바탕으로 철광석과 수소를 사용해 쇳물을 만들어 내는 수소환원제철 기술이다. 파이넥스는 포스코가 자체 개발한 환원로로 수소 25%, 일산화탄소 75%를 환원제로 사용한다. 여기서 수소를 100%까지 끌어올리면 수소환원제철 기술이 탄생하게 된다.

건설 업종 트렌드

건설 업종은 사회간접자본시설, 도로·항만·교량 등 산업시설의 구축에서부터 국토 개발에 이르기까지 광범위한 고정자본 내지 사회간접자본 형성을 대상으로 하는 국가 중추 산업이다. 국가 경제적 파급 효과가 커서 경기활성화와 일자리 창출을 위한 정책 입안 시 중요하게 고려된다. 건실 업종의 고용 규모는 전년 동기 대비 2.7%(5만 8,000명) 감소할 것으로 예상된다. 사업체 규모별로 보면 10인 이상 30인 미만, 5인 미만, 30인 이상 100인 미만 규모 사업체에서는 고용이 증가하지만, 5인 이상 10인 미만, 100인 이상 300인 미만, 300인 이상 규모 사업체에서는 고용이 감소할 것으로 전망된다.

2024년 하반기 건설 투자는 전년 동기 대비 소폭 감소할 것으로 전망된다. 국가재정운용계획에서 SOC 예산을 2026년까지 연평균 1.8% 감액하기로 결정하여 향후 SOC 예산 감소가 지속될 것으로 전망된다. SOC(Social Overhead Capital) 예산은 사회간접자본, 곧 건설시장의 파이를 뜻한다. 따라서 SOC 예산의 감액폭이 커지면 건설시장이 물량절벽으로 내몰리는 속도도 그만큼 빨라질 수밖에 없다. SOC 예산이 종합건설업체와 전문건설업체는 물론 건설기술용역업체 등의 공통 영역인 건설시장에서 얼마나 중요한지 말해 주는 대목이다. 부동산 경기침체와 부동산 PF대출 등 자금 시장 경색으로 민간 주거용 건축 투자도 전년 동기 대비 감소할 것으로 전망된다.

#시스템 리부팅

시스템 리부팅(System Reboot)은 고금리, 고물가 등 수익성에 영향을 미치는 구조적 요인의 단기적 개선이 어려울 것으로 전망되는 건설·부동산 산업의 환경에 대응하는 방향성과 위기상황을 극복하려는 노력을 반영한 키워드이다. 2022년 1월 시행된 「중대재해처벌법」에 의거해 2024년 1월 27일부터 50인 미만(공사금액 50억 원 미만) 중소사업장으로 법시행 대상이 확대되었다. 최근 증대되고 있는 건설공사의 품질, 안전 관련 문제에의 대응과 지속되는 건설원가의 상승, 기술인력 부족 문제 등에 당면한 건설산업의 문제해결을 위해 건설산업 전반의 혁신 필요성이 증대될 전망이다. 스마트 건설기술이 본격적으로 건설산업에 소개된 지 8년 가까이 되면서 본격적으로 건설 생산 및 건설사업 관리 전반에서 활용에 대한 논의가 확산될 것으로 보인다.

또한 주택사업 등 기존 건설사업의 수익성 저하와 환경·에너지 관련 시장의 성장 등에 따른 건설산업 분야의 신사업 진출 활동이 더욱 확대될 전망이다. 특히 최근 건설시장의 환경 변화로 인해 대형, 중견 건설기업을 중심으로 신사업 지출 필요성이 더욱 확대되는 상황이다. 코로나19 이후 건설산업계는 스마트건설기술 등 신기술 경쟁력 확보와 고부가가치 신사업 진출을 추진하면서 건설기업 내부의 역량 강화를 위한 리부팅이 한창이다.

참고문헌

- 고민서, 네이버, 책임리더 없애고 부문장 신설…직급체계 간소화한 네카오, 미라클 아이, 2024. 4. 4.

- 곽용희, 공채의 종말…중소→중견→대기업 '계단형 이직 시대', 한국경제, 2024. 8. 13.

- 권선미, "딱 한잔만요"…잔술 합법화 반기는 MZ, 매일경제, 2024. 6. 9.

- 김관주, '자이낸스'에 진심인 신한·국민銀…잘파까지 사로잡는 서비스는, 한국금융, 2023. 2. 27.

- 김나인, [2024, 'AI와의 삶' 원년] 클라우드·통신·SI·플랫폼…업종경계 사라지고 합종연횡 속도, 디지털타임스, 2024. 1. 17.

- 민경식, "업종 경계 허문다"…무한경쟁 돌입한 유통街, 매일일보, 2024. 8. 19.

- 박성환, 대우건설, 직급·호칭체계 단순화…"성과중심 조직문화 정착", 뉴시스, 2024. 8. 5.

- 박소연 , 코로나19 전후 소비 변화…배달 늘고 면세점·여행사는 타격, 포쓰저널, 2024. 1. 30.

- 박지훈, 인터넷 필요 없는 손안의 비서, 2024년은 '온디바이스AI' 전쟁, 매일경제, 2024. 1. 2.

- 신정은, AI의 '일자리' 습격 시작됐다…IBM, 마케팅 직원 감원, 한국경제, 2024. 3. 13.

- 안혜원, "회식 2차 안 가요"…한국 직장인 돌변하자 '위기' 맞은 시장, 한국경제, 2024. 7. 20.

- 이광영, 'AI로 딸깍'…대기업, 일하는 방식 바꾼다, IT조선, 2024. 6. 19.

- 이은정, [뉴스속 용어] 국가전략기술 된 차세대 반도체 'HBM', 아시아경제, 2024. 1. 24.

- 이철, [선박톡톡] DWT? CGT? 선박에 쓰이는 알쏭달쏭한 단위들, 뉴스1, 2017. 2. 12.

- 황윤주, 마흔 이후 30년…'평생 현역'도 가능하다, 한국일보, 2023. 9. 25.

- Jane Thier, 육지훈, 대사직 시대의 종말? 직장에 매달리는 회사원들, 포춘코리아, 2024. 7. 30.

- 고용정보원, 『2024년 하반기 주요 업종 일자리 전망』, 고용정보원, 2024.

모티베이션핏 인터뷰

"무엇 때문에 일합니까? 당신이 매일 최선을 다하도록 만드는 원동력은 무엇입니까?"

지원자 입장에서 가장 어려운 것이 바로 동기부여 적합성 면접 질문이다. 차라리 특정 직무나 조직문화와 일치하는지는 구체적이라 알아보기 쉽지만, 모티베이션핏 인터뷰(Motivational Fit Interview)는 생각보다 어렵다. 급여, 복리후생, 등 외재적 동기보다 자율성, 상호작용 등 내재적 동기가 더 중요하다. 조직문화와 작업 환경이 지원자의 내적 동기와 더 가깝게 일치할수록 지원자가 해당 직무에 계속 머물 가능성이 높아진다. 면접관은 일을 잘하는 직원을 뽑아야 하지만, 퇴사율을 줄이기 위해서는 조직에 맞고 동기부여가 잘되는 직원을 뽑아야 한다.

동기부여 적합성은 모든 면접 과정에서 중요한 부분이다. 동기부여 적합성에 대한 질문을 하지 않으면 직장에서 지원자가 좋아하는 것과 싫어하는 것에 대한 핵심 정보를 놓칠 수 있다. 최근 연구에 따르면 동기부여 적합성은 결근, 이직률, 전반적인 직원 만족도에서 가장 큰 예측 요인이다.

면접자 위치에 서면 떨릴 수밖에 없다. 면접을 잘 보기 위해서는 반대로 내가 면접관을 면접한다고 역지사지를 해야 좋은 점수를 받을 수 있다. 다음은 면접관들이 면접 시에 주로 묻는 질문들이다. 질문의 의도가 무엇인지를 잘 파악하고 지원하는 회사에 잘 맞는 답변을 준비해 두면 좋다.

질문 1	무엇이 당신의 동기를 부여합니까?
질문 의도	이 질문은 지원자의 동기부여 요인을 알아보기 위한 것이다. '무조건 열심히 하겠다.'라는 말보다 무엇에 동기부여를 받는지를 구체적으로 이야기하는 것이 좋다. 지원자의 관심과 회사와 관련된 최근 이슈를 연결한 뒤 회사의 성장에 어떻게 기여하고 싶은지를 설명하면 좋다.
예시 답변	저는 데이터 기반으로 생각하는 사람입니다. 사무실에서는 스프레드시트를 열어서 데이터를 들여다보는 것을 즐깁니다. 제 주된 동기는 원하는 결과를 얻는 것입니다. 저는 연말에 성과보고서 준비하는 일을 도맡았습니다. 내년에 어디에 집중해야 하는지 결정하는 데 사용되었습니다. 제가 한 일은 월별 스프레드시트를 검토하는 일이었지만 경영진에게 좋은 가이드가 되었습니다. 저는 혼자서 프로젝트를 진행하는 것을 좋아하지만, 특히 팀으로 일할 때의 활기에 동기를 부여받습니다.
질문 2	이 직업을 선택한 이유는 무엇입니까?
질문 의도	이 질문은 지원자의 직업관을 알아보기 위한 것이다. 지원자가 회사에 대해 자발적으로 알아보려고 노력했는지, 그 회사에서 일하고 싶어 하는 이유가 무엇인지 알고자 하는 것이다. 회사의 강점을 집중 조사하여 파악하고 자신이 근무해야 할 이유를 알려 줘야 한다.
예시 답변	저는 누군가를 설득하는 것을 좋아합니다. 제가 가장 잘할 수 있는 영업과 마케팅에서 필요한 일입니다. 실제로 일을 했던 곳이 당시 어려운 상황이었는데도 매출을 15% 늘렸습니다. 이런 영업 및 마케팅 경험을 지원한 회사에 가져와서 여러분과 함께 매년 성장하도록 도울 수 있는 경험과 기술을 갖췄다는 것을 말씀드리고 싶습니다.
질문 3	지금까지 가장 열정적으로 임했던 일은 무엇입니까?
질문 의도	이 질문은 지원자의 동기부여 요인과 열정을 알아보기 위한 것이다. 단순히 자기만족에 빠진 경험을 이야기해서는 안 된다. 지원 업무와 연관된 성과를 객관적 지표와 함께 이야기하면 좋다.
예시 답변	저는 대학 시절 창업 동아리 활동에서 새로운 아이디어를 실현하는 프로토타입 과정에 열정을 쏟았습니다. 팀원들과 함께 아이디어를 구체화하고 실제 제품으로 만들어 내는 과정이 매우 흥미로웠습니다. 고객의 입장에 맞추어 필요한 애로사항을 분석하고 이를 해결하려 노력했기에 이룰 수 있었습니다. 팀원 모두가 업무를 유기적으로 분담하였기에 가능했습니다. 혼자서 모든 걸 완벽히 해낼 수는 없습니다. 앞으로도 고객이라는 기본에 충실하되 팀원들과의 협업 정신을 이어 나가겠습니다.

질문 4	당신이 생각하는 최고의 가치는 무엇입니까?
질문 의도	이 질문은 지원자의 가치가 조직의 핵심가치와 부합하는지 알아보기 위한 것이다. 개인과 마찬가지로 회사도 추구하는 핵심가치가 있다. 회사 홈페이지를 통해 핵심가치와 인재상을 미리 찾아보고 그에 부합하는 자신의 가치를 사례와 함께 이야기하면 좋다.
예시 답변	제가 중요시하는 가치는 자기주도성입니다. 저널리즘 수업에서 저는 저널리즘에 대한 열정 때문에 항상 프로젝트에 더 많은 노력을 기울였습니다. 예를 들어, 한 수업에서는 특정 주제에 대한 기사를 써야 했습니다. 저는 여러 인터뷰를 진행하고 지역 기록보관소에 가서 그 주제를 조사하는 등 최선을 다했습니다. 결국 이 기사를 잡지에 게재했습니다. 이러한 저널리즘에 대한 열정이 여러분 신문의 강력한 편집자로 만들 것이라고 믿습니다.
질문 5	취미는 무엇입니까?
질문 의도	이 질문은 면접관이 조직문화에 맞는 지원자로서 취미, 관심사 그리고 직장 외의 활동에 대해서 알아보는 것이다. 이런 종류의 면접 질문에 답할 때는 정직하게 대답하되, 취미에 대해 너무 자세히 설명하여 직장에 대한 헌신을 위협하는 것처럼 보이지 않도록 주의해야 한다.
예시 답변	제 취미 중 하나는 헬스입니다. 이번에 구인 광고에서 직원을 위한 헬스장이 있다는 것을 알게 되었습니다. 그곳은 제가 운동을 할 수 있을 뿐만 아니라 그곳에서 다른 직원을 만나 더 캐주얼하게 알아 갈 수 있기 때문에 저에게 매력적입니다. 헬스 운동은 몸 건강뿐만 아니라 활력, 스트레스 관리 능력을 기르는 데 좋습니다.
질문 6	업무 중 어려움에 직면했을 때 어떻게 극복했습니까?
질문 의도	이 질문은 업무 중에 문제해결 능력과 회복탄력성의 정도를 알아보기 위한 것이다. 지나치게 강한 모습보다는 겸손한 태도로 그 경험으로부터 배운 교훈이나 성장하게 된 부분을 이야기한다. 아울러 앞으로 힘든 상황도 극복해 나갈 수 있다는 의지를 함께 표현하면 좋다.
예시 답변	저는 주짓수 동아리에서 활동했을 때 조직에 폐를 끼친 적이 있습니다. 당시 한 번 실제로 격투하는 걸 공연해 보자고 제안했고 결국 진행하다가 팀원 한 명이 크게 다치는 불상사가 발생했습니다. 불상사를 예측하지 못하고, 보호대 착용 규정을 만들지 못했습니다. 관련 정보를 찾아보고 동료들과 의견을 나누며 해결책을 모색했습니다. 이 과정에서 새로운 지식과 경험을 쌓을 수 있어 오히려 성장의 기회로 삼았습니다.
질문 7	업무 성과를 높이기 위해 어떤 노력을 했습니까?
질문 의도	이 질문은 지원자의 자기계발 의지와 성과 지향성을 알아보기 위한 것이다. 직무를 수행하기 위해 요구되는 역량이 무엇인지 생각해 본 다음 본인이 갖춘 역량과 연관 지어 그동안의 노력을 이야기한다. 본인에게 부족한 역량을 계발하겠다는 의지를 나타내면 좋다.

예시 답변	저는 정기적으로 관련 분야의 커뮤니티에서 최신 트렌드를 익히고 꾸준히 학습해 왔습니다. 대학교 4년간 전공인 통계학과에서 다양한 통계 수업을 들으면서 통계자료를 있는 그대로 해석하기보다 그 속에 감춰진 의미를 파악할 수 있는 능력을 기를 수 있었습니다. 업무 효율을 높이기 위해 시간 관리 기법을 실천하고자 다이어리를 사용하고 있습니다. 이런 업무에 대한 책임감은 저에게 가장 큰 동기를 부여합니다.
질문 8	**팀 프로젝트에서 갈등 상황을 겪은 적이 있나요?**
질문 의도	이 질문은 지원자의 대인 관계 능력과 갈등해결 능력을 파악하기 위한 것이다. 갈등 상황에서 외면하거나 무시하지 않고 극복하기 위해 노력했다는 것을 어필하는 것이 중요하다. 팀 프로젝트에서 갈등을 해결하기 위해서 어떤 노력을 했는지 사례를 함께 이야기하면 좋다.
예시 답변	저는 학생회에서 홍보팀장으로 일했습니다. 기존 선배 간부들과 이번에 새로 맡은 간부들이 답습하려는 모습을 많이 보였습니다. 그 속에서 갈등이 있었는데, 제가 해결하고자 했던 방향은 최대한 대화를 하고 합의점을 보는 것이었습니다. 선배들이 가지고 있던 경험을 살리고, 후배들의 새로운 창의적인 아이디어들을 조율하고자 했습니다. 의견 충돌이 있었을 때, 먼저 상대방의 입장을 경청하고 이해하려 노력했습니다. 그 후 객관적인 데이터를 바탕으로 합리적인 대안을 제시하여 합의점을 찾았습니다.
질문 9	**평소 스트레스 상황에서 어떻게 대처합니까?**
질문 의도	이 질문은 업무 수행 중 스트레스 관리 능력과 정서적 안정성을 파악하기 위한 것이다. 스트레스가 업무에 부정적인 영향을 끼치지 않는지 살펴보려는 것이다. 스트레스를 전혀 받지 않는 척하기보다 마음 챙김, 명상, 운동 등 구체적인 관리 방법을 제시하도록 한다. 스트레스를 건강하게 관리하여 업무에 영향을 미치지 않는다는 내용으로 이야기하면 좋다.
예시 답변	저는 취미로 밴드를 했고 음악을 좋아해 음악을 듣거나 연주를 통해 스트레스를 해소하고 있습니다. 그래도 스트레스를 받을 때는 숨이 찰 정도로 빠르게 뜁니다. 숨이 찰 정도로 뛰면 걱정을 잠깐 내려놓을 수 있습니다. 그러고나서 호흡으로 마음을 가라앉힙니다. 그리고 문제를 객관적으로 분석하고 우선순위를 정해 차근차근 해결해 나갑니다.
질문 10	**앞으로 5년 동안 어떻게 성장하고 싶습니까?**
질문 의도	이 질문은 지원자가 추구하는 미래상과 준비성을 알아보기 위한 것이다. 막연한 미래가 아닌, 5년이라는 예상 가능한 미래를 추측해 본다. 이를 바탕으로 예상되는 문제점 및 해결방안과 함께 시대의 흐름에 맞게 본인이 갖춰야 할 부분에 관해 이야기하면 좋다.

예시 답변	저는 2년간 어린이 치과에서 치과위생사로 일했습니다. 아이들과 함께 일해 본 경험이 있을 뿐만 아니라 치위생 일이 매우 재미있습니다. 어린이와 청소년을 대상으로 하는 5년 동안 즐겁게 일할 수 있다면, 제가 사랑하는 사람들과 함께 제 기술을 계속 사용할 수 있는 기회를 얻을 것입니다. 5년 후 팀장으로서 후배들을 잘 배려해서 즐겁게 일하는 환경을 만들고 싶습니다.

면접에 대비해 다음 10가지 사항을 인지하고 있으면 어떤 질문이 주어지더라도 당황하지 않고 적절한 답변을 할 수 있을 것이다.

1. 낯선 상황을 STAR 기법으로 활용하라

전반적인 상황대처 능력과 낯선 문제를 해결할 수 있는 능력을 평가하기 위해 면접관이 면접자가 답변할 때 말을 끊거나 말꼬리를 잡기도 한다. 이럴 때 크게 당황하지 않고 차분히 STAR 기법으로 대답하면 좋은 평가를 받을 수 있다. 'STAR 기법'이란 Situation(상황), Task(했던 일), Action(내가 했던 행동), Result(결과 및 느낌)에 맞추어 대답하는 것이다. Task 대신 Target(스스로 했던 목표)이나 Trouble(갈등 문제)을 사용할 수도 있다.

2. 직무적합성을 이해하라

직무에 대해서 얼마나 이해하고 있으며 업무 수행에 필요한 기본적인 지식을 갖고 있는지 평가하므로 직무 이해도 및 기본적인 지식이 필요하다. 용어 개념을 정확하게 이해하고 있어야 한다. 지원자가 지원한 직무에 꼭 필요한 '직무 역량'을 제시하고 지원자가 해당 역량을 갖췄다는 근거로 '유사 경험'을 언급해야 한다. 이때 유사 경험이 없다면 자신의 성향, 성격적 특성으로 설명해 보는 것도 좋은 방법이다.

3. 두괄식으로 말하라

질문에 대해 두괄식으로 답변해야 한다. 면접관이 듣고 싶은 말을 먼저 하고 그 다음에 이유를 설명하도록 한다. 지원한 회사에 대한 관심을 보여 주기 위해서는 지원 기업의 강점이나 성장가능성을 언급해 주는 것이 좋다. 이때 주의할 점은 회사만 어필하는 것이 아니라 자신을 어필하기 위한 답변을 해야 한다. 지원한 회사의 기본 정보부터 최신 이슈, 경쟁사 등의 내용을 파악하고 구체적으로 언급한다면 더욱 매력적인 답변이 될 수 있다.

4. 수치로 말하라

그동안의 성과를 어떻게 기여했는지 보여 주는 구체적인 증거를 기술해야 한다. 지원동기, 문제해결 방안과 전략, 입사 후 포부 등에 대해 답변이 길어지지 않도록 주의해야 한다. 체계적으로 말해야 할 때는 첫째, 둘째, 셋째 식의 표현을 통해 전달하도록 연습한다.

5. Yes, But 화법을 구사하라

약점을 답변할 때도 먼저 인정하고 반론을 말하는 YES, BUT 화법을 사용한다. 자신의 약점을 감추기보다는 먼저 인정하고 이에 대한 보완사항을 제시하며 반론하는 것이 좋다.

6. 기회에 초점을 맞추고 보상은 무시하라

성과가 뛰어나면 보상은 자동적으로 따라오므로 회사가 자신을 위해 무엇을 할 수 있는지보다 자신이 회사를 위해 무엇을 할 수 있는지에 집중해야 한다. 급여보다 기회에 초점을 맞춰야 한다. 안타깝게도 현실은 기회보다 보상에 초점을 맞추는 사람이 많다.

7. 솔직함보다 진정성을 갖춰라

지나치게 솔직한 답변은 좋은 평가를 받지 못할 수도 있으므로 지나치게 부정적인 사실은 언급하지 않는 것이 좋다. 무조건 솔직함보다는 최대한 진정성을 갖춰 답변하는 것이 좋다.

8. 답변 노트를 준비하되 키워드 중심으로 연습하라

면접은 꾸준한 연습이 중요하다. 면접 답변 노트를 만들어서 준비하면 좋지만 다 외워서 하는 것은 오히려 좋지 않다. 그대로 외우지 말고 키워드 중심으로 입으로 연습하면 자연스러운 답변이 될 수 있다.

9. 간결하게 정리하라

길고 지루한 답변은 좋지 않다. 답변은 대략 30초 내외가 적당하다. 답변 노트를 만든다면 200자 이내가 좋다. 경험을 묻는 질문에서도 너무 장황하게 답변하기보다는 핵심적인 사건과 행동을 중심으로 답변을 만들도록 한다.

10. 태도가 가장 중요하다

모든 인터뷰에서는 태도가 가장 중요하다. 기술보다 중요한 항목이다. 다른 사람을 깎아내려서 비교 우위에 서려고 하지 말아야 한다. 실제로 인터뷰할 때 해당 부서의 일을 왜 하고 싶은지에 대해 질문 형태를 바꾸어 가면서 계속 물어본다. 이때 적극적인 태도를 보이는 사람이 결국 합격한다.

그 밖에 모티베이션핏 인터뷰에서 PARADE 기법이 새롭게 알려지고 있다. STAR 기법의 상황 → 작업 → 행동 → 결과 등에서 PARADE 기법의 문제 → 예상 결과→ 역할 → 행동 → 의사 결정 근거→ 최종 결과 등으로 개선되었다.

면접 평가표

구분	가중치	내용	평정				
			탁월	우수	보통	미흡	부진
직무 적합성	50%	직무 경험(프로젝트, 인턴활동, 직무수행)	S	A	B	C	D
		직무스킬 수준(자격증, 전공지식)	S	A	B	C	D
문화 적합성	30%	협동심(직무수행 시 갈등 해결)	S	A	B	C	D
		의사소통(1분 자기소개, 대립 해결)	S	A	B	C	D
동기부여 적합성	20%	성취지향(성공 및 실패 극복사례)	S	A	B	C	D
		자기성장(발전가능성,성격 장단점)	S	A	B	C	D